Dan Diner

ZEITENSCHWELLE

Gegenwartsfragen an die Geschichte

Pantheon

FSC
Mix
Produktgruppe aus vorbildlich
bewirtschafteten Wäldern und
anderen kontrollierten Herkünften

Zert.-Nr. SGS-COC-001940
www.fsc.org

Verlagsgruppe Random House FSC-DEU-0100
Das für dieses Buch verwendete FSC-zertifizierte Papier *Munken Pocket*
liefert Arctic Paper Munkedals AB, Schweden.

Erste Auflage
Juni 2010

Umschlaggestaltung: Büro Jorge Schmidt, München
Lektorat und Satz: Ditta Ahmadi, Berlin
Druck und Bindung: GGP Media GmbH, Pößneck
Printed in Germany 2010
ISBN 978-3-570-55129-5

www.pantheon-verlag.de

Inhalt

Einleitung

Verwandlungen der Zeit in der Zeit entziehen sich weitgehend der zeitgenössischen Wahrnehmung. Vor allem dann, wenn ihr Fluss nicht von sichtbaren, womöglich schmerzhaften Einschnitten gebrochen wird. Die Einschreibungen des Wandels aus gebührlicher Distanz zu lesen und darüber angemessen zu urteilen ist wesentlich den Historikern vorbehalten. Ihnen ist übertragen, ein möglichst vollständiges Bild einer inzwischen vergangenen Gegenwart zu gestalten und darüber zu befinden, was einer Zeit charakteristisch gewesen war. Dass auch darüber die zünftigen Meinungen auseinander gehen, ist nicht verwunderlich. Auch längst abgeschlossene Vergangenheiten verwandeln sich im Lichte neu sich einstellender Zeiten. Das gilt auch für die Geschichte der zweiten Hälfte des 20. Jahrhunderts – eine gerade zurückliegende, doch ganz ohne Zweifel inzwischen historisch gewordene, von der alles durchdringenden Konstellation des Kalten Krieges geprägt gewesenen Zeit. Sie scheint ihres einschneidend eingetretenen Endes wegen dem Bewusstsein gänzlich entrückt, gleichsam verschwunden. Und doch kann trotz ihres definitiven Kehraus noch wenig Abschließendes über jene Epoche riskiert werden – eine Vergangenheit, die sich in eine ganze Anzahl von untereinander verschiedenen Subzeiten aufteilt – als ganze aber von der Vorstellung einer drückenden, als nah erachteten Apokalypse der nuklearen Selbstvernichtung der Menschheit dominiert war.

Unter welchem Zeichen wird die darauf folgende Epoche

stehen? Welche Fragen werden sich für die Zeit danach als signifikant erweisen? Ist es die Wucht der Globalisierung, angetrieben von der beschleunigenden Verbindung, die das Ende des Kalten Krieges mit der Freigabe des ursprünglich militärischen Zwecken dienenden Mittels der grenzenlosen elektronischen Kommunikation, dem Internet, eingegangen war? Ist es der Einschnitt von 9/11, der nach den von den Transformationen des Übergangs bestimmten neunziger Jahren den Eintritt einer neuen Phase, einer neuen Zeitenschwelle markiert? Auch ein bloß vorläufiges Urteil in der Deutung der Zeit wäre untauglich – wie überhaupt die Absicht, Gegenwart mittels der Zeichensprache der Vergangenheit zu lesen ein problematisches Unterfangen bleibt. Indes ist auch einzugestehen, dass den sich in der Zeit orientierenden Zeitgenossen wenig anderes übrig bleibt, als sich jedenfalls behelfsweise der Arsenale historischer Begriffe und Semantiken zu bedienen. Ohnehin wird jedes gegenwärtige Reden über Gegenwart von der deutenden Bildersprache des Vergangenen durchwirkt. Allein schon die urteilende Absicht erfordert als tauglich erachtete Referenzen. Und diese werden nun einmal von der Vergangenheit bereitgestellt.

Der vorliegende Band versammelt Zeitdiagnostisches. Indes werden dabei die Ereignisse der Jetztzeit nicht direkt adressiert. Vielmehr sucht das Argument sich den zeitgeistigen Eindrücken in ihrer blendenden Unmittelbarkeit zu entziehen. Eine solche Distanzierung erfolgt vor dem Hintergrund vorausgegangenen Geschehens und eines urteilenden Nachdenkens darüber. Damit stellt sich noch lange kein die Aufdringlichkeit der Gegenwart distanzierender, historisch abgeklärter Blick ein, aber vielleicht doch so etwas wie ein entlang der Konturen des Vergangenen sich orientierender, historisierender Blick auf das Heute. Ein derart von der Aktualität herausgeforderter, historisch geeichter Blick auf das Gegenwärtige wird zudem vornehmlich solche Fragen thematisieren, die allesamt in der einen oder anderen Weise, offen oder auch verdeckt, das Problem historischen Urteilens aufwerfen.

Bei dieser Sammlung von in verschiedenen Jahren vom Geschehen der Zeit veranlassten Beiträgen wird sich ein solches Profil freilich nur fragmentarisch artikulieren können. Nichtsdestotrotz ist dies die eigentliche Frage: Ist die globalisierte Zeit, eine Welt in der die verschiedenen Zeit- und Erfahrungsräume sich zunehmend synchronisieren, eine Zeit, in der ein am (westlichen Kanon orientiertes) historisches Urteilen wirklich noch zulässig ist? Oder ist das globalisierte Jetzt von einer derartigen Vielfalt von Ungleichzeitigkeiten durchzogen, dass sich auch keine fiktive Achse von Gleichzeitigkeit mehr angeben lässt, von der aus sich wirkliche oder vorgebliche Ungleichzeitigkeiten überhaupt erst abheben lassen. Diese Fragen werden nicht direkt gestellt, sie lassen sich indes implizit als eine erkenntnisleitende Tendenz in den sich doch sehr verschieden anmutenden Beiträgen erkennen. Dies gilt etwa für einen erneuerten Blick auf Traditionen der Aufklärung, die heute im Zeichen einer wenig rücksichtsvollen Kritik der Moderne stehen. Eine solche Kritik verschärfte sich in der letzten Dekade vornehmlich anhand des immer größer werdenden Interesses an der muslimischen Welt und den sich daran anschließenden Fragen nach den Grenzen von Säkularisierung. Dass sich diese mit denen des Palästina- und Nahostkonflikts verschränken, liegt auf der Hand – ein Konflikt zumal, der zu den ältesten unserer Zeit gehört und dessen Ende nicht absehbar ist. Über jenen Konflikt als solchen hinaus wird die zunehmende Bedeutung der die Regularien militärischer Gewalt systematisch untergrabende Gestalt asymmetrischer Kriegführung ebenso reflektiert wie die sich sowohl wandelnde aber auch gleichbleibende Bestimmung der Vereinigten Staaten als universale Republik thematisiert wird. Dem Paradigmenwechsel im Bereich der Geschichtsschreibung wird ebenso Raum gegeben wie den unterschiedlichen Perspektiven auf unterschiedliche Formen kollektiven Todes, mit dem Holocaust als einem ultimativen Genozid im Zentrum. Dieser ist zum epistemischen Hebel dessen geworden, was mit dem Wort von der Urteilskraft in Verbindung gebracht wird. Dass zuletzt auf solche Ikonen wie Hannah Arendt und Albert Camus verwiesen wird, ist dem Anspruch auf eine aufgeklärte wie post-postkoloniale Perspektive auf unsere Zeit geschuldet.

Dan Diner

Jerusalem/Leipzig, Frühjahr 2010

Ich danke Robert Zwarg für seine Unterstützung bei der Vorbereitung des Textes für die Drucklegung.

Moderne erkennen

*Aufklärungen – Beschleunigte Lebenswelten –
Wissensverbreitung – Arbeitskulturen*

Im Jahre 2005 erschien ein Roman des Schriftstellers Daniel Kehlmann mit dem lakonisch anmutenden Titel »Die Vermessung der Welt«. Binnen kurzem erklomm das Buch allerorts die Bestsellerlisten. Der spektakuläre Erfolg verwunderte die literarische Fachwelt. Nicht weniger erstaunt war der Autor selbst. Er konnte sich nicht erklären, was diese außergewöhnliche Resonanz bewirkt haben mochte. Dabei war es ihm nach eigenen Worten allein darum gegangen, anhand biografischer Darstellung des Naturforschers Alexander von Humboldt und des Mathematikers und Astronomen Carl Friedrich Gauß einen von ihm als deutsch erachteten Habitus zu ironisieren – eine Art der Karikierung forscherischer Neugierde und ihres schier unstillbaren Drangs nach Präzision. Weitere Nachfragen vermochten dem Autor die Aussage zu entlocken, das Buch handele eigentlich auch von den Gebrechen des Alters – ein Gedanke, der ihn ständig umtriebe.

Gewissheit scheint der Autor über das Sujet seines Romans nicht gehabt zu haben. Warum sollte er auch? Er schrieb, wie ein jeder die Phantasiewelten seiner Leserschaft beflügelnder Schriftsteller, was ihm zu schreiben beliebte – ganz aus sich heraus. Die Interpretation des selbst Verfassten ist nicht sein Metier. Deutung und Urteil sind dem Publikum vorbehalten. Es liest in den Text hinein, was es bewegt.

Der gewaltige Publikumserfolg des Buches »Die Vermessung der Welt«, ein Werk von literarisch nicht gerade überragender Qualität, scheint thematisch einen zeitgeistig empfindlichen Nerv getroffen zu haben, und dies nicht nur in den deutschsprachigen Ländern, sondern weltweit. Hier dürfte eine Art von List am Werk gewesen sein – die List nämlich, durch schrullig gezeichnete Protagonisten der Moderne das den Zeitgenossen offenbar abhandengekommene Bewusstsein praktischer Aufklärung nahezubringen. Denn genau besehen hat dieser Roman nichts anderes zum Thema als eine pointiert erzählte Geschichte dessen, was jene historiografisch als »Sattelzeit« markierte Epoche im Übergang von der Vormodernen in die Moderne zu unserem Weltverständnis beigetragen hat. Die Annahme, dass in Zeiten von Traditionsschwund und Kanonvergessenheit mit ihren für die Ausbildung von Urteilskraft dramatischen Folgen das Sujet praktisch gewordener Aufklärung auf einen gleichsam ubiquitären Resonanzboden geistiger Bedürftigkeit gestoßen ist, dürfte nicht fernliegen. Vor allem anhand des Naturforschers Alexander von Humboldt, der im Unterschied zu dem nach innen gekehrten Mathematiker Gauß die äußere Welt physisch, gleichsam körperlich aufsucht, kommen die habituellen Attribute von Aufklärung ganz unmittelbar zur Geltung. Von den Tugenden der Pflichterfüllung ausgehend bildet sich durch das ungestüme Wirken seiner Person das Korsett wissenschaftlich angeleiteter Disziplinierung aus, um einzumünden in die Volten der Erkenntnis. Die von ihnen ausgehenden Maßgaben praktischer Vernunft tragen bei zur Entzauberung der Welt. Die englischsprachige Kritik hat den Roman Kehlmanns durchaus treffend unter das Signum einer *passion for precision* gestellt – den Wonnen der Genauigkeit.

Präzision ist eine Tugend der Erkenntnis. Durch Ironisierung ist ihr die Ehre nicht abzuschneiden, auch dann nicht, wenn Kehlmann Humboldts Anstrengungen und Kasteiungen, Wissen zu schaffen, Revue passieren lässt. So etwa das

Studium an der Bergakademie zu Freiberg, wo er sich durch enge Schächte und Stollen zwängt, um seine klaustrophobische Veranlagung zu zügeln; oder wenn er sich physiologischer Experimente unterzieht, um der elektrischen Leitfähigkeit von Muskelfasern nachzugehen; oder wenn er zum Zwecke von Messungen die Eiseskälte der Kordilleren und bei drückender Hitze die Mückenschwärme am Orinoko erduldet oder sich an den Bug eines Schiffes fünf Meter oberhalb der Wasseroberfläche binden lässt, das Okulos des Sextanten vor dem Gesicht, um die Höhe der Wellen zu erkunden.

Kehlmanns Buch ist seiner Wirkung nach paradox. Obschon der Autor die Obsessionen praktischer Vernunft durch Ironisierung ambivalent thematisiert, weist der Erfolg des Werkes in eine eindeutige Richtung: Es darf als untrügliches Zeichen einer seismografisch spürbaren Wende verstanden werden, die Aufklärung nicht länger in Verruf zu bringen und davon abzulassen, die Moderne zu schelten.

Der Moderne ist kein guter Leumund beschieden. Sie wird haftbar gemacht für die Zivilisationsverbrechen »des Westens« – für die Jahrhunderte eine Blutspur hinterlassende europäische Expansion nach außen, nach Übersee. Und sie wird haftbar gemacht für die nach innen gerichtete drakonische Praxis frühneuzeitlicher Sozialdisziplinierung – einer gleichsam von Staats wegen erfolgten Zurichtung und Anpassung des Menschen an die Erfordernisse der sich abzeichnenden neuen Ordnung der Maschinenwelt. Was die Moderne als praktisch gewordene Aufklärung angeht, so werden derweil willfährig ihre Schattenseiten herausgekehrt. Allenfalls im Plural, als Ausdruck kultureller Mannigfaltigkeit, wird sie hingenommen. Eine kritische Befragung der These von der Pluralisierung der Moderne indessen weckt Verdacht. Der Verdacht folgt dem Reflex, Unterschiede des Werdens mit Unterschieden des Wesens zu verwechseln. Denn mit der Erkenntnis heischenden Frage nach der Genesis der Moderne wird keine ontologisch gesetzte Rangordnung der Kulturen insinuiert; allenfalls werden jeweils verschiedene historische Umstände ihrer Ausbildung konstatiert; oder es wird der jeweilige Grad ihrer Einwurzelung erwogen – und dies vor allem dort, wo sie weniger autochthon erwachsen, denn unter zweifelhaften Umständen von außen her eingepflanzt worden ist. Dies gilt vornehmlich für solche Lebenswelten, in denen Technologien oder andere praktische Segnungen westlichen Ursprungs allenthalben auf dankbare Akzeptanz stoßen, nicht aber die sie voraussetzenden Philosophien. So bleibt dem affektiv urteilenden Beobachter der innere Zusammenhang von Säkularisierung, Denkform, Technologie und Produktion gesellschaftlichen Reichtums verstellt.

Im Weiteren wird zweierlei Fragen nachzugehen sein: zum einen Fragen einer so genannten »verspäteten Vernunft«, um eine Formulierung Hans Blumenbergs aufzugreifen. Verspätungen angesichts der Moderne werden sakral imprägnierten Kulturen lebensweltlicher Entschleunigung wie etwa der Kultur des Islam nachgesagt. Diese gilt es mit solchen Varianten von Aufklärung zu kontrastieren, die ausgesprochen ungeduldig auftreten – etwa die schottische. Zum anderen geht es um Fragen kultureller Verschiedenheit innerhalb der westlichen Aufklärungstradition und ihrer Moderne – vor allem um eine Gegenüberstellung ihrer angelsächsischen und kontinentalen Ausprägungen; und dies wesentlich das Phänomen der Arbeit betreffend, ihre Verausgabung und ihre Bemessung. In Abwandlung der Kantschen Frage: »Was ist Aufklärung?« soll es eher heißen: »*Wie* ist Aufklärung?«.

Werfen wir einen Blick auf die die Lebenswelten im Westen und die Lebenswelten im Orient manifest unterscheidenden Umstände der Einführung des Buchdrucks. Im Westen brachte es die Einführung des Buchdrucks mit beweglichen Lettern um die Mitte des 15. Jahrhunderts – zeitgleich mit dem Fall von Konstantinopel – mit sich, dass nach etwa fünfzig Jahren um die acht Millionen Bücher aus den Druckerpressen hervorgingen – also bei weitem mehr, als alle Kopisten Europas in den über tausend Jahren seit der Gründung der Stadt am Bosporus im Jahre 330 unserer Zeitrechnung bis zum Einschnitt jener Mechanisierung der Buchproduktion in mühseliger Handarbeit abgeschrieben hatten. Demgegenüber ließ die Einführung des Drucks im Osmanischen Reich wie im Bereich des Islam überhaupt noch über dreihundert Jahre auf sich warten.

Der Umstand dieser Verzögerung ließ die dort obwaltende Tradition einer gleichsam liturgisch imprägnierten schriftgestützen Mündlichkeit lange überdauern. Die davon ausgehenden Behinderungen einer in arabischen Schriftzeichen erfolgenden Lesefähigkeit sollte dort die Verbreitung von Wissen bis in die Gegenwart hinein massiv beeinträchtigen. Neuere Untersuchungen haben ergeben, dass im Jahre 1996 in allen arabischen Ländern zusammen nicht mehr als etwas über tausendneunhundert Titel gedruckt wurden. Dies entspricht etwa 0,8 Prozent der Weltproduktion – und dies bei einem Anteil von etwa neun Prozent der Weltbevölkerung. Auch um die Übersetzung fremdsprachiger Literatur ins Arabische ist es schlecht bestellt. Hier kann nur mit einem Bruchteil dessen aufgewartet werden, was in einem Kleinstaat von der Größe Griechenlands in die Landessprache übertragen wird. Zudem bewegt sich die Auflage belletristischer Werke in Größenordnungen zwischen tausend und zweitausend Exemplaren. Intellektuelle und andere säkular Gebildete ziehen es bis in die Gegenwart vor, sich alternativ fremdsprachiger Schriften zu bedienen. Um die Lesefreude im Arabischen ist es jedenfalls schlecht bestellt.

Hierzu kontrastierend die Literarisierung im kargen schottischen Hochland des frühen 18. Jahrhunderts (Arthur Herman): Bei der dort für ihre calvinistische Ausrichtung bekannten Bevölkerung war die Lesefähigkeit nicht nur anhand der Bibel flächendeckend eingeübt worden. Die Leselust richtete sich auch auf Druckwerke profanen Inhalts, die Wissenschaften eingeschlossen. Personen mit bescheidenen Einkommen konnten durchaus mit ansehnlichen Sammlungen aufwarten. Allenthalben standen auch örtliche Leihstuben offen. Den Leselisten dieser Büchereien ist zu entnehmen, dass die Besucher keineswegs professionell aufs Lesen eingestellt waren. Es handelte sich wesentlich um körperlich tätige Menschen – Handwerker aller Art: Bäcker, Schmiede, Steinmetze, Schneider und Fassbinder, aber auch Bauern, Knechte und sonstige Hausgehilfen. Eine zum ausgehenden 18. Jahrhundert unternommene Erhebung zeigt, dass bei einer Gesamtbevölkerung von etwa 1,5 Millionen Seelen in Schottland allein 20 000 vom Schreiben und Publizieren ihren Lebensunterhalt bestritten und 10 500 bildenden und ausbildenden Berufen nachgingen. Der Ausbau schottischer Universitäten zu Zentren der Volksbildung trug das seine dazu bei. Im Unterschied zu Oxford und Cambridge, die damals vorzugsweise Studenten anglikanischer Glaubensrichtung aufnahmen, standen Glasgow und Edinburgh den Angehörigen aller Denominationen offen. Zudem war der Unterricht an den höheren Lehranstalten erschwinglich und erlaubte auch minderbemittelten Studenten den Erwerb von Bildung und Profession. So gesehen erwies sich Schottland als die wohl führende Wissensnation des Westens und damit der Welt.

Den Buchdruck aufhalten bedeutet Wissen und damit Aufklärung aufzuhalten. Und es bedeutet aufzuhalten, was der Moderne essentiell zugrunde liegt: gesellschaftliche Beschleunigung. Tatsächlich ist Beschleunigung der Bewahrung von Tradition wenig gewogen. Ihr erstes Opfer ist die innerweltliche Präsenz des Transzendenten. So entzog die mechanisch angetriebene Zeit in Gestalt der Druckerpresse den Schriftwerken die ihnen bislang anhaftende Aura des Sakralen. Die schier endlose mechanische Repetition, die ständige Wiederholung des Immergleichen in sich steigernder Bewegung war als ein frontal vorgetragener Angriff auf die göttliche Verfügung über die Zeit und damit einer rituell verfügten Entschleunigung empfunden worden. Ähnlich abwehrend waren die Reaktionen tief empfindener Gläubiger im Bereich des Islam auf das Aufkommen von Dampfschiff und Eisenbahn. Diese Ungetüme der Beschleunigung wurden als Sakrileg wahrgenommen und entsprechend gebannt.

Dass Aufklärung und Moderne im Buchdruck ihre materielle Voraussetzung haben, wird in einer jüngst ausgelösten Debatte über eine vorgeblich im 18. Jahrhundert sich regende islamische Aufklärung leichthin übersehen. Der akademische Disput konzentriert sich indes auf Fragen geistiger wie spiritueller Vorgänge. Dabei wird auf Phänomene verwiesen, die an europäische Aufklärungskulturen erinnern – etwa die damals zunehmend Verbreitung findenden heterodoxen Sufi-Orden. Sie werden zum Pietismus zentraleuropäischer Prägung analog gelesen. Dass diese nicht die nötige Dynamik ausbilden konnten, um in eine Art islamischer Aufklärung umzuschlagen, wird von jener sich exponierenden Tendenz in der Forschung wesentlich auf die damals fühlbar werdenden Übergriffe der westlichen Moderne zurückgeführt.

Dass eine autochthone islamische Aufklärung mittels der

Einwirkung äußerer Gewalten beeinträchtigt, gar unterbunden worden wäre, findet auch in der muslimischen Welt ihren eigentümlich exzentrischen Widerhall. Es handelt sich hierbei um eine in das 19. Jahrhundert zurückreichende, von traditionellen Kreisen immer wieder aufgegriffene Vorstellung, dass die Muslime ein überlegenes Wissen gehütet hätten, welches ihnen von den Europäern gleichsam entzogen worden sei. Diese Vorstellung vom Raub des Wissens geht vor allem auf das epochale Ereignis der Ägyptenexpedition Bonapartes zurück, in dessen Tross Forscher mitreisten – vornehmlich Archäologen und Orientalisten –, die sich über die geistigen Schätze des Landes hermachten, um sie nach Europa zu überführen. So sei den Muslimen die Voraussetzung für den Aufbruch in eine neue Zeit gewaltsam entwunden worden – Bedingungen, denen wiederum Europa und der Westen seine Überlegenheit verdanke. Indes war die erste in Ägypten etablierte Druckerei von der französischen Besatzungsmacht eingerichtet worden. Die dort produzierten Flugschriften sollten die Bevölkerung mit dem Gedanken der Aufklärung und der Menschenrechte vertraut machen. Damit hatte es alsbald sein Ende, als eine aufgebrachte Menschenmenge die Einrichtung nebst Druckplatten zerstörte. Erst mit der auf den Abzug der Franzosen folgenden Herrschaft des Potentaten Mohammed Ali war in weiterer Verzögerung im Jahre 1822 in Bulaq, einem Vorort Kairos, eine staatlich observierte Druckerei eingerichtet worden. Die dort gedruckten Werke – bis zum Jahre 1843 etwa zweihundertfünfzig an der Zahl – hatten den Zweck, die von Saint-Simonisten inspirierte Modernisierung des Landes zu flankieren. Eine solche despotisch betriebene Modernisierung ohne Aufklärung sollte alsbald an ihre Grenzen stoßen.

Dass eine autochthone islamische Aufklärung von außen im Keime erstickt worden wäre – und dies, bevor ihr zarter

Wuchs hätte Erfolg haben können –, ist eine zweifelhafte These. Sie ignoriert vornehmlich jene lebensweltlichen Voraussetzungen, die im Westen aufklärerisches Denken und seine Verbreitung in Richtung Moderne ermöglicht haben – nämlich die Ausbildung von Öffentlichkeit, die Ausbreitung gelehrter Kommunikation, die sie begleitenden Briefwechsel sowie das Wirken von Lesegesellschaften und nicht zu vergessen: das zusehends sich durchsetzende historische Denken. Ihm wird das Regiment der Deutung einer von Menschenhand beschleunigten Wirklichkeit übertragen. Es lässt die katechontische Herrschaft Gottes wanken.

Aufklärung und Moderne bilden sich osmotisch aus. Eine Angabe signifikanter Einschnittsdaten ist wenig sinnvoll. Allenfalls böte sich das emblematische Jahr 1776 zur Markierung an. Mehre Ereignisse kulminieren in jenem *annus mirabilis* – so das im Februar publizierte Werk »Decline and Fall of the Roman Empire« des Historikers Edward Gibbon; im März erscheint das die Lehre von der modernen Nationalökonomie begründende Werk »The Wealth of Nations« des schottischen Moralphilosophen Adam Smith; im Juli ist der Ausbruch der Amerikanischen Revolution zu verzeichnen; im August der Tod des großen Aufklärungsphilosophen und Vorläufers Immanuel Kants, David Hume. Nicht vergessen werden soll die im selben Jahr erfolgte Patentierung des ersten serienmäßig produzierten Hinterladergewehrs durch den britischen Infanteriehauptmann Patrick Ferguson, dessen Vater, ein schottischer Geistlicher, engen Kontakt zu Hume pflegte. Das Hinterladergewehr zog eine Revolutionierung der Kriegführung nach sich, da es nicht nur eine bisher unvorstellbar schnelle Schussfolge ermöglichte, sondern weil es auch in der Hocke, sogar im Liegen nachgeladen werden konnte. Seine Technik symbolisiert die andere Seite der Aufklärung, nämlich die zunehmende Mechanisierung des Tötens. Ferguson selbst fiel im amerikanischen Unabhängigkeitskrieg.

Die schottische Aufklärung ist von ganz besonderer Konsistenz. Sie gründet auf einen moralische Urteilskraft voraussetzenden *common sense*. Dieser trägt bei zum Ausgleich zwischen einem anstrebenswerten Eigeninteresse und einem durchaus religiös gebundenen und gemeinschaftsbildenden Altruismus. Wesentlich handelt es sich um einen durch religiöse Wertebindung moderierten Utilitarismus.

Von der englischen Trinität der frühen Aufklärung, von Francis Bacon, John Locke und Isaac Newton angestoßen, erblüht im 18. Jahrhundert die Tendenz der schottischen Aufklärung. In ihrem Epizentrum stehen Moralphilosophen wie Francis Hutcheson, Adam Smith, Adam Ferguson, Thomas Reid und Dugald Stewart. Allen gemeinsam war die Suche nach einer anthropologisch begründeten sozialen Wissenschaft vom Menschen, eines *human knowledge*, einer Art Philosophie menschlicher Tugenden, beruhend auf *pity*, *compassion*, *benevolence* und *sympathy* – eben jene moralische Kompetenzen eines dem menschlichen Tun zugrunde liegenden *common* oder *moral sense*. Hannah Arendt hat sich in ihrer weitgehend vernachlässigten Schrift »Über die Revolution« als Parteigängerin der schottisch geprägten angelsächsischen Tradition der Aufklärung bekannt, als sie eine *passion for compassion* zur Voraussetzung gemeinschaftlicher Solidarität und gemeinsamen politischen Handelns erhob.

Die schottische Aufklärung hat sich bei allem ihr nachgesagten Materialismus und Utilitarismus einer Restbindung an das Religiöse nicht verschlossen. Schließlich trugen Vernunft wie Religion gleichermaßen dazu bei, Richtiges von Falschem zu unterscheiden. Vernunft und Glauben waren einander in dieser Tradition nicht feindlich gesinnt, sondern gleichsam affin. Sie traten durchaus als Verbündete auf (Gertrude Himmelfarb). Anders die Aufklärung der französischen *philosophes*. Die an Rousseau und Voltaire geschärfte Tradition machte zwischen Vernunft und Religion einen schier unversöhnlichen Gegensatz aus. *Écrasez l'infâme!* hieß die Parole. Diese Frontstellung stattete die französische Aufklärungsphilosophie mit einer an den Glauben an die Transzendenz gemahnenden Energie aus. Zwischen Offenbarung und Vernunft tat sich ein Abgrund auf.

Die von der Beobachtung naturhafter und sozialer Vorgänge gespeiste schottische Begründung der Urteilskraft (*don't think – observe!* heißt es dort) ließ die Phänomene einer sprunghaft sich entwickelnden materiellen Lebenswelt mit den moralischen Verhaltensweisen des Menschen eine eigentümliche Verbindung eingehen. So kommt der als schottisch charakterisierten Aufklärung und ihrer praktisch-utilitaristischen Orientierung eine ganz besondere Bedeutung für die Ausbildung einer über ihre Entstehungsgrenzen hinaus sich verallgemeinernden Moderne zu.

Hierfür steht das Werk des Adam Smith. Mit seiner im Jahre 1759 erschienenen »Theory of Moral Sentiment« erfährt er höchste Anerkennung. Das kontinentale Doppelgestirn Voltaire und Kant zollt ihm Tribut. Mit seinem späteren, als Hauptwerk gefeierten Buch »The Wealth of Nations« wird er zum geehrten Begründer der Lehre von der Nationalökonomie. Obwohl Moralphilosophie und Ökonomie unterschiedliche Bereiche menschlichen Daseins zu thematisieren scheinen, stehen sie für Smith in einem systematischen Zusammenhang. Erfolgt durch jene die Grundlegung einer Theorie des moralischen Gefühlshaushalts, so will diese dessen Transformation in eine Lehre von der materiellen Nützlichkeit fassen. Zentral ist hierfür die Kategorie der Arbeit als Quelle gesellschaftlichen Reichtums. Hinzu tritt ihre sich immer weiter ausdifferenzierende Teilung als Bedingung sich beständig steigernder, durch die Hilfsmittel der Technik potenzierten Produktivität und des in ihrem Gefolge beständig sich ausweitenden gesellschaftlichen Reichtums. So stehen Wissen und Wohlfahrt unmittelbar zueinander.

Die theoretische Privilegierung der Arbeit als Quelle gesellschaftlichen Reichtums bei Adam Smith dürfte von ihrer frühen traditionellen Anbindung an die Maßgaben religiöser Devotion nicht unbeeinflusst gewesen sein. Die Wahrnehmung des Phänomens der Arbeitsteilung indes war Ausdruck schierer Beobachtung gewesen – vor allem die zu Lebzeiten von Smith in Glasgow erkennbare rasante industrielle Entwicklung und die im Zustand *nascendi* befindliche beständige Ausdifferenzierung produktiver Fähigkeiten und Fertigkeiten – auch und vor allem für ihre Übertragung in die Welt technologischer Innovation und ihres Niederschlags im sich ausbildenden Fabriksystem. Dessen Prinzip der schier endlosen Aufteilung von Arbeitsvorgängen in immer einfachere und durch mechanische Gewerke beschleunigte Einzelschritte wird mit der Erfindung der Dampfmaschine als der Indienstnahme gezähmter Naturkraft revolutioniert. Dass diese Innovation einer manipulierten Energieerzeugung gerade in Schottland, dem Land der praktischen Aufklärung, ihre technische Umsetzung erfährt, scheint gleichsam zwingend. Schließlich waren an den dortigen Universitäten, aber auch an anderen Einrichtungen des Forschens und Experimentierens Theorie und Praxis weit enger verzahnt als sonst im Westen. In ganz Europa wurde dem aus den Naturwissenschaften, der Mathematik und der Medizin komponierten Dreieck des praktischen schottischen Verstandes allenthalben Respekt gezollt. In jenem dicht vernetzten wissenschaftlich-technischen Milieu Schottlands war es nicht verwunderlich, dass James Watt, der Erfinder der Dampfmaschine – oder jedenfalls derjenige, dem das Verdienst zukommt, die zuvor durch andere gemachte Entdeckung mittels einer durch Kolben übertragenen rotierenden Bewegung für das Fabriksystem als solches nutzbar gemacht zu haben –, mit Adam Smith befreundet war. In einer von der Kategorienwelt der Arbeit, der Arbeitsteilung, der Produktion von gesellschaftlichem Reichtum, von Kommerz und technologischem Wandel habituell durchdrungenen Wirklichkeit und ebenso von einer darüber erfolgenden Reflexion stehen die Figuren des Entrepreneurs und des Ingenieurs in einem geradezu epistemischen Zusammenhang.

Dass die sich neu ausbildenden Phänomene von erkenntnistheoretischer Neugierde begleitet waren, dürfte aus der Natur der Sache hervorgehen. So etwa der immer stärker zu beobachtende Einbruch des Abstrakten in die lebensweltlichen Zusammenhänge. Dies lässt sich anhand der von Adam Smith geprägten Metapher von der »Unsichtbaren Hand« explizieren. Mit einer solchen, den Eintritt empirisch wenig nachvollziehbarer Erscheinungen bebildernden Wortprägung stand er nicht allein. So wird später Hegel das Bild von der »List der Geschichte« bemühen, während sich nicht nur für Marx die Verhältnisse »hinter dem Rücken« der Handelnden einzustellen pflegen. Bei all diesen und ähnlich gehaltenen Wortbildungen ging es letztlich darum, von Menschen hervorgerufene, sich indes ihrer Erkenntnis entziehende Phänomene erkenntnistheoretisch in den Griff zu bekommen. Nachdem die Menschen durch das hereinbrechende historische Denken zusehends zur Einsicht gelangt waren, nicht etwa die Transzendenz, sondern sie selbst bestimmten ihr Schicksal, rangen sie um Erklärung für die durch eigenes Handeln herbeigeführte gesellschaftliche Abstraktion. Der bislang dem menschlichen Geschick die Richtung weisende »Finger Gottes« war in das Walten der »Unsichtbaren Hand« konvertiert.

Dem Wortbild von der »Unsichtbaren Hand« war eine paradoxe Karriere beschieden. Dies vor allem deshalb, als es bei Adam Smith selbst eine ausgesprochen abseitige Rolle spielt. In seinem gesamten, aus drei Büchern bestehenden Hauptwerk findet es nur drei Mal Erwähnung – in jedem der drei Bücher jeweils ein Mal. Und dennoch scheint es, als stünde das Werk des schottischen Moralphilosophen ganz im Zeichen dieser Metapher. Dies ist erklärungsbedürftig. So will der Eindruck nicht weichen, im theologisch imprägnierten Bild von der »Unsichtbaren Hand« schlage sich so etwas nieder wie ein Kernbestand der Moderne.

Die Metapher von der »Unsichtbaren Hand« ist verschiedentlich als Ausdruck Smithscher Ironie charakterisiert worden (Emma Rothschild). Nichts habe dem schottischen Aufklärer, Moralphilosophen und Begründer der Nationalökonomie fernergelegen, als seine Erkenntniswelten metaphysisch zu binden. Die »Unsichtbare Hand« sei allenfalls dem Arsenal literarischer Bilderwelten entnommen – etwa Shakespeares »Macbeth« oder Voltaires »Oedipe«. Tatsächlich ist die ironische Dimension in der Verwendung dieser Metapher bei Smith nicht zu übersehen, vor allem dann nicht, wenn er sie verlacht und mit magisch verhafteten Naturvölkern in Verbindung bringt. Dennoch scheint es sich bei der »Unsichtbaren Hand« auch um ein Epithet für Gott zu handeln – um ein Symbol der Prädestination, aufgeladen mit all dem, was der Verfügung des Menschen entzogen bleibt. Schließlich evoziert die Reaktion der Menschen auf für sie nicht einsehbare Krisen im Wirtschaftsverlauf eine Bilderwelt, die ihrer Gestalt nach durchaus jenen von Glaubenswelten entspricht. Ironisch wie bitter zugleich mag es sich ausnehmen, wenn der Mensch durch reproduktives Wirken, durch Fleiß und Sparsamkeit zu einer Überproduktion beiträgt, die in ihrer Wirkung als Krise das vernichtet, was er zuvor mittels seiner industriellen Tugenden geschaffen hatte. Dass er um die Früchte seiner Arbeit gebracht wird, ist paradoxerweise nicht zuletzt seinem gottgefälligen Verhalten geschuldet; etwa dann, wenn er sich vor sündhafter Verausgabung hütet. Die daraufhin sich einstellende Frage, warum guten Menschen schlechte Dinge geschehen, weist bereits in Richtung Theodizee.

In der Moderne, in der von Gott verwaisten Welt, erwächst aus dem unverstanden gebliebenen Abstrakten ein Metaphernfeld der Verschwörung. Solche Phänomene waren im Westen, im Europa des 19. Jahrhunderts, grundständig gewesen. Gegenwärtig häufen sie sich dort, wo sakral imprägnierte Lebenswelten der über sie hinweg brandenden Hypermoderne wegen in Schockstarre verharren. Ohne Ausbildung eines eigenen Potentials der Selbstaufklärung, ohne Profanierung der eigenen Tradition mittels der Modi sozialwissenschaftlicher Reflexion – also unter Anwendung dessen, was die schottische Aufklärung zur vor sich gehenden materiellen Modernisierung der Lebenswelten parallel als *human knowledge* ausgebildet hatte; also mittels einer anthropologisch informierten Diagnose des komplexen sozialen Gewebes menschlichen Zusammenwirkens auch und gerade bei Akzeptanz des technologischen Fortschritts – werden Prozesse der Fundamentalisierung ausgelöst. So wird im Bereich des Islam durch wortwörtliche Überinterpretationen sakraler Texte eine politische Radikalität ganz jenseits der Tradition in Gang gesetzt.

Bei einer solchen Fundamentalisierung handelt es sich um ein paradoxes Produkt einer sich allenfalls partiell durchsetzenden Moderne, weil Fähigkeiten und Fertigkeiten technologischer Anwendung sich mit hermeneutischen Regressionen von Wortwörtlichkeit verbünden.

Neben den sich scharf abbildenden Unterschieden zwischen westlich inspirierten Aufklärungskulturen und solchen, die den schmerzhaften Prozess von Säkularisierung und Profanierung erst mit beträchtlicher Verspätung durchlaufen, lassen sich – nicht zuletzt ausgelöst vom Niedergang des vormaligen politischen Ostens – auch im Westen traditionsbedingte wie zukunftsträchtige Verschiedenheiten in der Ausbildung moderner Lebenswelten, vornehmlich im Bereich von Produktionskulturen, ausmachen. Hierbei handelt es sich um Fragen habitueller Modi wesentlich die Arbeit betreffend – um die Umstände ihrer Verfügung, ihrer Verausgabung und ihrer Bemessung.

Eine Besichtigung unterschiedlicher, mit den jeweiligen Varianten von Moderne verbundenen kulturellen Eigenheiten im Bereich der Produktion bleibt für Zukunftsfragen insofern relevant, als sich diese – verbunden mit umwälzenden technologischen Neuerungen – auf die Vorstellung von Arbeitszeit und Arbeitswert auswirken. So dürften auf die im Übergang vom Manufakturwesen zum Fabriksystem sich ausbildenden Annahmen von einer zu quantifizierenden abstrakten Arbeit erhebliche Veränderungen zukommen, vor allem dann, wenn in besonders produktiven Bereichen der Wert der Arbeit sich nicht mehr anhand einer nachweislich verausgabten Arbeitszeit, sondern anhand des fertigen Produkts am Markt offenbart. Für eine solche Verwandlung von einer Quantifizierung in eine Qualifizierung von Arbeit sind die jeweils verschiedenen Produktionskulturen unterschiedlich gerüstet. Dabei erweist sich die jeweilige historische Prägung als eine Art habitueller Standortvorteil. Dieser ist in seiner Wirkung freilich nicht immer gleichbleibend. Seine Geltung hängt ab von der technologischen Konsistenz der jeweils eingesetzten Produktionsmittel und den ihr adäquaten Formen der Arbeit. So kommen dem alten, hierarchisch gegliederten Fabriksystem eher kollektiv verfasste Arbeitskulturen entgegen. Die nachmodernen Konsistenzen entsprechenden Technologien hingegen bedürfen eher eines individuellen, auf Eigenständigkeit und Flexibilität beruhenden Habitus wertschöpfender Arbeit. Diese in der Gegenwart fortwirkenden Unterschiede haben in der jeweiligen kulturell rückgebundenen Geschichte der Arbeit ihre Wurzeln.

Welche Eigenheiten zeichnen etwa die britische Produktionskultur im Übergang von der Vormoderne in die Moderne aus – und was unterscheidet sie von ihrer deutschen und anderen kontinentalen Varianten? Die Antwort auf diese Frage vermutet die historische Forschung (Richard Biernacky) vornehmlich in einem signifikanten Unterschied: im Verständnis dessen, was jeweils unter Arbeit, genauer: unter den Modi ihrer Aneignung beziehungsweise der Realisierung ihres Werts, verstanden wird. So wird erkannt, dass im britischen Kontext die Konsistenz vormoderner Sozialbeziehungen auf unmittelbarer Verfügung über die Person beruhend sich relativ früh durch Kommerzialisierung hat auflösen lassen. Dies will heißen, dass die Modi des Tausches, des Handels wie der ubiquitär sich einstellenden Marktbeziehungen schon im ausgehenden 17. Jahrhundert auf das Arbeitsverhältnis einwirkten und dies im Unterschied zu den auf dem Kontinent waltenden Umständen, vornehmlich in Mitteleuropa. Diese wurden erst in Folge der Französischen Revolution, der napoleonischen Eroberungen sowie der in ihrem Verlauf unternommenen eigenständigen Reformen umgewälzt. Von oben herab dekretiert, vermochten sie umso nachhaltiger den hierarchischen Anforderungen der sich ankündigenden Industriekultur zu entsprechen. Damit kam ein von Residuen der Vormoderne behaftetes Fabriksystem deutscher beziehungsweise preußischer Tradition den vertikalen Vorgaben des Industrialismus bei weitem eher entgegen als die von horizontal verfassten kommerziellen Tauschtraditionen durchdrungene britische Produktionskultur. Heute mag es umgekehrt sein. Der kommerzielle und in vielerlei Hinsicht eher individualistische Habitus dürfte den auf qualitativer Verausgabung von Arbeit beruhenden Fertigungen eher entsprechen als die industrialistische Form kollektiv verausgabter und quantitativ bemessener Arbeit.

Die Vorstellung, der Wert der Arbeit gebe sich unmittelbar an der Quelle ihrer Verausgabung zu erkennen und nicht wie in England anhand des fertigen Produkts in der Sphäre des Tausches, also am Markt, geht auf die damals in Deutschland, aber auch in Frankreich tradierte agrarische Praxis der Fron beziehungsweise der *corvée* zurück. Genau besehen war die Arbeit auf dem Kontinent traditionell nicht wirklich frei, also nicht eine frei tauschbare Ware geworden – eingeschlossen solcher Vorzüge wie die soziale, den Produzenten entgegengebrachte Fürsorge. Hinzu trat der Umstand, dass in Deutschland Residuen korporativer Ordnung vor allem im Bereich des Handwerks lange überdauerten und das hiesige Industriesystem weiter durchdrangen. Bis heute weist die Praxis der beruflichen Ausbildung in Deutschland gerade aus diesen Gründen erhebliche Vorzüge auf – Vorzüge, mit denen andere Industriekulturen nicht aufwarten können. Dies macht sich vor allem anhand einer besonders engen Verknüpfung zwischen Konstruktion und Herstellung bemerkbar – ein traditionell nicht einholbarer Standortvorteil deutscher Produktionskultur.

Zunft und Zwang entsprechen nicht einem vom Markte her gesteuerten, auf freiem Tausch unabhängiger Warenbesitzer beruhenden Verhalten. In der britischen Tradition blieb der Markt beziehungsweise die Vorstellung von der Allgegenwärtigkeit kommerzieller Beziehungen indes dominant. Adam Smith ging in seiner auf der Freiheit des Kommerzes beruhenden Vorstellung so weit, in einem jeden, also auch in jenem, der ausschließlich seine Arbeit feilzubieten hat, einen auf dem Markte agierenden Kaufmann zu sehen. Dies gab zu merkwürdigen Konstruktionen Anlass. So will John Stuart Mill, ausgehend von der Annahme, das Verhältnis von Unternehmer und Produzent fuße auf dem gänzlich freien Willen von am Markte gleich Tauschenden, in dem am Monatsanfang ausbezahlten Lohn recht eigentlich eine Anleihe erkennen. Diese Anleihe versetze den Produzenten in den Stand, sein Produkt herzustellen. Erst danach, nach dessen Fertigstellung, realisiere das Produkt am Markt seinen Wert und offenbare damit auch den Wert der in ihm verausgabten Arbeit. In der deutschen Tradition tritt die Arbeit als zeitlich quantifizierte Arbeitskraft indes in der Sphäre der Produktion in Erscheinung, das heißt, sie ist im Fabrikbereich zerniert. So ist es für das kulturelle Verständnis von Arbeit in Deutschland nicht unerheblich, dass sie noch um die Mitte des 19. Jahrhunderts wortgeschichtlich auf ein Zwangsverhältnis zurückgeführt wurde. Dies will nicht heißen, dass eine solche Vorstellung für die Produktivität des sich ausbildenden Fabriksystems von Nachteil gewesen war. Eher trug sie hier umgekehrt zu einer hoch produktiven Industriekultur bei.

Die historisch unterschiedlich gewachsenen Vorstellungen von Arbeit erfahren in einer postindustriellen Welt eine Neubewertung. Die angelsächsischen Traditionsbestände – beruhend auf der Vorstellung von einer Vergütung für das erstellte Werk, also für das fertige Produkt, für ein Produktenteil oder für eine Dienstleistung – kommt den auf individuell verausgabter Intelligenz und Kreativität beruhenden technologischen Neuerungen habituell eher entgegen als die auf Vorstellungen von quantifizierter und hochregulierter Arbeitszeit beruhenden kontinentalen Traditionen.

Obschon die Geistesströmungen von Aufklärung mannigfaltig sind, dürfte der Moderne ein unitarischer Charakterzug eigen sein. Denn im Unterschied zur Aufklärung in ihren vielfältigen konfessionellen, sprachlichen, kulturellen und regionalen Ausformungen steht die Moderne unter einem gleichsam materiellen Primat. Sein Kernbestand ist der durch technologische Entwicklung angestoßene Wandel. Und der Modus dieses Wandels ist die Beschleunigung. Um den von den Schüben der Beschleunigung ausgehenden lebensweltlichen Wandel zu verstehen und diesen im Sinne von gesellschaftlichem Ausgleich und Prosperität zu regulieren, hat sich das anthropozentrisch aufgeklärte Denken des inneren Zusammenhangs von Säkularisierung, moderater politischer Ordnung, komplexer Technologie und der schier grenzenlosen Produktion gesellschaftlichen Reichtums angenommen.

Der Aufklärung ist eine Traditionserfahrung eingeschrieben, hinter die es kein Zurück gibt. Alle Versuche, sie dem aufgeklärten Bewusstsein auszureden und die Moderne bei all der ihr eigenen Ambivalenz zu schmähen, sind gegenaufklärerisch. Auch die mit dem Wortbild von der »Dialektik der Aufklärung« verbundene anhaltende Kritik an der Aufklärung kann nur mittels Aufklärung erfolgen.

Sakrales verstehen

Krisen im Orient – Westliche Säkularisierung – Wege der Profanierung – Islam und Judentum

In einer neueren islamkundlichen Untersuchung zur *hisba*, der koranischen Aufforderung nach Sure 3, Vers 104, Rechtes zu gebieten und Schlechtes zu verbieten – zum Pflichten- und Sittenkanon des Islam also –, referiert der in Princeton lehrende Orientalist Michael Cook in seinem Buch »Forbidding Wrong in Islam« drei Rechtsauffassungen über angemessenes öffentliches Verhalten muslimischer Frauen. Der einen Auffassung wurde im 9. Jahrhundert Ausdruck gegeben; die andere geht auf das 14. Jahrhundert zurück, während die dritte im frühen 20. Jahrhundert getroffen worden war. Der Umstand, dass Cook, ein vorzüglicher Kenner seines Fachs, offensichtlich nichts dabei findet, derart weit auseinanderliegende Rechtsbehelfe so zu zitieren, als sei es unerheblich, dass sie durch Jahrhunderte getrennt sind, lässt den an Zeitenräumen und Epochengrenzen entlang instruierten Historiker aufhorchen. Ist es tatsächlich denkbar, dass zwischen dem 9., dem 14. und dem 20. Jahrhundert im Bereich des Islam derart wenig an Veränderung erfolgt war, dass die sonst übliche Frage nach dem historischen Wandel ignoriert werden kann? Oder will die das Moment der Zeit gänzlich hintanstellende Präsentation von Rechtsbehelfen zum Ausdruck bringen, den muslimischen Lebenswelten sei ein Zug ins Statische, womöglich ins Unwandelbare eigen, erwiesen sich gegen historische Veränderungen schlicht als resistent und hätten nach den notorischen Orient-Vorstellungen von Hegel und Ranke eventuell nicht einmal das Prädikat des Geschichtlichen verdient?

Bevor derart weit reichende Schlussfolgerungen riskiert werden, ließe sich vorläufig und zur allseitigen Beruhigung mit dem französischen Orientalisten Robert Brunschvig argumentieren, der schon vor geraumer Zeit auf den sprichwörtlichen antizeitlichen Konservativismus muslimischer Juristen hingewiesen hat. Schließlich kommt dem sakral imprägnierten Rechtskodex des Islam die Aufgabe zu, Zeit katechontisch aufzuhalten, den von Menschen unternommenen Veränderungen im Namen eines ihnen göttlich auferlegten Pflichtenkanons entgegenzuwirken. Aber auch eine derartig bedacht interpretierende Deutung läuft Gefahr, in den Geruch einer als »orientalistisch« geschmähten und damit an öffentliche Ächtung gereichenden Missbilligung zu geraten. Einer solchen Auslegung könnte nämlich vorgehalten werden, in kulturalistischer Absicht den Orient generell und den Islam im Besonderen zu verzeichnen, ihn dem eigenen Bilde vom Anderen anzuverwandeln und entsprechend abschätzig zu behandeln. Das von der akademischen Disziplin angehäufte Wissen vom und über den Orient – so das Argument – sei schließlich ein probates Mittel kolonialer Machtentfaltung und Durchdringung des Orients durch den Westen gewesen; eine fundamentale Kritik am Kanon der Orientwissenschaften sei also ein höchst notwendiger Schritt geistiger und kultureller Dekolonisierung.

Mit seiner These vom fragwürdigen »Orientalismus« des Westens hatte der amerikanisch-palästinensische Literaturwissenschaftler Edward Said eine ominöse Schwachstelle in den akademisch tradierten Vorstellungswelten vom Anderen ausgemacht. Vieles am Arsenal der Orient- und Islamwissenschaften bedurfte in der Tat einer kritischen Überprüfung wie einer ihr auf dem Fuße folgenden Revision. Das ist inzwischen ausgiebig geschehen; zuweilen ist weit über das Ziel hinausgeschossen worden. So dürfte das von Edward Said der Nachwelt hinterlassene Problem indes eher darin bestehen, dass seine missfälligen Überlegungen zur westlichen Bebilderung des Orients in einer geradezu unzumutbaren Weise erfolgreich geworden sind. Ein Erfolg im Übrigen, der den Menschen in der Region nicht unbedingt zum Vorteil gereicht. Denn seine öffentliche Einrede gab einer unterdessen beherrschend gewordenen unheiligen Allianz Vorschub – der Allianz zwischen den im Vorderen Orient doch wesentlich vorherrschenden *vormodernen* Verhältnissen und einem im Westen über sie grassierenden apologetischen *postmodernen* Diskurs. Fatalerweise läuft eine derartige Kombination wesentlich darauf hinaus, die Menschen des Vorderen Orients schlicht um die mit der Moderne verbundenen Errungenschaften und damit um ihre Gegenwart zu bringen.

Der beklagenswerte Zustand der Verhältnisse im Vorderen Orient, vornehmlich in den arabischen Ländern, ist Gegenstand des inzwischen allseits bekannten und von arabischen Sozialwissenschaftlern aller Sparten – von Ökonomen, Technikwissenschaftlern und anderen Praktikern – im jährlichen Rhythmus unter der Ägide der Vereinten Nationen herausgegebenen *Arab Human Development Report (AHDR)*. Dort findet sich die wirtschaftliche, soziale und kulturelle Realität der arabischen Welt in aller Eindringlichkeit ausgebreitet. Das einhellige Urteil der Experten ist ernüchternd: Um Entwicklung ist es in der Region denkbar schlecht bestellt, so schlecht, dass von einem regelrechten Notstand des Fortschritts gesprochen werden muss. Und es ist dieser beklagte Notstand, der das jährlich erscheinende Konvolut des AHDR in den Rang einer inzwischen alle Rede über den Vorderen Orient bestimmenden Unterweisung erhoben hat. So gesehen handelt es sich beim AHDR über den Zustand der arabischen Welt recht eigentlich um eine in zeitlicher Verschiebung erfolgende implizite Korrektur an der inzwischen üblich gewordenen Fundamentalkritik am westlichen Orientbild und um eine Art von verschleierter Gegenschrift zu Edward Saids legendärer Studie über den westlichen »Orientalismus«. Denn während Said traditionell gültig gewesene westliche Texte über den Orient interpretierend zur Schau stellt, beabsichtigen die Autoren des Berichts, die beklagenswerten Realitäten der arabischen Welt in der Gegenwart im Sinne einer ihrer Kultur angemessenen Moderne zu verändern. Damit ist in der Tat ein Zeichen der Umkehr gesetzt.

Mein Argument über die Geschichte von Entwicklung – beziehungsweise umgekehrt: von blockierter oder gehemmter Entwicklung – im Bereich des islamischen Orients bewegt sich im Deutungsraum kultur- und sozialwissenschaftlicher Diskurse. In einer Art historisch rückläufigen Sichtweise von der Gegenwart in die jeweils immer weiter zurückliegenden Vergangenheiten hinein werde ich die Auffassung vertreten, dass es sich bei der allenthalben beklagten Entwicklungsblockade im islamischen Orient, vor allem in den arabischen Ländern, weniger um einen Ausdruck von Religion – sprich: der Religion des Islam – handelt denn um das Phänomen einer schier ubiquitären Präsenz des Sakralen. Das Tabu des Sakralen ist im islamischen Orient nämlich auch und gerade dort anzutreffen, wo es dem westlichen Verständnis von Säkularisierung nach längst hätte vertrieben sein sollen. Und dass die Attribute des Sakralen jenseits der ihnen ansonsten zugewiesenen Räume und Zeiten von Liturgie und Ritus derart weitläufig präsent, gleichsam allgegenwärtig sind, dürfte den besonderen lebensweltlichen Konstellationen des Orients geschuldet sein. Diese Konstellationen gehen aus Umständen durchaus materiellen Charakters hervor – vornehmlich aus durch kulturgeografische Lagen bedingte und ariden Zonen gemäße Kohäsionen des Sozialen, in denen einer Gesetzesreligion wie dem Islam eine durchaus regulative Bedeutung zukommt. Denn tatsächlich ist das Sakrale im Gesetz beschlossen und damit dem freien, dem nachlässigen Gebrauch der Menschen entzogen. Und dem Sakralen, so lautet die These, ist ein gleichsam umfassender, auf Ganzheitlichkeit – um nicht zu sagen: auf Totalität – gerichteter Grundzug eigen. Dieser wiederum unterläuft die in unserer westlichen Zivilisation als selbstverständlich erachteten und für den Verlauf von Säkularisierung signifikante Unterscheidung der lebensweltlichen Funktionssphären von intim, privat und öffentlich.

Die Allgegenwart des Sakralen bedarf der Entschlüsselung: im Bereich der Kommunikation, also von Schrift und Sprache, im Bereich der Herrschaft, sprich: von Politik und Institution, und im Bereich des Nutzens – jenem tätig reproduktiven lebensweltlichen Wirken der Menschen, das gemeinhin mit dem eher modernen Zuständen vorbehaltenen Begriff der Ökonomie belegt wird. Das sind die langfristig wirksamen, die gleichsam strukturell bedingten Umstände, die wir des Weiteren Revue passieren lassen werden. Aber zuvor gilt es, einer anderen Frage nachzugehen – der Frage ihrer Aktualisierung nämlich. Welche politischen Konjunkturen haben dazu geführt, dass sich allenthalben die Erkenntnis durchsetzt, die drängenden, die brennenden und mit der Moderne verbundenen Probleme des Vorderen Orients und der islamischen Zivilisation, vornehmlich die ihres arabischen Teils, werden nicht auf diese beschränkt bleiben, gingen uns alle an?

Zwei Daten sind hierfür signifikant: zum einen das Doppeljahr 1989/90 – verbunden mit dem Niedergang des Kommunismus, der Auflösung der Sowjetunion und dem Ende des Kalten Krieges; zum anderen das Doppeljahr 1923/24 – seinerseits verbunden mit der Gründung der türkischen Republik beziehunsgweise der Auflösung des Osmanischen Reiches und der Abschaffung des Kalifats und – bei weitem folgenschwerer – des für die sunnitischen Muslime allerorts so bedeutsamen Amtes des *seyk-ül islam,* des obersten islamischen Rechtsprechers und Rechtsinterpreten.

Das Ende des Kalten Krieges führte, vornehmlich was den Vorderen Orient angeht, zu zweierlei sich gegenseitig verschärfenden Folgen. Die eine betrifft die große Politik: Die durch den Gegensatz der Supermächte über Jahrzehnte hinweg bewährte Regulierung regionaler Konflikte ist nicht mehr. Als im Jahre 1947 mit der Aufgabe von Indien und Palästina durch Großbritannien die Dekolonialisierung anhob, wurden die von ihr ausgehenden Konflikte weitgehend von den Regularien des damals zeitgleich eintretenden Kalten Krieges aufgefangen und eingehegt. Dazu gehörte der arabisch-israelische und in einem nicht minderen Maße auch der indisch-pakistanische Konflikt. Mit dem Umbruch scheinen die Halterungen der alten Weltordnung ihre Wirkung einzubüßen. Von der Levante bis zum Hindukusch, von Palästina bis nach Kaschmir erweist sich die Region als chronisch instabil – geopolitischer Treibsand sozusagen. Die andere Folge von 1989/90 berührt die Vorstellungen von Moderne: so der Umstand, dass die von der Sowjetunion bis dato vertretene Entwicklungsperspektive einer auf einfacher Technologie und kollektivistischen Produktions- und Organisationsformen beruhenden Moderne, wie sie auch jenseits des vormaligen Sowjetblocks von manchen Ländern jener ihrerseits vergangenen Dritten Welt mit so manchen Abwandlungen zum Modell genommen worden war – vor allem von Ländern im arabischen Raum – sich mit der großen Wende gänzlich annulliert fand. Zwischen dem Westen, der sich seinerseits in einer ungewöhnlichen Phase technologisch angetriebener Beschleunigung von Entwicklung befand, und einem daran gemessen sich seiner Rückständigkeit umso bewusster werdenden Orient war – um eine etwas robuste Bebilderung zu bemühen – eine Art zivilisatorischer Knautschfläche weggerissen. Das vor allen Augen sichtbar gewordene Gefälle ist jedenfalls gewaltig. Spätestens von nun an war allenthalben klar: Der Westen ist des Orients eigene Frage als Gestalt.

Doch damit nicht genug: Die Zeitenwende der Jahre 1989/90 legte aufs Neue den Blick frei auf jene Geschehen, die im Vorderen Orient und der Zivilisation des Islam auf die Jahre 1923/24 zurückführen. Eigentlich sind die Erschütterungen und Konvulsionen, die von der Auflösung des Osmanischen Reiches, der Abschaffung des Kalifats und des Amtes des *seyk-ül islam* ausgegangen waren, bis heute nicht verebbt. Eher scheinen sie sich angesichts der neueren Entwicklungen noch zu verstärken. Davon zeugt in vielerlei Hinsicht die politisch-theologische Rhetorik eines radikalen Islam. Das ist nicht verwunderlich. Schließlich hatten die türkischen Reformer im Jahre 1924 mit der Abschaffung der islamischen Institutionen die symbolische Verbindung zwischen Gott und dieser Welt gekappt. Für gläubige Muslime stellen die mit diesem Jahre verbundenen Ereignisse den Dreh- und Angelpunkt einer in der Folge von Demütigungen und anderen Fährnissen gekennzeichneten Epoche des Niedergangs. Ganz besonders waren die indischen Muslime von dem mit dem Jahre 1924 verbundenen Einschnitt betroffen gewesen, schließlich handelte es sich bei ihnen um die damals größte muslimische Bevölkerung weltweit. Dabei waren sie in Britisch-Indien selbst eine Minderheit gewesen – ein Umstand, der sie von den Muslimen der islamischen Kernländer unterschied.

Die 1919 begründete Kalifatsbewegung in Indien hatte bis

zum Einschnitt des Jahres 1924 die indische Öffentlichkeit mit der Absicht mobilisiert, Druck auf die britische Kolonialmacht im Sinne der Aufrechterhaltung des Osmanischen Reiches und der mit ihm verbundenen islamischen Institutionen auszuüben. Dabei waren die indischen Muslime sich ihrer Bedeutung für die britische Empire-Politik durchaus bewusst gewesen. Jedenfalls seit der *Indian Mutiny*, dem indischen Aufstand gegen die Kolonialmacht von 1857, waren die Briten bestrebt, sich das – wenn auch nur verhaltene – Wohlwollen der Muslime zu sichern. Und indem Großbritannien das Osmanische Reich gegen seinen traditionellen Rivalen Russland durch das gesamte 19. Jahrhundert hindurch im Großen und Ganzen unterstützte, hatte sich so etwas wie eine strategische Nähe zwischen England und den Muslimen eingestellt. Benjamin Disraeli, dessen Orientromantik ohnehin sprichwörtlich war, legte Britannien politisch nahe, sich als »muslimische Macht« zu positionieren.

Mit dem Ersten Weltkrieg war die ohnehin äußerst anfällige Allianz zwischen dem Empire und den Muslimen dahin. Und nach dem Scheitern des Anliegens der Kalifatsbewegung in Indien, das Osmanische Reich und die mit ihm verbundenen islamischen Institutionen zu wahren, zudem verbunden mit der zunehmenden Dynamik der von beiden – von Hindus und von Muslimen – getragenen Unabhängigkeitsbewegung auf dem Subkontinent, stellte sich den indischen Muslimen alsbald die Frage nach dem Charakter des prospektiven indischen Gemeinwesens, das – republikanisch verfasst – ja auf demokratischem Mehrheitsentscheid basieren sollte. Bereits damals begann sich am Horizont die Gründung eines separaten muslimischen Staates abzuzeichnen – jenes später begründete Pakistan. Und seit dessen Gründung sollte das Gemeinwesen der indischen Muslime von der beständigen Frage bewegt werden, ob es sich nun um einen islamischen oder einen muslimischen Staat, um ein auf islamischem Recht beruhenden Gemeinwesen oder um einen Nationalstaat der indischen Muslime handeln sollte.

Die spezifische Grenzerfahrung der indischen Muslime – nämlich außer im Nordwesten des Landes unter einer mehrheitlichen Bevölkerung von Hindus zu leben – hatte einer besonders radikalen Interpretation des Islam Auftrieb gegeben. Für diese Auslegung stand der herausragende Gelehrte Sayyid Abul A'la Mawdudi. In Ägypten wuchs zur gleichen Zeit die 1928 in Ismailiyya begründete Muslimbruderschaft zur Massenbewegung an. Sie war aus der seit dem ausgehenden 19. Jahrhundert im weiteren Bereich des Islam sich ausbreitenden Salafiyya hervorgegangen – einer Tendenz zurück zu den Altvorderen beziehunsgweise den Ursprüngen des Islam. Aus dem Kreis der Moslembrüder ist wiederum der fundamentalistische Gelehrte Sayyid Kutb hervorgegangen. Er prangerte die damals in der arabischen und muslimischen Welt von sich reden machenden Tendenzen von Säkularismus und Nationalismus an, die er als Rückfälle ins Heidentum verstand. Dagegen forderte er eine radikale Wende in Richtung eines ursprünglichen Islam. Im Jahre 1966 wurde er vom Regime Nassers gehenkt. Beide, der Pakistani Mawdudi und der Ägypter Kutb, sind die Ikonen eines sich theologisch-politisch verstehenden Islam. Über sie sind inzwischen ganze Bibliotheken füllende Bücher verfasst worden.

Im Jahre 1928 ist noch etwas geschehen. In der fünf Jahre zuvor etablierten Türkei wird anstelle der bis dahin gültigen arabischen Schriftzeichen das lateinische Alphabet eingeführt. Diese Schriftreform war – so scheint es – pragmatischen Erwägungen entsprungen. Nur wenige Jahre zuvor hatten jenseits der Grenze in der gerade etablierten Sowjetunion Sprachwissenschaftler sich dafür ausgesprochen, das arabische Alphabet der dortigen Turksprachen, aber auch andere von Muslimen verwandte Idiome mit dem lateinischen Alphabet auszustatten. Die Schriftreform hatte eine klare antimuslimische Tendenz und sollte über die Sowjetunion hinaus ausstrahlen. Um den Schriftkontakt zu den Turk sprechenden Bevölkerungsgruppen jenseits der Grenzen nicht zu verlieren, entschloss sich die türkische Republik, die Schriftreform vorzunehmen.

Eigentlich kam diese Veränderung nicht ganz überraschend. Schon zur osmanischen Zeit war ständig und immer wieder beklagt worden, das arabische Alphabet sei der Phonetik des Türkischen nicht angemessen. Zudem galten die Schriftzeichen des Arabischen als überaus schwer erlernbar – ein Umstand, der gern zur Erklärung des chronischen Analphabetismus im Lande herangezogen wurde. Doch kommt allem Dafürhalten nach den arabischen Schriftzeichen mehr zu als ihre sprichwörtliche Komplexität. Allem Anschein nach beherbergen sie das Sakrale, vor allem dann, wenn es sich um die arabische Sprache handelt, die Sprache des heiligen Buches der Muslime – dem Koran.

Seit geraumer Zeit wird darüber gerätselt, warum im Bereich des Islam der um die Mitte des 15. Jahrhunderts in Europa erfundene Buchdruck nicht eingeführt worden war. Weit über dreihundert Jahre sollten noch ins Land gehen, bis die Druckerpresse und damit die mechanische Reproduktion von Büchern im Bereich des Islam Einzug hielten. Wer mit Elisabeth Eisenstein darin übereinstimmt, dass der Buchdruck im Westen zu einer gewaltigen Wissensrevolution geführt sowie eine tiefe Veränderung der Sozialbeziehungen nach sich gezogen hat, wird ermessen können, welche Entwicklungen – Säkularisierungen eingeschlossen – an der Welt des Islam vorübergegangen waren.

Was hat zu jener Abwehr beigetragen? Handelte es sich um von oben herab ausgesprochene und womöglich erfolgreich durchgesetzte Verbote? Um den allgegenwärtigen Einfluss der jedwede Schriftwerke und ihre Verbreitung kontrollierenden religiösen Gelehrtenschaft, der *ulema* und der *quadat*, der Richterschaft – wie manche meinen? Eher ist zu vermuten, dass es sich hier um die Folgen eines profund internalisierten Ausdrucks des Sakralen handelte, des Sakralen insofern, als der traditionelle und über Jahrhunderte hinweg erfolgende Transfer von Wissen jeglicher Art im Bereich des Islam in erster Linie auf einer tief verankerten Tradition einer schriftlich gestützten Mündlichkeit basiert. Allein die Autorität und Wahrheit verbürgenden Isnaden, die mündlichen Überlieferungsketten der Gelehrten in der Übertragung von Wissen vom Lehrer auf den Schüler, gewähren dem Text so etwas wie ein Prädikat des Authentischen. Dabei ist zu bedenken, dass es sich beim Arabischen ebenso wie beim Hebräischen um Sprachen handelt, deren Verschriftlichungen aufgrund der nicht aus Schriftzeichen, sondern vornehmlich aus oft nachgetragenen Punktierungen sich ergebenden Vokalisierungen erst gehört werden müssen, bevor sie gelesen werden können. Ohne das Wort zuvor vernommen zu haben, ist dessen semantische Identifizierung jedenfalls schwierig, oftmals sogar irrig. Die Übertragung des Wissens mag sich durchaus der Schriftform bedienen – primär jedoch ist das Gehörte. Spinoza hat in seinem theologisch-politischen Traktat in Bezug auf das Hebräische nicht ohne Ironie zu verstehen gegeben, dass allenfalls die Konsonanten von Gott seien – die Vokale hingegen von den Menschen. Gleiches gilt selbstredend für das Arabische.

Die Tradition der Mündlichkeit führt dazu, dass im Islam traditionell Verschriftlichungen eigentlich gering geschätzt werden. Zudem galt die Verbreitung von vielen Schriftwerken als Bedrohung des einen und einzigen Buches: des Koran. Der strikte Monotheismus des Islam war auf das Singulare des heiligen Buches übergegangen. Umso mehr musste der in Europa aufgekommene Buchdruck das Prinzip der Mündlichkeit und der damit verbundenen Authentizität und Autorität des gesprochenen Wortes bedrohen. Schließlich führte die Verbreitung des Drucks im Westen dazu, dass der Einzelne mittels der nunmehr mechanisch reproduzierten Bibel direkt mit Gott lesend in Beziehung tritt – eben jenes gemeinhin bekannte Geheimnis der Reformation. Für Muslime hingegen bedeutete die Berührung der heiligen Schriftzeichen durch bewegliche metallische Lettern so etwas wie ein Sakrileg – jedenfalls eine Beschädigung des ihnen innewohnenden Sakralen. Man fühlt sich an die zentrale Aussage Walter Benjamins in seinem Essay über das »Kunstwerk im Zeitalter seiner technischen Reproduzierbarkeit« erinnert. Dort ging es um den Verlust des Auratischen, wie es dem Original eigen ist. Und das Auratische ist seiner morphologischen Konsistenz nach nichts anderes als das Sakrale.

Das Sakrale ist in arabischer Schrift und Sprache präsent. Das belegt sie mit einem beständigen Tabu und stellt sie unter Kuratel des Heiligen. Veränderungen an ihrem Korpus sind gleichsam ausgeschlossen. Zwar wird ständig und immer wieder darauf hingewiesen, dass die arabische Sprache in Grammatik und Syntax grundlegend reformiert werden müsste, um den Anforderungen der Moderne zu entsprechen, vor allem dann, wenn es um ihre Kapazität von Speicherung und Verbreitung von Wissen geht, aber auch um Übertragung oder Übersetzung von Alltagserfahrung in die Schriftsprache. Denn das Arabische ist von einer grundlegenden Diglossie. Die gesprochene, die gelebte Sprache ist nicht die Sprache des verschriftlichten Wortes. Die in Ägypten in der *ammiyya*, der vernakularen Sprache, erfolgende Kommunikation kann, ja darf eigentlich nicht verschriftlicht werden. Verschriftlichungen erfolgen einzig in der Hochsprache, der *fusha*. Und diese zu erlernen ist für die Bevölkerung kein leichtes Unterfangen.

Die Bedeutung einer solchen Sprach- und Schrifttransformation mag mittels eines analogen Exempels jüdischer Erfahrung aus der Aufklärungsepoche sinnfällig werden – damals, als Moses Mendelssohn die hebräische Bibel ins Deutsche übertrug. Dies ist allgemein bekannt und bedarf keiner weiteren Ausführungen. Weniger bekannt ist der Umstand, dass er hierfür hebräische Schriftzeichen benutzte. Dies mag in mancherlei Hinsicht durchaus pragmatisch begründet gewesen sein. Die Juden waren wohl der hebräischen Schriftzeichen, kaum aber der hebräischen Sprache mächtig. Es mag aber verwundern, dass trotz aller guten Absichten, das Werk einschließlich Kommentars alsbald auch in lateinischen Schriftzeichen vollständig zu publizieren, noch ein gutes halbes Jahrhundert auf sich hat warten lassen. Warum dem so war, lässt sich nicht dokumentieren. Aber es liegt wohl nahe, dass die Übertragung der Bibel ins Deutsche – was für gläubige Juden durchaus einen Schritt ins Profane bedeutete – nur zögerlich angenommen wurde. Dies mag auch die zeitlich versetzte Abfolge von Sprache und von Schrift erklären: erst die Übersetzung in die deutsche Sprache, dann – und eben zeitlich verzögert – in lateinischer Schrift. Man bedenke, dass die lateinischen Schriftzeichen im Jiddischen wie im Judendeutschen *galkhes* geheißen wurden – und dies in Anlehnung an den *galakh*, der etwas abfälligen Bezeichnung für den christlichen Priester. Die lateinischen Schriftzeichen waren für Juden demnach von der anderen Religion affiziert. Das Festhalten an den hebräischen Buchstaben auch und gerade im Deutschen kennzeichnet mithin so etwas wie eine Schwelle in der schmerzhaften Transgression aus der Welt der Tradition in die Welt der Moderne. Diesem Exempel analog mag auf die sakral bedingten Beschwernisse des Arabischen geschlossen werden.

Die Verweltlichung der Christenheit zum Westen wird durch Renaissance und Reformation markiert. Die Mechanisierung der Wissensverbreitung durch den Buchdruck beschleunigt die Zeit. Umbrochen wird die Zeit durch das Hinzutreten eines neuen Raums: des Raums der Amerikas. Mit deren Entdeckung sind die Menschen gehalten, die Welt aufs Neue zu interpretieren.

Im Osmanischen Reich, der Ehrfurcht gebietenden islamischen Universalmacht jener Epoche, werden diese Veränderungen nicht recht zur Kenntnis genommen. Eigentlich wird die Entdeckung der Amerikas schlichtweg ignoriert. In der Literatur werden allein zwei das umwälzende Ereignis bedenkende Markierungen von Belang aufgerufen: Das große Kartenwerk des osmanischen Admirals Piri Reis aus dem Jahre 1513, in dem im Übrigen die älteste erhaltene Nachzeichnung der Karte des Kolumbus aufgenommen ist; und das 1580 abgeschlossene, von einem Anonymus aus spanischen und italienischen Quellen kompilierte osmanische Werk über die Geschichte Westindiens. Die im 17. und 18. Jahrhundert mehrfach kopierte Schrift blieb dreihundert Jahre lang nach ihrem erstmaligen Erscheinen allem Dafürhalten nach das einzige osmanische Werk über die Neue Welt.

Es mag verwundern, aber die Osmanen hatten keinen rechten Anlass, die Neue Welt und die von ihr ausgehende neue Zeit zur Kenntnis zu nehmen. Genauer: Sie waren damals mit weitaus Wichtigerem befasst. Als in der zum Westen sich verwandelnden Christenheit die Bedeutung Amerikas langsam ins Bewusstsein tritt, sind die Osmanen nämlich gerade dabei, das Hochplateau ihrer Machtentfaltung zu erklimmen. Die im ersten Drittel des 16. Jahrhunderts erfolgenden Eroberungen jedenfalls waren gewaltig – im Westen wie im Osten, zu Lande wie zu Wasser. Von nun an beherrschten die Osmanen die wesentlichen Transitwege der damaligen Welt im Schnittpunkt dreier Kontinente. Ihnen war so etwas wie ein weltweites Handelsmonopol zugefallen. Daher kommt dem eher zufälligen Umstand, dass Piri Reis sein Kartenwerk Sultan Selim I. gerade im Jahre 1517 überreichte, und zwar in dem aus den Händen der dort bis dahin herrschenden Mameluken befreiten, nunmehr osmanisch gewordenen Kairo, so etwas wie eine epistemische Bedeutung zu. Denn während die Europäer in ihrem schier unstillbaren Hunger nach Edelmetallen sich gezwungen sahen, den Seeweg nach Indien zu suchen, um die seit Langem beherrschende muslimische Verfügung über die damals bekannten Handelsrouten zu umgehen, fiel just zu diesem Zeitpunkt den Osmanen das Monopol über diese zu. So gesehen bedeutet Amerika der in den Westen sich verwandelnden Christenheit eine Art von Kompensation für die ihr von den Muslimen vorenthaltenen Reichtümer Asiens. Für die Osmanen bedeutete es nichts.

Die amerikanische Kompensation für den von den Osmanen kontrollierten Indienhandel sollte sich alsbald als ein zivilisatorischer Ergänzungsraum Europas erweisen. Von ihm gehen Entwicklungen aus, die die westliche Welt in eine bislang unbekannte Dynamik wirtschaftlicher Aktivitäten stürzten. Wie immer die Wirkung der so genannten, vornehmlich, wenn auch nicht ausschließlich, auf die amerikanischen Edelmetalle zurückgeführten »Preisrevolution« im Europa des 16. Jahrhunderts beurteilt werden mag – sie trug nicht unerheblich zur Ausbildung des Merkantilismus und damit zu jenem von oben herab geförderten Wirtschaftsgebaren bei, welches die Produktion um der Produktion willen gleichsam endlos antrieb. Recht eigentlich handelt es sich bei dem um sich greifenden Geist des Merkantilismus um einen weiteren Schub von Säkularisierung insofern, als der Drang, ja der Trieb zur Bereicherung – aller religiösen, sprich: moralischen Beschränkungen ledig – freigesetzt wurde. Den sich so durchsetzenden Tugenden und Mentalitäten des Gewinnstrebens entsprach der Umstand, dass die Sphären von Politik und Ökonomie sich zunehmend auseinander bewegten. Die Sphären von Herrschaft wie von Wirtschaft begannen ein Eigenleben zu führen.

Das Osmanische Reich und mit ihm die muslimische Welt blieben von dieser Entwicklung weitgehend verschont – und dies nicht unbedingt zu ihrem Vorteil. Im Unterschied zu den ihre eigenen Fertigungsstätten durch hohe Tarife schützenden Europäern sahen die Osmanen etwa davon ab, Zölle für Einfuhren festzusetzen. Ihre vormoderne und nicht zuletzt auch sakralen Vorgaben folgende, weitgehend in sich geschlossene Art von Zentralverwaltungswirtschaft war vielmehr darauf ausgerichtet gewesen, dem Ideal eines inneren Gleichgewichts zu folgen, gerade dann, wenn es um die Versorgung der Städte, vor allem Istanbuls, ging. Den verschiedenen Berufssparten, besonders den im städtischen Bereich wirkenden Händlern und Handwerkern, waren von Staats wegen streng regulierte Aufgaben übertragen worden. Höchstpreise wurden festgelegt und genauestens überprüft, die Qualität von Waren und Produkten peinlichst kontrolliert. Die Begehrlichkeit der Bereicherung hingegen stand unter moralischem Verdacht, genauer: Sie war der Ehrvorstellung der herrschenden Militärkaste nach ebenso verpönt wie aus Gründen des Sakralen. Die Marktaufsicht jedenfalls wirkte im Zeichen des islamischen Pflichten- und Sittenkanons. Die Kontrolle der gilden- und zunftähnlichen Vereinigungen von Kaufleuten und Handwerkern oblag der von der staatlichen Bürokratie mit der Rechtspflege beauftragten Geistlichkeit. Herrschaft und Wirtschaft waren nicht auseinandergetreten, vielmehr wurde ihre Verschränkung nun obendrein von Elementen des Sakralen durchdrungen. Versuche von Kaufleuten, sich den strikten Reglementierungen zu entziehen und an den in den Städten wirkenden Handwerkern vorbei auf dem Lande billiger produzierende Fertigungsstätten zu errichten, wurden angezeigt und von der Bürokratie unterbunden. Damit konnte sich im Orient eine jener europäischen Tendenz der Proto-Industrialisierung – also einer Industrialisierung vor der Industrialisierung – analoge Wirtschaftsweise eines so genannten Verlagswesens nicht einstellen. Die Kontrolle der staatlichen Bürokratie blieb jedenfalls beherrschend.

Unterminiert wurden Kontrolle und Autorität des osmanischen Staates durch die inflationären Schübe, die von aus den Amerikas nach Europa übertragenden Silberströmen ausgegangen waren. Jedenfalls war die monetäre Regulierung des Gemeinwesens im ausgehenden 16. Jahrhundert erschüttert worden. Zeitgenössische osmanische Beobachter – Historiker, Chronisten und Bürokraten – sahen das Reich im Niedergang begriffen. Dieser Eindruck hatte sich allem Anschein nach vor dem Hintergrund der gerade ein halbes Jahrhundert zuvor erfahrenen »goldenen Ära« osmanischer Geschichte eingestellt. Der Diskurs vom Niedergang fräste sich jedenfalls ein in das Bewusstsein der staatstragenden Intelligenz und wurde stehende Rede. Ob das Osmanische Reich seit dem ausgehenden 16. Jahrhundert sich tatsächlich in einem permanenten Zustand des Zerfalls befunden hatte, gilt heute als zweifelhaft. Nicht zweifelhaft hingegen ist der Umstand einer an Dynamik zunehmenden Entwicklung im Westen. Vor allem die dort als Ausdruck von Säkularisierung auszumachende Trennung der Sphären von Herrschaft und Wirtschaft, von Staat und Gesellschaft, von öffentlich und privat ebenso wie die zunehmende Konfessionalisierung der Religion als internalisierbarer Glaube legten die Grundlage für jene Zugkraft, die spätestens im Prozess der Industrialisierung dem Westen zu einem Vorsprung verhelfen sollte, der sich für die Gemeinwesen des Vorderen Orients als schier uneinholbar erwies.

Das für die Zivilisation des Vorderen Orients signifikante Übergewicht des zentralen Staates ist von paradoxer Bedeutung. Paradox insofern, als ohne die Institution der zentralen Herrschaft die Gemeinwesen des Vorderen Orients von alters her und schon aus kulturgeografischen Konstellationen heraus traditionell von fragiler Beständigkeit waren. So garantiert die zentrale Herrschaft den ansonsten nomadischen Einfällen schutzlos ausgelieferten urbanen Zentren und Agrikulturen Sicherheit – und dies in einer Region, die kaum natürliche Barrieren aufzuweisen hat. Gleichzeitig neigt der nahezu über alles verfügende Zentralstaat mit seiner das Gemeinwesen regulierenden Bürokratie dazu, solchen Entwicklungen den Weg zu verstellen, die auf eine größere Eigenständigkeit – um nicht zu sagen: auf eine korporative Autonomie – der urbanen Schichten, vornehmlich der Kaufleute, drängen. Solche Tendenzen der Verselbstständigung des Eigennutzes werden gemeinhin und an anderen Orten mit den frühen Voraussetzungen dessen in Verbindung gebracht, was sich einmal als Moderne entpuppen sollte.

Was zeichnet die natürlichen Voraussetzungen von Herrschaft im Orient aus? Was führt zu jener signifikanten Konsistenz zentraler Herrschaftsgewalt und des alles überwölbenden Staates? Der Zivilisationshistoriker Arnold Toynbee hat einmal die Lebensbedingungen der Steppe mit denen der hohen See verglichen. Wie das Schiff ohne die absolute Kommandogewalt des Kapitäns in den unwirtlichen Elementen des Ozeans richtungslos dahintriebe, obliegt es dem Khan der Steppennomaden, die sich ihm anvertrauende Bevölkerung mit ihren gewaltigen Herden durch die schier endlosen Gefilde einer festländischen Meereslandschaft zu navigieren. Dafür ist zentralistische Herrschaft lebensnotwenig.

Die Ökologie der Wüstennomaden unterscheidet sich von jener der Steppe nicht unerheblich. Der Stammespartikularismus der Beduinen ist jedenfalls sprichwörtlich. Durch Raub und Unterwerfung stellen sie untereinander eine Rangordnung her. Die Hierarchie reguliert sich mittels einer Form der Aneignung des verfügbaren Mehrprodukts in Gestalt des Tributs. Durch die politische Religion des Islam zusammengefasst, greifen die Wüstennomaden aus zu gewaltigen Eroberungen, die sie aus den ariden Zonen in den Bereich der Agrikultur führen. Auch der vorgefundenen Bevölkerung von Ackerbauern wird Tribut auferlegt. Der Beständigkeit der agrarischen Lebensform wegen rationalisiert sie sich in Form von Steuer.

Tribut, Steuer und Rente gelten als die kulturanthropologisch bedingten Formen der Aneignung des Mehrproduktes in der Region des Vorderen Orients. Sie beruhen auf einem Primat der Herrschaft. So ist bis in die Gegenwart hinein die Grundrente die bestimmende Form von Aneignung im Bereich der Rohölextraktion. Das macht im Übrigen die Durchsetzung dessen so schwierig, was wir als das zivilisatorische Auseinandertreten von Herrschaft und Nutzen, von Staat und Gesellschaft, von öffentlich und privat als dem strukturellen und institutionellen Dreh- und Angelpunkt moderner Gemeinwesen ansehen.

Die Verschränkung der Sphären von Herrschaft und

Nutzen unter dem Primat einer zum Staate gewordenen nomadischen Gewalt mag zur Entschlüsselung jenes Rätsels beitragen, warum in der klassischen Zeit der islamischen Zivilisation, vornehmlich vom 8. bis zum 10. Jahrhundert, aber auch danach, bei hoch entwickelter urbaner Kultur, ausdifferenzierter Arbeitsteilung, einem Aufblühen des Fernhandels und einer Hochachtung gebietenden Pflege der Wissenschaften es dort nicht zu einer Entwicklung gereichte, die bei weitem früher als der erst viel später sich entwickelnde Westen zu einer Art vorderorientalischer Moderne hätte führen können. Denn während es den im Spätmittelalter sich langsam ausbreitenden europäischen Stadtkulturen zunehmend gelang, sich sukzessive von der Territorialherrschaft abzusetzen und sich korporative Rechte zu ertrotzen, war etwa das Kaufmannskapital im islamischen Orient aufgrund der dort äußerst schwach ausgeprägten Eigentumssicherung gehalten, sich sowohl mit der staatlichen Bürokratie als auch mit den religiösen Rechts- und Schriftgelehrten zu verbinden. Jedenfalls war den Kaufleuten eine von Generation zu Generation erfolgende Übertragung des akkumulierten Reichtums ebenso wenig vergönnt, wie ihnen die Perspektive eines langfristigen Kalkulierens erschwert war. Erwirtschaftete Vermögen konnten ihren Besitzern von Seiten der Herrschaft leichthin entzogen werden. Kaufleute, die es zu begehrten Verwaltungspositionen brachten, liefen Gefahr, bei Verlust ihres Amtes auch ihr Vermögen zu verlieren. Die Gründe stechen ins Auge: Was wie Kapital aussah, war eigentlich Pfründe gewesen. Allenfalls bot seine Verwandlung in die Rechtsform einer religiösen Stiftung einen gewissen, wenn auch nur relativen Schutz. Als Eigentum Gottes war das Objekt zwar halbwegs sakral gesichert, aber damit war auch die Konversion seines Wertes in ein anderes und unter Umständen einträglicheres Objekt der

Wertschöpfung blockiert. Das Dilemma der vorderorientalischen Zivilisation liegt also in dem Umstand begründet, dass der Staat sich in der Stadt befindet. Die sich so einstellende Symbiose zwischen Staatsmacht und Stadtkultur verhindert das Auseinandertreten von Entwicklung voraussetzenden Funktionssphären – der Sphäre der Herrschaft und der Sphäre des Nutzens.

Die Verschränkung von Herrschaft und Nutzen, von Staat und sozialer Lebenswelt im Vorderen Orient wirkt sich nicht nur auf die Dynamik des Wirtschaftens hemmend aus. Auch der Staat beziehungsweise die Bürokratie fand sich durch die ausgeprägte Nähe zu den Instanzen der Mehrung von Nutzen in ihrer eigentlichen Aufgabe, nämlich der Herrschaft, auf Dauer behindert. Durch die sich einstellenden Verschränkungen mit den Trägern der lebensweltlichen Kulturen des Nutzens sah eine etablierte Dynastie sich schon nach einigen wenigen Generationen dem Verfall und damit dem Niedergang ausgesetzt. Diese Beobachtung liegt übrigens dem zyklischen Geschichtsverständnis Ibn Khalduns zugrunde, der im ausgehenden 14. beziehungsweise im frühen 15. Jahrhundert als politischer Berater, Gelehrter und Richter im Maghreb und in Ägypten tätig war. Abdel Rahman ibn Khaldun, der sich zwar auf Gott berief, ohne mit ihm in seinem Werk zu argumentieren, sieht den Aufstieg der letztlich zum Verfall verurteilten Herrschaft darin begründet, dass von der Energie kriegerischer Stammessolidarität durchdrungene Nomaden sich Stadt- und Agrarkultur unterwerfen, ihre Macht als Staat beziehungsweise als Dynastie errichten, um dann – nach etwa fünf Generationen – den Verlockungen des Stadtlebens zu erliegen. So wie sich die Mehrer des Nutzens, die Kaufleute und Handwerker, nicht dem Zugriff der Herrschaft zu erwehren wissen, so vermag sich die Herrschaft nicht den Versuchungen des von der urbanen Kultur ausgehenden Wohllebens zu entziehen. So trägt der Niedergang die Zeichen der Verschränkung von Herrschaft und Nutzen vor sich her. Die Herrschaft verfällt, unverderbte Wüsten- oder Steppennomaden brechen in den Bereich der Zivilisation ein, um in Gestalt einer jungen, womöglich mamlukischen Dynastie Herrschaft aufs Neue aufzurichten – *slaves on horses*, um Patricia Crones klassischen Titel zu bemühen. Ein weiterer Zyklus von Herrschaft folgt auf den vorausgegangenen – ein schier endloser Reigen.

Die zyklische Geschichtstheorie Ibn Khalduns ist Reflex eines kulturanthropologischen Wiederholungszwanges vorderorientalischer Zivilisationserfahrung. Der Kreis des Geschichtsverlaufs wird deshalb nicht zur Linie hin durchbrochen, weil sich keine bemerkenswerte materielle Veränderung der Lebenswelten in Richtung Entwicklung abzeichnet – von der Vorstellung eines Telos vom Fortschritt nicht zu sprechen. Dem kommen die Essenzen des Sakralen insofern entgegen, als diese zwar keine bloßen Widerspiegelungen des Zyklischen, diesen aber der Form nach auffällig affin sind. Schließlich ist die islamische Utopie auf die Wiederholung, auf die Nachahmung jenes idealen Zustandes gerichtet, wie er zur Zeit des Propheten und der vier rechtgeleiteten Kalifen Bestand hatte. Und der Weg in die Utopie der Vergangenheit wird durch die strikte Befolgung des islamischen Gesetzes bereitet.

Angesichts historischer, sich bewegender Zeit, ist das islamische Gesetz, wie eingangs bemerkt, katechontisch. Es hält Entwicklung insofern auf, als es darauf angelegt ist, gleichsam alle Lebensbereiche zu durchdringen. Damit unterscheidet es sich im Übrigen nicht von den Vorgaben der anderen Gesetzesreligion – dem Judentum. Auch dem halachischen Gesetz ist es aufgetragen, Zeit und damit Geschichte aufzuhalten. Doch im Unterschied zum Islam ist es dem Judentum durch die diasporische Existenz der Juden versagt geblieben, ihnen das Joch des jüdischen Gesetzes in seiner Gänze aufzuerlegen – und dies vornehmlich auch und gerade, was seine herrschaftlichen Anteile angeht. Als diasporische Bevölkerung lebten die Juden nämlich beständig unter fremder Herrschaft. Das ist ihre ureigenste Lebensform. Der aramäische Satz der jüdischen Rechtstradition, der Satz *dina demalhkuta dina* – will heißen: das Gesetzt ist das Gesetz des Landes beziehungsweise der Herrschaft, unter der man gerade lebt –, hielt die Juden stetig dazu an, ihre Gesetze durch Interpretation und Auslegung mit dem Gesetz des Landes abzugleichen. So lebten die Juden trotz ihrer sie streng verpflichtenden Gesetzesreligion immer in zwei Sphären: in der Sphäre des eigenen Gesetzes und in der Sphäre der Gesetze des Landes. Und da das Gesetz nicht zuletzt für Zeit steht, leben sie in zwei Zeiten gleichermaßen.

Der Islam hingegen ist *din va-dawla* – also Religion und Staat beziehungsweise Herrschaft in einem. Es gilt das islamische Gesetz mit dem Raum der muslimischen Herrschaft in Übereinstimmung zu bringen. Traditionellerweise ist es Muslimen eigentlich auferlegt, sich im *dar al-islam*, im Hause des Islam, aufzuhalten. Geraten sie unter fremde, unter nichtislamische Herrschaft, ist es an ihnen, diesen Raum hinter sich zu lassen, gleichsam auszuziehen und sich unter muslimische Herrschaft zu begeben. So wird die Herrschaft des Sakralen in der Einheit von Zeit und von Raum gewahrt.

Das den Anfechtungen der Moderne ausgesetzte Judentum bewegt sich alternierend in einem Spannungsfeld zwischen Gesetz und Geschichte. Damit hatte es im kulturellen Raum einer sich in den Westen hinein säkularisierenden Christenheit im Prinzip jene Fragen vorweggenommen, mit denen der Islam sich als die andere Gesetzesreligion angesichts einer ihn verstärkt anfechtenden Moderne im Weltmaßstab konfrontiert sieht. Die offenkundige Nähe von Judentum und Islam hat im Übrigen das Ihre dazu beigetragen, dass Juden ihr eigenes beständiges Problem in und mit der Moderne vermittels einer Beschäftigung mit dem Islam abgearbeitet haben. Dies lässt sich an den Werken herausragender jüdischer Islamforscher im 19. und 20. Jahrhundert nachvollziehen.

Am Anfang stand die 1833 ursprünglich auf Latein verfasste Dissertation Abraham Geigers mit dem Titel »Was hat Mohammed aus dem Judenthume aufgenommen?«. Dabei war es dem jungen Rabbiner aus Frankfurt am Main darum gegangen, die harschen, von Europäern gegen den Propheten ausgestoßenen Urteile zurückzuweisen. Zu einem Umbruch in der Welt der Islamwissenschaft trugen die frühen, unter dem Titel »Muhammedanische Studien« 1888/89 erschienenen Forschungen von Ignaz Goldziher bei. Goldziher, der anfangs als Sekretär der Budapester jüdischen Reformgemeinde seinen Lebensunterhalt verdiente und sich von Kindesbeinen an einer gründlichen Thora- und Talmudbildung unterzog, wobei er sich eine philologische Virtuosität im Hebräischen, Aramäischen und – von da aus – auch im Arabischen erwarb, wies eine systematische Nähe von *halahka*, dem jüdischen Religionsgesetz, und der *sari'a* in Koran und Sunna ebenso nach wie zwischen der *torah b'al peh*, also der mündlichen Thora, und dem *hadith*, der mündlichen Tradition des Propheten. Die Verwandtschaft zwischen Judentum und Islam war Goldziher derart nahegegangen, dass er während eines Aufenthaltes in Damaskus von dem Gefühl übermannt wurde, dem Islam bis zur Konversion nahe gekommen zu sein. In Kairo, wo er als erster Europäer an der religiösen Lehranstalt der Al-Azhar studierte, beteiligte er sich in geradezu exaltierter Weise unter tausenden von muslimischen Gläubigen am Freitagsgebet.

In seiner Identifikation mit dem Islam war Leopold Weiss weiter als Goldziher gegangen. Der vormalige Korrespondent der *Frankfurter Zeitung* im Orient war im Berlin der zwanziger Jahre vom Judentum zum Islam konvertiert und brachte es später zu einer bedeutenden Karriere als muslimischer Gelehrter, Politiker und pakistanischer Diplomat. Leopold Weiss, als Mohammed Asad der wohl bedeutendste jüdische Konvertit zum Islam der neueren Zeit, hatte sich in seiner galizischen Heimat der klassischen jüdischen Ausbildung in hebräischer und aramäischer Sprache unterzogen. Den Übertritt zum Islam begründete er mit einer Art Rückkehr zu den abrahamitischen Ursprüngen der Juden. So glaubte er in den Wüstenarabern ein genuines Abbild der alten Hebräer zu erkennen. Der Islam zog ihn an als so etwas wie eine universelle Erweiterung der Religion der Israeliten, die er in einem engen Stammespartikularismus befangen sah. Zwar war Leopold Weiss als Muhammed Asad kein institutionalisierter Akademiker gewesen, aber sein Beitrag zum Islam, vor allem seine Übersetzungs- und Interpretationsleistungen, weisen ihn aus als einen großen und reformorientierten muslimischen Gelehrten.

Bernard Lewis hat relativ früh darauf hingewiesen, dass es der auffällig hohen Anzahl von jüdischen Orientalisten und Islamwissenschaftlern des 19. und 20. Jahrhunderts, die häufig in orthodoxen beziehungsweise religiösen Familien aufgewachsen waren, so etwas wie ein Anliegen war, den Europäern den Islam so zu präsentieren, wie ihn die Muslime selbst verstanden. Kaum ein anderer Islamwissenschaftler jüdischer Herkunft ist diesem Vorhaben wohl näher gewesen als der in Prag geborene, in Berlin und Paris studierende und in Kairo 1944 freiwillig aus dem Leben geschiedene Paul Kraus. Der vom damaligen überaus weltlich eingestellten ägyptischen Kultur- und Wissenschaftsminister Taha Husayn zum Universitätslehrer in Kairo berufenen Kraus wurde in Anwesenheit einer kleinen Trauergemeinde auf dem dortigen jüdischen Friedhof zu Grabe getragen. Anwesend waren die Brüder Albert und Cecile Hourani, zudem Abba Eban, der weniger dafür bekannt war, dass er Ende der 1930er Jahre in Cambridge als Dozent für Arabisch wirkte, sondern dafür, dass er israelischer Diplomat und Außenminister gewesen ist.

Schon zu seinen Studienzeiten in Berlin, wo er wesentlich bei C. H. Becker und Hans Heinrich Schaeder studiert hatte, hat sich Paul Kraus als überragender Philologe erwiesen. Franz Rosenthal, der spätere Übersetzer der *Muqqadima* Ibn Khalduns ins Englische, hat bei ihm seine philologische Fertigkeit im Arabischen erworben. Ebenso beherrschte Paul Kraus altorientalische Sprachen, schrieb Akkadisch und brillierte in arabischer Poesie. Zudem hatte es ihm die arabische Wissenschaftsgeschichte der klassischen Zeit angetan. Als junger Mitarbeiter des eher religionsgeschichtlich ausgerichteten Louis Massignon war er im Paris der 1930er Jahre an dessen Erforschung des Sufitums beteiligt gewesen. Massignon, der selbst noch bei Goldziher studiert hatte, glaubte in Kraus so etwas wie dessen Widergänger zu erkennen.

Paul Kraus war Schwager des ebenfalls aus Berlin nach Paris gelangten Leo Strauss. An der École des Hautes Études nahm er nach dem Bericht von Joel Kraemer teil am legendären Hegel-Seminar von Alexandre Kojève. Schon dort hatte Strauss ein auffallendes Interesse an dem muslimischen Rationalisten und platonischen Aristoteliker Alfarabi entwickelt, und Paul Kraus war ihm bei der Übersetzung des arabischen Textes behilflich gewesen. Und es sollte an Leo Strauss sein, in seiner Auseinandersetzung mit Julius Guttmann mittels eines Rückgriffs auf Maimonides die Frage nach der Bedeutung des Gesetzes im Judentum aufs Neue aufzuwerfen.

Mit dieser Bestätigung der theologischen Form hatte Leo Strauss seine tiefe Skepsis gegen die Moderne zum Ausdruck gebracht – eine Skepsis, die gar als eine fundamentale Ablehnung des Liberalismus gedeutet worden ist. Muhammad Asad, der zum Islam konvertierte Jude aus Galizien, hat etwa zur gleichen Zeit und in einem gänzlich anderen Kulturraum einen gleichsam gegenläufigen Weg genommen, als er gemeinsam mit anderen reformorientierten Muslimen die Rechtstradition des Islam so zu verändern suchte, dass die »ewigen« und damit unveränderlichen Gesetze von den historischen und damit dem Wandel unterworfenen Normen geschieden werden sollten. Es sollte eine Trennung zwischen zwei Zeiten-Räume eingezogen werden – ein Unternehmen, mit dem auch die andere Gesetzesreligion, das Judentum, im 19. Jahrhundert angesichts der anbrandenden Moderne konfrontiert war.

Mohammed Asad war Anfang der 1930er Jahre von Muhammad Iqbal, dem geistigen Vater Pakistans – der übrigens 1908 in München über persische Metaphysik promoviert wurde –, nach Indien eingeladen worden. Dort engagierte er sich gemeinsam mit anderen muslimischen Gelehrten und Intellektuellen in Fragen der Reform des islamischen Gesetzesverständnisses. Dabei war eine Kodifizierung jener Vorschriften des Gebotenen wie des Verbotenen aus dem Koran und der Prophetentradition angestrebt worden, denen als *sari'a* der Charakter von Zeitlosigkeit und damit von Sakralität eingeschrieben war. Alles andere sollte den parlamentarischen Entscheidungen einer Legislative im Procedere eines so genannten »Offenen Weges« (*minhag*) überlassen werden. Zwei Arten der Souveränität sollten gelten: die ewige Souveränität Gottes und die zeitgebundene Souveränität einer Entscheidungen treffenden Volksvertretung. Damit war der Form nach eine Trennung vorgeschlagen worden, die in etwa dem analog war, was der Wirkung der jüdischen Tradition nach dem Satz *dina demalhkuta dina* entsprach, nämlich zwei unterschiedlich begründete Rechtskodices gleichermaßen zu leben – einen sakralen und einen profanen Kodex. Dass diese liberal anmutende Vorstellung Gegner auf den Plan rief, war vorauszusehen. So profilierte sich der Begründer der als fundamentalistisch angesehenen Gama'at-i Islami, eben jener bereits erwähnte Abul A'la Mawdudi, in der indisch-muslimischen Verfassungsdiskussion gegen die mit dem Namen Muhammad Asad verbundenen Vorschläge der Reformer. Es mag in diesem Zusammenhang nicht uninteressant sein, dass Mawdudi in einem Briefwechsel mit einer aus New York stammenden jüdischen Konvertitin zum Islam, Margret Marcus – nach ihrem Glaubensübertritt als Maryam Jameela bekannt geworden –, die von ihm geschmähten progressiven Muslime mit den Anhängern des Reformjudentums verglich. Seinem Dafürhalten nach schien beiden gleichermaßen die absolute Bedeutung des sakralen Gesetzes abhanden gekommen zu sein.

Muhammad Asad hat sich auch auf einem anderen Feld der Reform bei traditionellen wie fundamentalistischen Muslimen unbeliebt gemacht – auf dem Feld der Koranübersetzung nämlich. Zwar wäre eine zu erwägende Parallele zu dem Vorhaben Moses Mendelssohns bei weitem übertrieben, vor allem was Bedeutung und Wirkungsgeschichte beider Persönlichkeiten betrifft. Immerhin genoss Mendelssohn vor der von ihm unternommenen Bibelübersetzung die Anerkennung der jüdischen Gemeinschaft, Muhammad Asad dagegen stand als jüdischer Konvertit zum Islam unter Verdacht. Aber gewisse Ähnlichkeiten lassen sich nicht gänzlich von der Hand weisen – jedenfalls was ihr jeweiliges Vorhaben betrifft. Sowohl Mendelssohn als auch Asad suchten mittels der Übertragung der jeweiligen Heiligen Schrift diese auch zu interpretieren –

und zwar im Sinne einer Zeit, die wir gemeinhin als Moderne bezeichnen. Das ist nicht unproblematisch. Schließlich findet das Sakrale seinen Ausdruck in der Wortwörtlichkeit des Korans. Jede allegorische Übertragung muss das Heilige in Mitleidenschaft ziehen, jede metaphorische Ausdeutung auf den Widerstand traditioneller wie fundamentalistischer Gläubiger stoßen. Aber Allegorie und Metapher entsprachen im Unterschied zur herrschenden Wörtlichkeit durchaus dem Vorhaben Asads. Kein Wunder, dass die Islamische Weltliga, die ihm ursprünglich den Auftrag dazu erteilt hatte, den Koran ins Englische zu übertragen, ihm die hierfür nötige Legitimität wieder entzog. Mendelssohn wirkte hingegen unter den diasporischen Bedingungen zweier Welten. Dies gewährte ihm ein erhebliches Maß an Manövrierfreiheit zwischen den rabbinischen Autoritäten, ohne sich dabei der Gefahr des *kherem*, also des Banns, auszusetzen. Seine Bibelübersetzung organisierte er gleichsam an ihnen vorbei – eben *dina demalhkuta dina.*

Wie weit reicht die Analogie zwischen Judentum und Islam? Kann der Prozess der Integration der Juden in die westliche Moderne den Muslimen als Folie dienen? Soweit es sich hier um die muslimische Diaspora handelt, dürfte der Vergleich nicht weit hergeholt sein. Hierfür ist ein historischer Rückblick angezeigt.

Vor zweihundert Jahren, im Februar/März 1807, trat der Große Sanhedrin in Paris zusammen. Unter dem Vorsitz von Rabbi David Sinzheim aus Straßburg versammelten sich in der französischen Hauptstadt 71 jüdische Repräsentanten aus dem französischen Empire und dem Königreich Italien. Den Rabbinern wie den Laien war aufgetragen, die Ergebnisse jener seit Mai 1806 tagenden und durch ein Dekret Kaiser Napoleons einberufen Versammlung jüdischer Notabeln zu ratifizieren und in verbindliche Anweisungen an die Juden umzusetzen. Im Großen und Ganzen ging es um Fragen der Kompatibilität von jüdischem Recht – der *halahka* – und zivilen Anforderungen, die der neu erworbenen Staatsbürgerschaft erwachsen waren. Hierzu war den Notabeln ein Katalog von zwölf Fragen vorgelegt worden. Darin waren unter anderem gängige, gegen Juden gerichtete Beschuldigungen aufgeführt worden, so etwa die Unterstellung der Polygamie oder Fragen der Eheschließung mit Nichtjuden, auch die Frage nach der Loyalität zu Frankreich.

Ganz aus der Luft gegriffen waren die an die Versammlung der jüdischen Notabeln gerichteten Fragen nicht. Tatsächlich war die Emanzipation der Juden, die ihnen gewährte Rechtsgleichheit, für viele von ihnen mit herben Konsequenzen verbunden gewesen. Die mit der zivilen Gleichheit einhergehende Preisgabe halachischer Maßgaben traf den auf offenbartem Gesetz beruhenden jüdischen Glauben gleichsam im Kern. Obschon in den monatelangen Beratungen der Rabbiner und Notabeln keine interpretatorische Mühe gescheut worden war, sowohl die halachischen Prinzipien zu wahren als auch dem neu errungenen bürgerlichen Status zu entsprechen, lebten sie fortan in einer unaufgelösten inneren Spannung. Vielen Juden galt Napoleon als Befreier. Hingegen sahen die Frommen im Korsen einen großen Verderber. Eine Paradoxie der Emanzipation: So gut nämlich Napoleon für die Juden war, so schlecht war er für das Judentum.

Auch in einem anderen Osten, dem Nahen Osten, war die von dem Heerführer Bonaparte offerierte Moderne wenig gelitten. So stieß die 1798 von revolutionärer Propaganda der Menschen- und Bürgerrechte begleitete französische Besetzung Ägyptens bei der einheimischen Bevölkerung auf taube Ohren, ja, sie erregte ihren Widerstand.

Judentum und Islam weisen nicht unerhebliche Gemeinsamkeiten auf. Bei beiden handelt es sich um Religionen, die auf einem offenbarten Gesetz beruhen. Angesichts der anbrandenden Moderne wurden damals Juden und werden heute Muslime aufgefordert, ihre Religion mit den christlichen Konfessionen kompatibel zu machen. Hierzu haben sie auf wesentliche Bestandteile ihrer Glaubenswelt zu verzichten, auch und gerade dann, wenn sie im Bereich des Westens wohnhaft sind, dem Kulturzusammenhang der säkularisierten Christenheit. Indes schienen die Juden für die sich ihnen damals öffnenden Lebensumstände besser gerüstet, als es die Muslime heute sind. Dies vor allem deshalb, weil die Juden als eine Bevölkerung der Diaspora von jeher gewohnt waren, ein Dasein als Minderheit zu führen. Die Muslime hingegen empfinden sich traditionell als eine herrschende Bevölkerung. Zwar gerieten auch sie im Laufe ihrer Geschichte in die Lage, christlicher Herrschaft unterworfen zu sein – etwa im mittelalterlichen Sizilien oder in el-Andalus. Später aber, mit der territorialen Rückbildung des Osmanischen Reiches angesichts der russischen Eroberungen im Schwarzmeerbereich – vor allem nach dem 1774 geschlossenen Frieden von Kütchek-Kainardje –, sahen sich viele Muslime gehalten, eine *hidschra* zu unternehmen, also die christlich gewordenen Gebiete zu verlassen und sich zur Befolgung ihres religiösen Pflichtenkanons in den Herrschaftsbereich des Islam zu begeben. So jedenfalls befahl es die damals herrschende Lehre. Heute, da Muslime ganz von sich aus in den Westen abwandern, stellt sich die Frage, ob ihre Lage mit jener der Juden Europas der Emanzipationszeit verglichen werden kann.

In der Präambel zu den Antworten auf die zwölf Fragen Napoleons verweist die Versammlung der jüdischen Notabeln auf den Umstand, dass der jüdischen Tradition entsprechend der Herrschaft des Landes letzte Autorität auch in den sie betreffenden politischen wie zivilen Angelegenheiten zukommt. Damit folgten sie dem seit dem babylonischen Exil geltenden Prinzip des *dina demalhkuta dina*. Dies bedeutet in etwa, dass die Juden das im Lande ihres Aufenthaltes gültige Recht vor dem ihrigen zu akzeptieren haben. Ein solcher Vorbehalt freilich gilt nicht in Angelegenheiten von Ritus und Liturgie.

Bei dem Grundsatz *dina demalhkuta dina* handelt es sich der Form nach eigentlich um eine Aufspaltung der Sphären – analog zur christlichen Tradition der Trennung von weltlicher und spiritueller Autorität: dem Kaiser zu geben, was des Kaisers ist, und Gott zu geben, was Gottes ist. Da den Juden von der Zeit des europäischen Mittelalters an so etwas wie Autonomie gewährt worden war, sie also ihrem eigenen religiösen Gesetz nach leben konnten und sich die Herrschaft des Landes wesentlich auf Sachen der Besteuerung und des Münzwesens beschränkte, konnte die im Diktum der Aufspaltung der Sphären angelegte Unterscheidung zwischen *mamona* – den profan-pekuniären Anteilen – und *assura* – den rituell-religiösen Elementen – relativ klar getroffen werden. Die spätabsolutistischen Reformen und erst recht die Französische Revolution versetzten indes mittels der bürgerlichen Gleichheit Korporation und Privileg den Todesstoß.

Von diesem Zeitpunkt an nahm auch die Konfessionalisierung des Judentums ihren Lauf – es protestantisierte sich. In Extremfällen wurde gar die Einführung des Orgelspiels betrieben, es kam zur annähernden Abschaffung des Hebräischen als Gebetssprache und vieles andere mehr. Doch der große Durchbruch der jüdischen Reformbewegung sollte erst in Amerika erfolgen. Dies war der aus England in die Neue Welt übertragenen protestantischen Tradition des Pluralismus der Konfessionen geschuldet. In Amerika wurde das

Judentum mehr als auf dem Kontinent zu einer Konfession unter vielen anderen.

Die pluralistische Imprägnierung Amerikas dürfte heute nicht unwesentlich dazu beitragen, dass die ersten zaghaften Versuche, eine »diasporische« muslimische Existenz religionsgesetzlich als Minderheit zu begründen, von den Muslimen in den Vereinigten Staaten ausgehen. Gemeint ist die inzwischen auch in Europa angelangte Tendenz des *fiqh al-aqalliyyat* – eine Jurisprudenz muslimischer Minderheiten im Westen. Bei der Tendenz einer solchen Minderheitenjurisprudenz handelt es sich um eine nachgerade einschneidende Entwicklung. Denn hier sollen islamrechtliche Maßgaben der Alltagsbewältigung in einem nichtmuslimischen Herrschaftsraum durch die Interpretationsanstrengungen einer neuen, selbständigen Rechtsfindung aus Koran und Hadith *(ijtihad)* entwickelt werden.

Dass der gegenwärtig in Amerika wirkende Taha Jabir al-Alwani, der als Begründer des »Minderheiten-Fiqh« gilt, ein großer Überschreiter der Tradition ist, muss bezweifelt werden. Dass er für die Tradition, gar für die Orthodoxie Partei ergreift, war unlängst anhand der unerquicklichen Kontroverse mit dem Euro-Muslim Tariq Ramadan und seiner reformerischen Vorschläge zu erkennen, für bestimmte strafrechtliche Anteile der Scharia ein Moratorium zu erwirken. Ramadan wurde als Befürworter westlich-liberaler Ideen angeprangert und mit drohender Geste der Spaltung und Zerstörung der Nation des Islam geziehen. Das erinnert in Argument und Rhetorik an die jüdisch-orthodoxe Reaktion auf die reformistische Neue Israelitische Hamburger Tempelbewegung von 1818. In einer Streitschrift wird den Reformern ob ihrer Neuerungen der Abfall vom Glauben vorgehalten. In den Worten des Prager Rabbiners Eliezer Fleckeles werden sie als Ungläubige verurteilt. Sie seien weder Juden noch Christen.

Bei aller Schärfe in der Verteidigung der Unantastbarkeit der Scharia durch den Begründer der Tradition des *fiqh al-aqalliyyat* wird trotz aller Orthodoxie des Mittelweges eine Tendenz der Rechtsauslegung deutlich, die in eine neue und überaus interessante Richtung weist. Al-Alwani machte sich nämlich bereits im Jahre 1994 einen Namen, als der amerikanische Fiqh-Rat unter seiner Präsidentschaft eine Fatwa erließ, in der den Muslimen die Teilnahme an US-Wahlen erlaubt wurde. Hinzu trat eine Fatwa, die ihnen gar den Militärdienst in den amerikanischen Streitkräften gestattete – und dies auch dann, wenn sie in Ländern des Islam eingesetzt werden sollten.

Die Versöhnung zwischen den Anteilen des eigenen und jenen des fremden Gesetzes konnte im Judentum diasporischer Tradition durch den Grundsatz *dina demalhkuta dina* gelingen. Kann vom islamischen *fiqh al-aqalliyyat* als einer Form des kollektiven *ijtihad* eine ähnliche Wirkung ausgehen? Der interpretatorischen Tendenz nach sieht es ganz so aus. So wird der von Muslimen jenseits des *dar al-islam* bewohnte Bereich (zu dem die westlichen Länder gehören) dieser Auslegung nach nicht als feindlich angesehen. Im Gegenteil: Als *dar al-dawa* kann dort der Verbreitung des Islam nachgegangen werden. In einem jüngeren Interview hat al-Alwani vorgeschlagen, das enge traditionelle Verständnis des *dar al-islam* als Herrschafts- und Rechtsraum der Muslime zu überdenken. Der Interpretation des »Minderheiten-Fiqhs« nach lasse sich die Geltung des *dar al-islam* überall dort feststellen, wo Muslime den Obliegenheiten ihres Glaubens nachgehen können, also wo Religionsfreiheit herrscht. Den Ausführungen al-Alwanis nach sei dies in Amerika zweifelsfrei der Fall. Umgekehrt sind die amerikanischen Muslime zur Loyalität ihrem staatlichen Gemeinwesen gegenüber verpflichtet. Es gelte, das Gesetz des Landes zu achten.

Forderungen nach jüdischer Autonomie in Kernbereichen des Kultes gerieten vornehmlich dort an ihre Grenzen, wo sie mit dem Wertekanon ihrer Umwelt in Konflikt gerieten oder auf antijüdische Ressentiments stießen. Die auf der Pariser Friedenskonferenz von 1919 stipulierten Minderheitenverträge garantierten den Juden Polens, damals etwa zehn Prozent der Gesamtbevölkerung, den Einhalt der Sabbatruhe anstatt des Sonntages wie das Recht auf rituelles Schlachten. Im Diskurs über *kaschrut* und *halal*, also die jüdischen wie muslimischen Speisevorschriften, lassen sich anhand der rituellen Schlachtung in der Tat Analogien zwischen antisemitischen und islamophoben Ressentiments feststellen. Für die Gesetzesreligionen Judentum und Islam gehört die Frage der rituellen Schlachtung zum Kernbestand dessen, was ihnen als Religionsfreiheit gilt.

Auch um Freiheit in dr Deutung geht es beim *fiqh al-aqalliyyat*. Manche Muslime glauben darin gar ein epistemisches Einfallstor für ein verändertes, für ein profaneres Weltverständnis zu erkennen. Schließlich weist die ursprüngliche Bedeutung des »Fiqh« als Kategorie des unabhängigen Verstehens, des Wissens und der angewandten Intelligenz über den traditionellen islamischen Kanon hinaus. Von einer epistemischen Kehre spricht etwa der in London wirkende Scheich Zaki Badawi, der im »größeren Fiqh« die Chance für eine Öffnung des Tores zu einer westlich imprägnierten Wissenskultur zu erkennen glaubt.

All das erinnert in mancherlei Hinsicht an die in der Emanzipationsepoche vor sich gehende Verwandlung der sich damals etablierenden »Wissenschaft des Judentums« von einer noch sakral gebundenen heilsgeschichtlichen Lesart hin zu einer sich anthropozentrisch ausrichtenden Interpretation. Die Dominanz des Glaubens schlägt die Urteilskraft des Historikers in Ketten. Für Neo-Orthodoxe wie Samson Raphael Hirsch war die »Wissenschaft des Judentums« Teufelszeug.

Die »Wissenschaft des Judentums« als eine sich zusehends säkularisierenden Selbstdeutung der Juden trug nicht unerheblich dazu bei, ihnen den Eintritt in die Geschichte zu erleichtern. Im orthodoxen, vor allem im ultraorthodoxen, aber auch im religiösen Nationaljudentum ist ein anthropozentrisches, ein westliches Verständnis von Geschichte nicht selbstverständlich. Die Präsenz Gottes in der Geschichte wird durch ein zyklisches Weltverständnis symbolisiert – ein Umstand, der sich bei Muslimen drastischer ausnimmt. Das wirkt sich vor allem auf das Verständnis des Holocaust aus, ein Ereignis, das neben der ungelösten Palästinafrage Juden und Muslime zutiefst entfremdet. Vielen Muslimen bleibt die zentrale Bedeutung des Holocaust für das westliche Geschichtsverständnis verschlossen. Mit der in Auschwitz erfolgten Durchbrechung aller Stufen von Vernunft und Selbsterhaltung wurden als gewiss erachtete Fundamente der Aufklärung annulliert. Dies zu erkennen bleibt einem anthropozentrisch durchdrungenen Weltbild vorbehalten. Ein sakral imprägniertes Weltbild hingegen wird in einem solchen Rang des Holocaust eine Überschreitung des göttlichen Vorbehalts erkennen wollen und es zurückweisen.

Die islamische Minderheitenjurisprudenz in den Bereichen des Alltags und der »große Fiqh« in Fragen der unabhängigen Erkenntnis können gemeinsam dazu beitragen, in Analogie zur historischen »Wissenschaft des Judentums« Muslimen den Weg zu einer nicht-sakralen Weltdeutung zu weisen, der ihrer Tradition angemessen ist.

Konflikte begreifen

Israel in Palästina – Falsche Kriege – Siebte Tage – Politisch-theologische Momente

Die Gründung des Staates Israel vor sechzig Jahren war eher ein Ergebnis unvorhergesehener Umstände denn ein Werk der langen Hand. Dies mag seltsam anmuten. Schließlich erzählt sich die Geschichte der Staatswerdung Israels gleichsam teleologisch, von der Idee zur Wirklichkeit – mag ihr Modus religiös imprägniert sein oder säkular daherkommen. Ob zionistisch gestimmt oder gegen das Projekt eines jüdischen Nationalstaates ablehnend eingestellt – sowohl den Narrativen der Legitimität des jüdischen Gemeinwesens als auch den sie in Abrede stellenden Erzählstrategien ist eine kategorische Schärfe eingeschrieben, wie sie gemeinhin Ideologien eigen ist. Den gewesenen Realitäten wird sie nicht gerecht.

Die Umstände der jüdischen Staatsgründung in Palästina in den Jahren 1947/48 sprechen die Sprache der Kontingenz. Möglich war Israel allein zwischen den Zeiten geworden – in der weltgeschichtlich kurzen Atempause im Übergang von der Beendigung des Zweiten Weltkrieges und dem Eintritt der weltpolitischen Doppelkonstellation von Kaltem Krieg und Dekolonisierung. Denn so wenig die Gründung des jüdischen Staates in den dreißiger Jahren wirklich werden konnte – und dies angesichts einer nicht da gewesenen Judennot in Europa noch *vor* dem, was später das Zeichen des Holocaust tragen sollte –, so wenig hätte sie es in den fünfziger Jahren noch werden können. Denn spätestens mit dem Sieg der chinesischen Revolution 1949 und dem Beginn des Korea-Krieges 1950 ordnete sich die Welt auch jenseits Europas in Blöcken neu. Im

Zeichen des Antiimperialismus begann die Sowjetunion zunehmend Partei auch für solche Gemeinwesen zu ergreifen, die – obschon nationalistisch und dem Kommunismus wenig gewogen – antikolonial und damit antiwestlich agierten.

In den dreißiger Jahren hatte die britische Mandatsregierung durch zunehmend verschärfte Kontingentierung jüdischer Einwanderung den Weg zum Staat verlegt. Das Gemeinwesen der Ansiedler, der *yishuv*, trat mit seiner imperialen Schutzmacht in Konflikt. Noch 1936 bis 1939 hatten die Briten in Palästina einen gegen sie wie gegen die jüdische Einwanderung gerichteten arabischen Aufstand blutig niedergeschlagen. Sie wünschten sich in der für die Statik des Empire existenziell wichtigen Region keine weitere Unruhe.

Dafür gab es gute Gründe. Vom japanischen Ausgreifen in Ostasien, dem italienischen Expansionsgehabe im Mittelmeer wie in Afrika sowie dem deutschen Revisionsbegehren auf dem Kontinent herausgefordert, war das nach dem Ersten Weltkrieg überdehnte Britische Empire bestrebt, seine über die Ölfördergebiete des Nahen und Mittleren Ostens nach Indien führenden Kommunikationswege gegen neue Herausforderer zu sichern. Die gen Osten angelegte Festung von Singapur wurde ausgebaut und sollte den Japanern Paroli bieten. Nördlich vom Suezkanal war Palästina Teil eines gegen feindliche Vorstöße von Westen her gerichteten imperialen britischen Verteidigungsringes. Die in den dreißiger Jahren in London getroffene Entscheidung, Maßnahmen zum Schutz des Empires einem militärischen Engagement auf dem Kontinent vorzuziehen, bewahrte mit der Abwehr Rommels durch Montgomery vor el-Alamein 1942 die Juden Palästinas vor der Vernichtung, die die Juden Europas verschlang.

Die Überlebenden des Holocaust in Europa indes waren nach 1945 zum Hebel der jüdischen Staatswerdung geworden – und dies sowohl aus Gründen der Legitimation des neuen Gemeinwesens als auch demografisch. So verlieh das im Westen allseits empfundene Entsetzen über die Vernichtung der europäischen Juden dem Vorhaben einer jüdischen Staatsgründung in Palästina eine Rechtfertigung, die anders kaum hätte erworben werden können. Schließlich lebte im Land eine arabische Mehrheitsbevölkerung, die beständig darauf drängte, ihr Schicksal selbst zu bestimmen. Zudem wirkte der Druck von vornehmlich in den westlich besetzten Zonen Deutschlands sich sammelnden jüdischen Überlebenden auf das weitere Geschehen ein, als diese der Forderung Stimme verliehen, nach Palästina auszureisen.

Angefacht wurde dieses Begehren durch einen paradoxerweise auch und gerade nach dem Holocaust virulenten Antisemitismus im östlichen Europa – vornehmlich in Polen. Ereignisse wie das Pogrom von Kielce im Sommer 1946, dem Dutzende von Juden zum Opfer fielen – erschlagen vom Mob und von polnischen Sicherheitskräften erschossen –, erinnerten die nach der Befreiung in ihre Heimatorte zurückkehrenden Juden daran, dass der in die Vernichtung der europäischen Juden kulminierte Antisemitismus nicht vergangen war.

Mit der am Vorabend des Kalten Krieges spürbar werdenden Übertragung der historischen britischen Vormachtrolle im östlichen Mittelmeer auf die Vereinigten Staaten – ein Vorgang, der in der Truman-Doktrin vom März 1947 mit ihrem Hilfsversprechen an Griechenland und die Türkei seinen allseits erkennbaren Ausdruck fand – verbündete sich die amerikanische Innenpolitik mit dem Anliegen, 100 000 jüdischen Flüchtlingen aus Europa die Einreise nach Palästina zu gewähren. Diesem Druck vermochte die britische Mandatsmacht nicht standzuhalten. Zudem hatten sich die Briten unter einem Labour-Kabinett ohnehin entschlossen, Britisch-Indien in die Unabhängigkeit zu entlassen. Damit verlor auch Palästina seine Bedeutung für das Empire. So reichten die Briten das ihnen ursprünglich vom Völkerbund übertragene Mandat an die Vereinten Nationen zurück – mit dem Ergebnis, dass die Vollversammlung im November mehrheitlich einen Teilungsplan für Palästina annahm. Unmittelbar danach brachen zwischen Arabern und Juden Kämpfe aus.

Die anhebenden Kämpfe einschließlich der im Mai 1948 erfolgenden Intervention umliegender arabischer Staaten führten im Ergebnis zur militärischen Niederlage der arabischen Armeen, der Erweiterung des als israelisch ausgewiesenen Territoriums über die ihm im Teilungsplan 1947 zugewiesenen Gebiete hinaus sowie zur Vertreibung und Flucht von über 750 000 palästinensischen Arabern aus Städten und Dörfern. Diese Bevölkerungsbewegung war jeweils unterschiedlichen Lagen geschuldet. Von israelischer Seite handelte es sich hierbei wesentlich um einen bereitwillig in Kauf genommenen Begleitumstand der Kämpfe, zum Teil aber auch um mutwillig betriebene Vertreibungsaktionen. Auch sind umgekehrt Fälle bekannt, in denen Araber von ihren jüdischen Nachbarn zum Bleiben aufgefordert worden waren. Indes lässt die Logik des Konflikts insgesamt keine andere Deutung zu, als dass der sich etablierende jüdische Nationalstaat in einem vormals mehrheitlich von Arabern bewohnten Gebiet ein weitgehend von Juden besiedeltes Territorium anstrebte. Allein in den nach dem Teilungsplan der UN dem jüdischen Staat zugesprochenen Gebieten war mit einer arabischen Bevölkerung von über vierzig Prozent zu rechnen gewesen. Zwar wäre diese demografische Konstellation alsbald durch eine nunmehr freie jüdische Einwanderung massiv verändert worden – ein Vorgang, der an den bereits ein halbes Jahrhundert lang währenden Urkonflikt um das Land gemahnt und seine Verlängerung in das von nun an etablierte jüdische Gemeinwesen hinein bedeutet hätte.

Beim Konflikt um Palästina handelt es sich um eine zwischenethnische Auseinandersetzung kolonialen Charakters. Das war um die Zeit der israelischen Staatsgründung nur wenigen wirklich bewusst gewesen. Zu seinem Verständnis wurden eher Bilder solcher Vorgänge herangezogen, die räumlich wie zeitlich Nähen zu den Ereignissen in Palästina aufwiesen – mithin in der zeitgenössischen Geschichtserfahrung verankert waren. Das waren etwa Vorstellungen über so genannte und damals als legitim erachtete »Transfers« ganzer Bevölkerungen analog dem griechisch-türkischen Exempel von 1922 oder über die mit den gewalttätigen Vorgängen in Palästina nach 1945 schier zeitgleich erfolgten Massenaussiedlungen und Vertreibungen von Deutschen, Magyaren, Ukrainern und anderen zum Zwecke ethnischer Homogenisierung. Ohnehin hatten die mehrheitlich aus Osteuropa stammenden jüdischen Einwanderer die in Palästina vorgefundene Konfliktlage mit den ihnen historisch bekannten interethnischen Querelen zwischen Polen, Ukrainern, Litauern und Juden in eins gesetzt.

Der Krieg um die Staatsgründung war den Unterscheidungen des Zweiten Weltkrieges entlang interpretiert worden. So wurden die Araber als Parteigänger der Deutschen identifiziert, die Juden Palästinas hingegen als Bündnispartner der Alliierten – vor allem der Sowjets. Die von Schriftstellern und Intellektuellen poetisch untermalten Tagesbefehle waren ganz im Pathos der Sprachbilder vom sowjetischen Vormarsch nach Westen gehalten – auf dem Weg nach Deutschland. Auf manchen der die motorisierten israelischen Militärkolonnen anführenden Commandcars sollen sogar Konterfeis von Stalin und Tito angebracht gewesen sein. In Bulgarien beförderte Dimitroff alsbald die Auswanderung von Juden zur Stärkung des gerade im Entstehen begriffenen jüdischen Gemeinwesens. Einwanderer aus Bulgarien werden den Großteil der jüdischen Mitglieder der israelischen KP stellen. Während der militärischen Auseinandersetzungen im 1948er Krieg soll der in Jerusalem residierende sowjetische Konsul den Befehlshabern sozialistisch gesinnter zionistischer Kampfverbände bedeutet haben, eine israelische Eroberung der Westbank würde in Moskau auf Zustimmung stoßen. Gerechtfertigt wurde eine solche Haltung mit der Vorstellung, die 1948 in Palästina intervenierenden und als »feudal« erachteten arabischen Staaten stünden im Bunde mit den als »imperialistisch« geziehenen Briten. Dabei hatten sich der Staatsgründer Ben Gurion und der Emir von Transjordanien, Abdallah, längst auf eine Teilung Palästinas verständigt. Militärische Exkursionen jüdischer Einheiten in die dem haschemitischen Potentaten zugesprochene Westbank waren von den israelischen Offiziellen jedenfalls nicht erwünscht.

Für die palästinensischen Araber war das Jahr 1948 eine Katastrophe, für die in Israelis verwandelten Juden Palästinas ein freudiges Ereignis. Gleiches galt für die Juden der Welt. Die noch vor dem Weltkrieg und der jüdischen Katastrophe die verschiedenen Judenheiten durchziehenden ideologischen wie politischen Differenzen waren nach dem erst später so genannten Ereignis des Holocaust in sich zerfallen. Die aus dem 19. ins 20. Jahrhundert sich verlängernden diasporischen jüdischen Emanzipationserwartungen – seien sie nun bürgerlich-liberal, jüdisch-autonomistisch oder sozialistisch gewesen – waren zerborsten. Die sie tragenden Menschen waren vernichtet, ihre intellektuellen Ideenträger durch das Geschehene widerlegt. So richtete sich die kollektive Restenergie der Juden auf den unmittelbar darauf sich etablierenden Staat Israel.

Die Zustimmung zum jüdischen Staat machte sie jedoch noch nicht zu überzeugten Parteigängern des historischen Zionismus. Immerhin waren auch dessen pessimistische Prognosen über die den Juden Europas in der Diaspora lauernden Gefahren und Gefährdungen durch das Geschehen der Vernichtung der europäischen Juden überboten worden. Denn das, was sich in Europa ereignet hatte, überstieg alles, was dem historischen Antisemitismus zugetraut worden war. Und auf letzteren hatte der territoriale jüdische Rückzug auf sich selbst zu reagieren gesucht. Denn im Unterschied zum klassischen Antisemitismus waren die Nazis nicht nur bestrebt gewesen, sich ihrer Juden zu entledigen, sie außer Landes zu treiben, sondern diese *überall* auszurotten. Dieser Umstand brachte es mit sich, dass die Identifizierung der Juden mit dem Staate Israel die sie untereinander vor dem Holocaust trennenden Unterschiede überschritt. Den meisten von ihnen erschien der unmittelbar nach der jüdischen Katastrophe ausgerufene Judenstaat gleichsam als Resultante der Geschichte – und dies in paradoxer Gleichzeitigkeit mit der just offenbarten kategorischen Ohnmacht des Zionismus.

Aber nicht nur. Da ist noch das im Wortbild »Israel« sich verdichtende liturgische Gedächtnis der Juden. Die biblischen Semantiken von Volk und Land Israel gehen ein in das kanonische religiöse Gebet und sind mithin zu Gott unmittelbar. Ihre Embleme konvertieren in die politischen Begriffswelten der Moderne – und gehen über auf den Staat Israel. Ihre Bedeutung beschränkt sich nicht allein auf praktizierende Juden. Auch bei säkularen oder sich ethnisch verstehenden Juden wird ein ursprünglich religiös imprägnierter Resonanzboden der Zugehörigkeit zum Schwingen gebracht.

Die Tiefenwirkung einer solchen Konstellation lässt sich wohl am eindringlichsten anhand der aus dem muslimischen

Kulturkreis nach Israel eingewanderten Judenheiten ablesen. Mögen diese das Gedächtnis des Holocaust als auferlegt empfinden, mögen ihnen die historischen Akkulturationserfahrungen der europäischen Judenheiten ebenso fremd sein wie deren sich zionistisch einfärbende postemanzipatorische Enttäuschungen – die ihnen heiligen, traditionell hoch besetzten liturgischen Embleme gehen mit deren im westlichen Kulturkreis erfolgten säkularen Verwandlungen eine nicht zu unterschätzende Verbindung ein. Sie drängt in Richtung politischer Theologie.

Neben der liturgischen Bedeutung der Namensgebung Israels war von der Staatsgründung an auch politisch dafür Sorge getragen worden, dass die Bindung des modernen jüdischen Gemeinwesens an die Transzendenz nicht abreißt. Obschon bei den ersten Knesseth-Wahlen im Parlament eine säkulare wie linke Mehrheit versammelt war, war der ansonsten Platon dem Maimonides vorziehende Staatsgründer Ben Gurion bestrebt, immerfort wenigstens eine religiöse Partei an der jeweiligen Koalitionsregierung zu beteiligen. Damit war die Geltung jüdischen Rechts – in welcher Konsistenz auch immer – vor allem im Bereich des Personenstandsrechts gewährleistet. So bedingt die im Jahre 1948 erfolgte fundamentale Konstitution Israels als jüdischer Staat auch dessen zukünftiges politisches Handeln – und dies durchaus noch vor jenem dramatischen Einschnitt des Jahres 1967, der sonst weithin als Bruch mit der auf das Jahr 1948 zurückgeführten Tradition des Staates erachtet wird. So gesehen handelt es sich bei Israel von Anfang an um ein politisch-theologisches Projekt der Moderne.

Der Junikrieg '67 war ein Triumph der israelischen Waffen. Dies ist unbestritten. Ebenso unbestritten ist der Umstand, dass dieser Krieg die Region des Nahen und Mittleren Ostens einschneidend verändert hat. Damit freilich dürfte die Summe der Übereinstimmungen aufgebraucht sein. Denn je nach Sicht der Dinge und den verschiedenen Zeithorizonten verwandelt sich das Bild. Ein weites Spektrum möglicher Deutungen tut sich auf: vom Verteidigungs- zum Angriffskrieg, vom Befreiungs- zum Eroberungskrieg, vom Sieg zum Pyrrhussieg. Noch heute, nach vierzig Jahren – die Dauer einer biblischen Generation –, sind die Dinge im Fluss. Der siebte Tag des so genannten Sechstagekriegs hat noch nicht geendet.

Der Sieg der israelischen Waffen war paradoxerweise einer auffälligen Schwäche des jüdischen Staates geschuldet: seiner nachteiligen Topografie. Die extreme Beengtheit der territorialen Ausdehnung Israels erforderte im Falle einer sich anbahnenden militärischen Konfrontation, die Feindseligkeiten mit aller Wucht auf das Terrain des Gegners zu tragen – präventiv und in ultimativer Eile. Die hierfür erforderliche Mobilität beruhte auf dem logistischen Vorteil kurzer innerer Linien. Sie ermöglichten den Streitkräften ein Höchstmaß an Flexibilität – und bei einem Zwei- oder Mehrfrontenkrieg einen schnellen Wechsel von einem Kriegsschauplatz auf den anderen.

Operative Eile war auch des weltpolitischen Umfeldes wegen geboten. In der Hochphase des bipolaren Gegensatzes war es militärisches Kalkül einer jeden Seite gewesen, den durch Einwirken der Supermächte erwarteten Halt der Kämpfe den eigenen strategischen Überlegungen zugrunde zu legen. So drängten die Parameter des israelischen Vorgehens auf ultimative Beschleunigung. Sie folgten der Logik des absoluten Bewegungskrieges. Mit der Eroberung und Besetzung weiterer arabischer Gebiete in Süd, West und Nord – das nunmehr von Israel kontrollierte Territorium war um das Dreieinhalbfache des ursprünglichen Staatsgebietes angewachsen – fand sich die auf kurzen inneren Linien beruhende israelische militärische Vorgehensweise erheblich beeinträchtigt. Eine operative Schere tat sich auf zwischen den Maßgaben der eingeübten operativen Beschleunigung und der neu hinzugetretenen strategischen Tiefe. Dieses neue Umfeld stumpfte die Vorzüge des Bewegungskrieges bis zur Unkenntlichkeit ab.

Das Manko dieser neuen Konstellation war früh erkannt worden. Um die habituell offensiven Vorzüge der israelischen Streitkräfte im Bedarfsfall voll auszunutzen, waren aus den Reihen der israelischen Generalität Stimmen vernehmbar gewesen, die darauf drängten, sich vom Kanal weg auf die Linie der Pässe Mitla und Giddi im Sinai zurückzuziehen. Solche professionellen Einwände wurden von offenbar sachfremden Erwägungen übertönt, auch wenn diese sich in die Sprache militärischer Sachlichkeit hüllten – etwa das Argument, beim Suezkanal handle es sich um eine bestmögliche Panzersperre. Spätestens im Oktoberkrieg 1973, der Nemesis des Junikrieges '67, erfuhr es sein operatives Dementi.

Bei der operativ prekären Präsenz am Kanal dürfte es sich um eine topografisch codierte, indes ideologisch eingefärbte Rechtfertigung der israelischen Präsenz in Cisjordanien, also der Westbank, gehandelt haben. Sollte dem Rinnsal des Jordan als vorgeblich »natürlicher« Grenze die Bedeutung einer veritablen Panzersperre nach Osten hin zukommen, konnte dies dem Kanal nach Süden hin schlecht abgesprochen werden.

Eine im biblischen Mythos Cisjordaniens als »Judäa« und »Samaria« angelegte theologisch-politische Latenz ergriff zunehmend von Israel Besitz. Auch ihrem Selbstverständnis nach säkulare Regierungsmitglieder kapitulierten vor nationalreligiösen Eiferern, die einen göttlich begründeten Anspruch auf das Land, auf »Erez Israel«, zu realisieren trachteten. Dies kündigte sich mit den grotesken Umständen der Einsiedlung der Gruppe um den exzentrischen Rabbi Levinger zum Pessachfest 1968 in Hebron an. Das von dieser erhobene biblische Anrecht auf das Land wirkte überraschend durchschlagend, als ihr seitens der Regierung ein als Kompromiss getarnter Ausweg angeboten wurde: die Errichtung der Ansiedlung Kiryat Arba in unmittelbarer Nähe.

Damit kam dem biblischen Anspruch auf das Land auch eine faktische Prärogative vor den bald darauf mit dem Namen Yigal Alon verbundenen Erwägungen zu, bei einer strategisch sich begründenden israelischen Präsenz in der Jordansenke von den durch Palästinenser dichtbesiedelten Gebietsteilen Cisjordaniens der Demografie wegen Abstand zu halten. Von da an stand eine von den Palästinensern repräsentierte demografische Zeit einer anfänglich schleichenden, später sich offen bekennenden sakralen Zeit der jüdischen Besiedlung entgegen. Vierzig Jahre sind eine nicht unerhebliche Dauer, um ein historisches Urteil zu riskieren: Die jüdisch-sakrale Zeit hat sich bei allen quantitativen Erfolgen der Siedlungspolitik letztlich in der widerständigen demografischen Zeit der Palästinenser festgefahren.

Seit dem Junikrieg '67 ist die israelische Gesellschaft auf der Suche nach einem inneren Ausgleich zwischen dem »historischen«, sprich: biblischen und damit im Kern sakralen Anspruch auf das Land, und der von den palästinensischen Arabern determinierten demografischen Konstellation. Dabei findet sich die territorial kompromissbereite Mehrheit von Israelis einer prinzipienfesten Minderheit gegenüber argumentativ in der Defensive, und dies, weil Mehrheit wie Minderheit im Grundsatz einem für beide verbindlichen »historischen« Anspruch auf das Land folgen. Sie unterscheiden sich wesentlich darin, dass die kompromissbereite Mehrheit aus praktischen Erwägungen auf die Realisierung eines solchen Anrechts zu verzichten bereit ist, während die prinzipienfeste Minderheit auf dem vorgeblichen Anrecht auf das Land beharrt. Trotz den seit 1967 in Schüben aufbrechenden Friktionen zwischen dem institutionellen Staat Israel und dem ideologischen Projekt des Landes Israel vermochten beide sich nicht wirklich zu entflechten. Solche widerstrebende Verklammerung begründet die innere Blockade israelischer Politik.

Nicht alle Starre im Konflikt geht von Israel aus. Die Araber tragen das Ihre dazu bei. Bald nach dem Kriege, im September 1967, erklärten die Staaten der Arabischen Liga bei ihrer nach Khartum einberufenen Zusammenkunft ihre drei notorischen Neins: nein zum Frieden mit Israel; nein zur Anerkennung Israels; nein zu Gesprächen mit Israel. Der bis dahin verhinderte Ausgleich zwischen den Kontrahenten nährt sich mithin aus zwei Quellen: aus der innerisraelischen Blockade, die letztlich jene begünstigt, die auf territoriale Expansion aus sind, und aus der arabischen Verweigerung, die ihr Raum gibt.

Die Entscheidung Israels, den Junikrieg '67 präventiv auszulösen, war nicht von einem Begehren nach territorialem Erwerb motiviert. Entscheidend war das israelische Anliegen gewesen, die durch eine lautstarke arabische Einkreisung mit Vernichtungsdrohung, den Abzug der UNO-Truppen vom Sinai, die dorthin verlegten gepanzerten ägyptischen Verbände sowie die Sperrung der Straße von Tiran verloren zu gehen drohende israelische Abschreckung wiederherzustellen. Dass dieses Anliegen nach der Zerschlagung der arabischen Streitkräfte in einen Eroberungskrieg mutierte, war jenem tragischen Zusammenspiel innerer wie äußerer Gründe geschuldet, die keine Bewegung im Konflikt erlaubten. In Israel fand sich diese Lähmung über Jahrzehnte lang in der vermeintlichen Gewissheit rationalisiert, die Zeit stünde auf seiner Seite. Die anfänglich als Faustpfand gehandelten arabischen Gebiete, vor allen Dingen Westbank und Gaza, sollten auch das Gemeinwesen des jüdischen Staates in den Grenzen von 1948/49 politisch kontaminieren.

Am Anfang war die Wiederkehr der alten, von 1948 bis 1967 vergessen geglaubten Palästinafrage. Mit den Waffenstillstandsverträgen von 1949 schien der kommunitäre historische Konflikt zwischen Juden und Arabern im Lande zwischen Mittelmeer und Jordanfluss territorialisiert. Der Staat Israel stand arabischen Staaten gegenüber. Zwar war die Konsistenz der Grenzen der verweigerten Anerkennung Israels wegen nur bedingt gewesen. Doch schien nach dem Suezkrieg 1956 so etwas wie Ruhe im arabisch-israelischen Verhältnis einzukehren. Nicht, dass es an gewalttätigen Zusammenstößen gefehlt hätte – vor allem zu Beginn der sechziger Jahre. Vornehmlich im Norden ging es um die Verfügung über entmilitarisierte Zonen und die Kontrolle von Wasserläufen. Und zudem die dräuende palästinensische Flüchtlingsfrage, die einer Lösung harrte, wenn auch nicht übermäßig davon geredet wurde. Dabei lieferte die Palästinafrage durchaus Stoff für das einigende Band der Araber. Im Bedarfsfalle konnte sie anlässlich innerarabischer Händel und Rivalitäten evoziert werden – so in den frühen sechziger Jahren, als die arabischen Einheitsbestrebungen in die Krise gerieten und ein innerarabischer kalter Krieg im Äther geführt und durch Attentate ausgetragen wurde. In Jemen kulminierte er gar in einem heißen innerarabischen Koalitionskrieg.

Der Ausbruch des Junikrieges '67 – ein Krieg, den damals keiner wollte – war Ergebnis eines unglücklichen Zusammenspiels verschiedener Faktoren. Für den Zeitpunkt seiner Auslösung dürften innerarabische Rivalitäten ursächlich gewesen sein: die 1961 erfolgte Auflösung der 1958 beschlossenen Vereinigung von Ägypten und Syrien; die Radikalisierung des Damaszener Baath-Regimes, das sich in seinen riskanten Handlungen von Moskau unterstützt glaubte; die von ihm seit 1965 logistisch und operativ unterstützten, gegen Israel gerichteten Sabotageakte der palästinensischen Al-Fatah; der auf dem Königreich Jordanien lastende Druck republikanischer arabischer Regime, die Hussein ibn Talal als Marionette des Imperialismus verhöhnten und zu seinem baldigen Sturz aufriefen.

Als im November 1966 israelisches Militär im südlichen Westjordanland in der Ortschaft Samua wegen nach Israel hineingetragener palästinensischer Gewalthandlungen eine großangelegte Vergeltungsaktion durchführte und dabei eine in den Hinterhalt geratene jordanische Einheit aufrieb, geriet die haschemitische Monarchie in Amman zwischen Hammer und Amboss. In seiner Verzweiflung suchte das Regime Ausflucht in wilden Propagandaattacken gegen Nasser. Dem Rais wurde vorgehalten, sich hinter den UNO-Truppen auf dem Sinai zu verbergen und für das geraubte Palästina nichts als Lippenbekenntnisse zu erübrigen. Befürchtungen Syriens, es könnte Opfer eines israelischen Angriffs zum Sturze des Damaszener Regimes werden, lösten eine arabische Solidarität aus und traten damit eben jene Lawine los, die in die verheerende Niederlage der Araber vom Juni 1967 mündete.

Die im Gefolge des Junikrieges '67 sich zurückmeldende Palästinafrage lässt die neunzehn Jahre von 1948 bis 1967 als eine Art von Zwischenzeit erscheinen. Doch bei aller Resistenz des historischen Palästinaproblems ist auch eine andere inzwischen hinzugetretene Beständigkeit zu erkennen: die einer zunehmend anerkannten israelischen Legitimität in den Grenzen von 1948/49. Die Akzeptanz Israels in dieser Ausdehnung gilt auch für die Mehrheit der arabischen Staaten – insbesondere für Ägypten und Jordanien, die sich zu einem Frieden mit Israel verpflichtet haben. Dies ist auch dann der Fall, wenn eine solche Akzeptanz Israels allein seiner bloßen Faktizität wegen erfolgt, nicht aber seiner Selbstbegründung wegen.

Die Unterscheidung zwischen der israelischen Ausdehnung in den Grenzen von 1948 zum einen und von 1967 zum anderen ist für den Gehalt der internationalen Anerkennung Israels aufschlussreich. Obschon die Dauer von 1967 bis heute mehr als das Zweifache jener von 1948 bis 1967 beträgt, vermochte sie keine Legitimität durch Ersitzung nach sich zu ziehen. Sie gilt weiterhin als Besetzung und damit als Provisorium. Und weil bloße Dauer keinen Rechtsanspruch zu begründen vermag, stellt sich auch und gerade die Frage nach den Ursprüngen der internationalen Legitimität Israels in den Grenzen von 1948 bis 1967. Alles weist darauf hin, dass die Legitimität der israelischen Grenzen von 1948/ 49 dem westlichen Gedächtnis des Holocaust geschuldet ist. So scheint die Teilungsresolution von 1947 auf das Jahr 1945 und seine katastrophische europäische Vorgeschichte zurückzugehen. Die israelischen Grenzen von 1947/48 finden sich allem Anschein nach vom Ereignis »Auschwitz« gedeckt. Hingegen scheint eine auf »historische« Rechte pochende biblische Legitimität des jüdischen Staates keine Geltung nach sich zu ziehen, andernfalls würde sie sich auch auf die Westbank als »Judea« und »Samaria« erstrecken. Dieser Anspruch wird Israel von der internationalen Gemeinschaft jedoch verweigert.

Die Araber scheinen weder willens noch in der Lage, sowohl eine »historische« als auch eine auf den Holocaust zurückgehende Legitimität Israels zu akzeptieren – und dies nicht allein deshalb, weil die Gründung des jüdischen Staates mit Flucht und Vertreibung der palästinensischen Araber einherging. Eher scheint es, als würden tiefere Gründe mit im Spiel sein, etwa die für Muslime sakrale Bedeutung des Landes. Das ist nicht neu. Auch in den zwanziger und dreißiger Jahren war der nationale Konflikt zwischen Arabern und Juden durchaus religiös durchdrungen. Mit dem Aufkommen des eher säkularen arabischen Nationalismus traten andere Sinnstiftungen auf – Antikolonialismus und Antiimperialismus, gepaart mit der Rhetorik von nationaler und sozialer Befreiung.

Auch hier führte der Junikrieg '67 zu einem tiefen Bruch. In der militärischen Niederlage der sich säkular, gar sozialistisch dünkenden arabischen Regime erkannten ihre islamischen, mehr noch ihre islamistischen Gegner den Willen Gottes. Die Niederlage Nassers gegen Israel wurde paradoxerweise als ein Sieg des Islam interpretiert. Die Rückbildung des arabischen Nationalismus und das Aufkommen der allenthalben spürbaren Tendenz der Islamisierung gehen neben anderen Ursprüngen auch auf dieses Ereignis zurück.

Diese Strömung hat inzwischen auch die Palästinenser erfasst. Ursprünglich waren deren Organisationen aus der arabischen nationalistischen Bewegung hervorgegangen. Die arabische Niederlage im Junikrieg hat die Palästinenser jedoch bewogen, sich vom Panarabismus abzulösen und sich ganz auf sich selbst zu beziehen. Der palästinensische Fokus auf Palästina bewog sie zudem interessanterweise dazu, sich zunehmend mit der Realität der im Lande lebenden israelischen Juden zu befassen. Dass dies zu einer Anerkennung der Wirklichkeit Israels beitrug, ist nicht gering zu schätzen.

Der Palästinozentrismus der Palästinenser wirkt sich auch auf den in ihren Reihen wachsenden radikalen Islam aus. So hütet sich die ursprünglich aus der Organisation der ägyptischen Muslimbrüder hervorgegangene Hamas als palästinensische Organisation vor umma-zentrischen Eskapaden und tritt in erster Linie für die Belange der Palästinenser ein. Sie ist mithin eine nationale, eine nationalistische palästinensische Organisation in islamischem Gewand. Das religiöse Selbstverständnis indes ist stark genug, um eine wirkliche Anerkennung Israels zu meiden. Doch die muslimische politische Semantik erlaubt auch eine Koexistenz mit Israel unterhalb der Qualität eines vollen Friedens – etwa einen über lange Dauer währenden Waffenstillstand mit einem zeitlich offenen Ende, eben eine *hudna*.

Das muss nicht sonderlich beunruhigen. Ohnehin scheinen die jahrelangen Bemühungen, einen israelisch-palästinensischen Frieden bilateral zu erreichen, auszulaufen. Stattdessen scheint eine Arabisierung der Konfliktlösung anzustehen. So jedenfalls kann der im Jahre 2002 ventilierte saudische Friedensplan gelesen werden. Jetzt, vierzig Jahre nach dem Junikrieg '67, wird er als gesamtarabische Initiative an Israel herangetragen. Recht eigentlich handelt es sich dabei um die Rücknahme der damals aus Khartum erschallenden drei Nein. Nunmehr heißt es ja zu Gesprächen mit Israel; ja zur Anerkennung Israels; ja zum Frieden mit Israel. Dies freilich zum Preis seines Rückzugs aus den 1967 besetzten Gebieten, der Gründung eines palästinensischen Staates und der Lösung der Flüchtlingsfrage. Gelänge es, diese Chance zu ergreifen, dürfte sich auch so etwas wie Einvernehmen über die historische Bedeutung des Junikrieges '67 einstellen.

Es ist das Licht. Ein durchdringendes, die Grenze zwischen Himmel und Erde überblendendes Licht. Es vermählt sich mit dem Glitzern des Gesteins und den gleißenden Spiegelungen des Asphalts. Vor allem nachmittags taucht die untergehende Sonne die Stadt in ein Meer von Helligkeit. Das Naturschauspiel verleiht Felsen und Häuserschluchten eine sakrale Aura. Und wenn am Freitag, zum Vorabend des Sabbat, das geschäftige Leben rituell verlangsamt wird, bricht sich das Heilige Bahn.

Seine im Licht erfahrbare Heiligkeit verdankt Jerusalem – aus jüdischer Sicht – der Liturgie. Jedem, der Jerusalem vergäße, droht die Schrift an, dass seine rechte Hand verdorre. Und wie die Strahlen der Sonne die Stadtlandschaft durchdringen, so durchdringt die Liturgie das Politische. Mit dieser Sichtweise geht eine dramatische Prognose einher – die Prognose nämlich, dass der Konflikt zwischen Juden und Muslimen, zwischen Israelis und Arabern im Kern nicht durch einen Kompromiss auflösbar sei.

Der Kompromiss setzt Ausgleich, vor allem Teilbarkeit voraus, sei es nun eine Teilung in der Sache oder die Aufteilung am Ort. Das Sakrale indes ist nicht teilbar. Es ist absolut. Eine Zerteilung brächte es um die Attribute seiner Heiligkeit. Weil also in Jerusalem reale Stadt und liturgische Bedeutung in eins verschmelzen wie wohl an keinem anderen Ort, kommt dem Konflikt zwischen Israelis und Arabern auch und gerade hier eine politisch-theologische Dimension zu. Eine einvernehmliche Lösung erscheint schier ausgeschlossen.

Was für Jerusalem gilt, gilt auch für das umstrittene Land. Die Glut des Sakralen mag ihren Kern in Jerusalem haben, aber sie strahlt weit über die Stadt hinaus. Als im Jahr 1929 der Streit um den Tempelberg den politisch-theologischen Charakter des gesamten Konflikts besiegelte und die von dort ausgehende Gewalt das ganze Land erfasste, da war es der heilige Ort selbst, der im Innern der Auseinandersetzung stand. Auch weit entfernt lebende arabische Fellachen, also Dörfler und Bauern, die sich seit einer geraumen Weile durch zuwandernde Juden in ihrem jeweils lokalen Umkreis herausgefordert sahen, wurden nunmehr von einer tiefen, einer heiligen Erregung für das Ganze ergriffen.

Der von der islamischen Führung des Landes an sie ergangene religiöse Aufruf zur Verteidigung des Status quo und damit der muslimischen Vorrechte am Tempelberg hatte weitreichende Folgen. Er entfachte eine sich national einfärbende Stimmung, die auf die Verteidigung des arabisch geprägten Status quo in Palästina zielte. Spätestens von da an wurden die Menschen unweigerlich nach ihrer religiös imprägnierten nationalen Zugehörigkeit eingeordnet: Juden gegen Muslime beziehungsweise Araber. Als al-Kuds, die Heilige, strahlt Jerusalem aus auf das ganze Land, das so auch für die muslimischen Bewohner in einem zunehmend sakralen Licht erscheint.

Die konflikthaft aufgeladene Heiligkeit wirkt weit über den eigentlichen Ort des Geschehens hinaus. Menschen, die weitab leben, werden in ihren Bann gezogen. Deutlich wurde dies zum Beispiel während der im Jahr 2000 losgebrochenen Intifada, die im Namen der auf dem Tempelberg gelegenen Aksa-Moschee geführt wurde. Sie fand weithin Beifall in der islamischen Welt. Aus der Strahlkraft jener Heiligkeit schöpft auch die Politik der Islamischen Republik Iran, wenn sich diese gegenüber Israel als Konfliktpartei gebärdet – obwohl Iran seinem nationalen Charakter nach weder ein arabisches Land ist noch mit Israel im Territorialstreit steht. Für die gegenwärtigen Machthaber in Teheran ist es letztlich ein Sakrileg, wenn Juden bewaffnet sind und ihr Staat als souveräner

Staat auf heiligem islamischen Boden, im Herzen des Dar al-Islam, existiert. Indem die iranische Politik dies skandalisiert, wird das Regime weit über das eigene Land hinaus legitimiert und die Araber werden als die schlechteren Muslime vorgeführt.

Der Staatsgründer Israels, David Ben Gurion, war sich im Stillen des Umstands wohl bewusst, dass die Teilung der Stadt nach dem Waffenstillstand von 1949 einen nicht geringen Vorteil mit sich brachte: Dessen Linien verwandelten den Konflikt in einen territorialen Gegensatz von Mein und Dein. Diese Unterscheidung hielt das Sakrale von dem Geschehen fern. Indes vermochte die in der Zeitikone von »1948« fixierte Momentaufnahme einer räumlichen Situation die alsbald neu erwachte Gewalt des Heiligen nicht zu bändigen. Als im Juni 1967 der arabische Ostteil mitsamt dem Tempelberg in jüdische Hand fiel, schlug die schlummernde Macht des Ortes in glühende Präsenz um. Mit aller Wucht brach in Israel das Sakrale in die Politik ein.

Da war kein Halten mehr. Die politisch-theologisch aufgeladene Bedeutung Jerusalems durchdrang zusehends das Gewebe vernunftgeleiteter Politik – und zersetzte es. Und was für die liturgische Bedeutung der Stadt Geltung erheischte, sollte sich alsbald auf das ganze Land ausdehnen. Spätestens von 1967 an schlägt die teils offen, teils verdeckt wirkende Heiligkeit Jerusalems das jüdische Israel in ihren Bann. Es ist eben jene Verschmelzung von Liturgie und Topografie, von Glaubenspraxis und Örtlichkeit, die sich im Motiv der ungeteilten Einheit Jerusalems versinnbildlicht – mit dramatischen Folgen.

Aber trifft der Befund wirklich zu? Ergreift die von der Stadt ausgehende Heiligkeit auch jüdische Israelis, die der Religion gleichgültig oder gar ablehnend gegenüberstehen?

Sind sie, obwohl nicht selbst religiös, einer liturgisch aufgeladenen Politik verpflichtet? Werden sie allein schon dadurch, dass sie ein jüdisches Gemeinwesen in Palästina befürworten, zu Parteigängern des Prinzips der ungeteilten Einheit Jerusalems im Zeichen israelischer Souveränität? Eine solche Verschränkung ist nicht zwingend.

Vieles spricht in der Tat dafür, dass für einen verbürgten Frieden die Mehrheit der Israelis durchaus bereit wäre, auf ein ungeteiltes Jerusalem, gedeckt vom liturgischen Bild der verdorrenden Hand, zu verzichten, ebenso wie auf das nicht weniger von Liturgie durchdrungene Prinzip des ganzen Landes – vorausgesetzt, sie würden von ihrer kompromissbereiten Haltung nicht dadurch abgebracht, dass es eine verbreitete arabische und muslimische Einstellung ist, die wirkliche Anerkennung des jüdischen Staates zu verweigern.

Die Position der Araber und Muslime wiederum verdichtet sich in einem mythisch aufgeladenen, geschichtsmächtigen Bild: Die jüdische Staatlichkeit auf eigentlich islamischem Boden sei eine flüchtige Erscheinung. Über kurz oder lang werde Israel ohnehin vom selben historischen Schicksal ereilt wie die Kreuzritter – ein Schicksal, das es nach Kräften zu beschleunigen gelte.

Woher die innere Lähmung der tendenziell kompromissbereiten Mehrheit im jüdischen Staat auch rühren mag, sicher ist: Die in der israelischen Zeitikone »1948« klar erkennbare Bereitschaft, das Territorium zu teilen, hat allem Anschein nach nur geringe politische Wirkung. Zu beobachten ist ein merkwürdiges Ungleichgewicht der inneren Kräfte in Israel. In Kreisen der Mehrheit greift Lethargie um sich, die es einer sehr entschieden auftretenden Minderheit erlaubt, die Verwandlung von Liturgie in Politik auf die Spitze zu treiben.

Die erstaunliche Macht der politischen Zeloten gründet

sich offenbar auf der fast allen jüdischen Israelis gemeinsamen Überzeugung, die Legitimität ihres Staates beruhe letztlich auf biblischer Verheißung. Und während die Mehrheit bereit sein dürfte, das Prinzip des ganzen Landes aufzugeben, um dafür Frieden mit den Palästinensern und anderen Arabern einzuhandeln, scheuen die Prinzipientreuen nicht davor zurück, die Liturgie der Verheißung beim Wort zu nehmen. So gelingt es ihnen, die Mehrheit ideologisch zur Geisel, zur Gefangenen des Prinzips des ganzen Landes zu machen. Verankert ist dieses Motiv in der Vorstellung von der »ewigen«, sprich heiligen Einheit Jerusalems. Diese Verankerung zieht unmittelbare Folgen für das politische Handeln nach sich, zu sehen etwa in der von allen bisherigen Regierungen betriebenen Siedlungspolitik. Es ist dieser Zusammenhang, der eine beklemmende Ahnung aufkommen lässt: dass nämlich im Bild von der Einheit der Stadt und der Gänze des Landes eine politische Theologie festgeschrieben ist, die keine Kompromisse erlaubt.

Gleich zu Beginn seiner ersten Amtszeit als Ministerpräsident im Jahr 1996 forderte Benjamin Netanjahu gemeinsam mit dem damaligen Bürgermeister Jerusalems Ehud Olmert die Muslime der Stadt heraus: Sie stimmten der Öffnung eines herodianischen Tunnels unter dem Tempelberg zu. Die Grabung sollte offenbar weniger die archäologische Neugier befriedigen, als vielmehr die auf dem Anspruch auf Jerusalem gründende Legitimität des Staates der Juden aufs Neue bestätigen. Das ans Licht beförderte Gemäuer des Tunnelgangs erhob Netanjahu flugs zum *sela kijumeinu*, zum »Fels unseres Daseins«.

Bietet sich gar kein Lichtblick? Sind jüdische Israelis und arabische Palästinenser durch die offene oder verdeckt wirkende Heiligkeit des Ortes tatsächlich zu einem ewigen Kampf um alles oder nichts verurteilt? Das dem Sakralen eigene Absolute scheint tatsächlich in diese Richtung zu weisen. Doch in einer solchen Diagnose lauert die Gefahr einer sich selbst erfüllenden Prophezeiung. Denn was theoretisch überzeugen mag, kann sich in der Praxis durchaus als falsch erweisen.

Zwar liegt die Wahrheit nicht in der Mitte, aber man täte gut daran, sie dort zu suchen. Es führt kein Weg an der Absicht vorbei, einen Kompromiss auf territorialer Grundlage anzustreben, und dies auch dann, wenn die tragische Wahrheit offenbart, dass der Konflikt im Kern auf das Absolute zielt.

Ein territorialer Kompromiss würde darauf hinauslaufen, das auf die Politik einwirkende Sakrale zu neutralisieren, ja, er könnte es gar exorzieren. Die glühende Lava der Heiligkeit würde in das erkaltete Gestein des Profanen und Alltäglichen verwandelt.

Die Konfliktparteien sind befangen, gleichsam gelähmt in einer sakral imprägnierten Politik. Deshalb dürfte eine solche Neutralisierung kaum von ihnen ausgehen. Hierfür sind vielmehr Dritte gefordert, vor allem Amerikaner und Europäer. Von ihnen allein ist ein Anstoß hin zu einer politischen Aufteilung des sakralen Ortes zu erwarten. Das Licht, dieses ewige, die Empfindung der Heiligkeit evozierende Licht Jerusalems würde auch dann sicher leuchten.

Risse im Sarkophag

Reale Gegensätze – Imaginierte Verschwörungen – Antisemitisierende Verzeichnungen

Über die Aktualität von Antisemitismus zu reden ist kein leichtes Unterfangen. Solches Reden stößt auf höchst gegenläufige Reaktionen. Die einen vermeinen, ein neuerliches Aufleben von Judenfeindschaft mit Gewissheit zu erkennen; die anderen stellen eine derartige Wahrnehmung strikt in Abrede. Und während Letztere ihrerseits unter Antisemitismusverdacht geraten, werden Erstere beargwöhnt, sie stellten kalkuliert jede abweichende Meinung über Juden unter Kuratel.

Nach Auschwitz ist es um den bekennenden Antisemitismus still geworden. Seither ist die gewöhnliche Judenfeindschaft mit dem Holocaust kontaminiert. Von einem Tabu umschlossen, ruht sie in einem moralisch zernierten Sarkophag. Solche Tabuisierung wird nicht gern gelitten; sie lastet auf einer sich unfrei dünkenden Urteilskraft, die sonst stets nach Augenhöhe strebt. Eine solche Beschwernis wiederum wird den Juden zugeschrieben. Sie verfügten über die Erinnerung und legten sie anderen unerbeten auf. Dagegen regt sich Widerspruch.

Mit dem Holocaust ist der klassische, zum Bekenntnis wider die Juden neigende Antisemitismus zerstoben. Moralisch zerborsten, vermag er sich nicht begriffsnah zu verdichten. Ohne eine ihnen angemessene Begriffsdichte lassen sich Juden als Juden entgegengebrachte abträgliche Regungen freilich nur wenig fassen. Was bleibt, sind gleichsam aus der Zerfallsmasse von einer begrifflich gedeckten Vorstellung vom Antisemitismus hervorgegangene Partikel des Ressentiments.

Sie legen sich wie Mehltau und in unterschiedlicher Konsistenz über die jeweils inkriminierten, mit den Juden in Verbindung gebrachten Phänomene. Diesen Partikeln des Ressentiments sollte, im Unterschied zur vormaligen historischen Dichte, kein antisemitischer, sondern ein eher *antisemitisierender* Charakter zugeschrieben werden. Dieser freilich erscheint allgegenwärtig.

Mit dem Holocaust ist nicht allein der dem letzten Drittel des 19. Jahrhunderts erwachsene Begriff des Antisemitismus weiter beschwert worden. Zur Verkomplizierung vormaliger antisemitischer Vorstellungen über die Juden hat zudem die Gründung des Staates Israel beigetragen; zu Verkomplizierungen und Verwirrungen deshalb, als mit einer souveränen jüdischen Macht- und Gewaltausübung wesentliche Komponenten des antisemitisch durchseuchten Judenbildes allem Anschein nach in ihrer traditionellen Geltung beeinträchtigt worden sind, zumal die Juden sich mit ihrer Staatswerdung zur vollgültigen Nation konstituiert haben. Damit entzogen sie sich so mancher klassischen antisemitischen Verdächtigung – der Verdächtigung etwa, den kollektiven Erfordernissen von Staatlichkeit nicht zu genügen. Andererseits drängt sich der kaum abzuweisende Eindruck auf, gerade jüdische Machtausübung, sprich das politische und militärische Verhalten des Staates Israel im Konflikt mit den Arabern im Allgemeinen und den Palästinensern im Besonderen, trage zu einem allseitigen Aufschäumen antisemitischer Regungen bei. So bilden sich an der ablehnenden Haltung zu Israel jene gegenläufigen Einstellungen ab, von denen eingangs die Rede war. Die einen vermeinen, in ihr einen ungeschminkten Antisemitismus zu erkennen, die anderen sind der Auffassung, lediglich einer legitimen Kritik Ausdruck zu verleihen – also Urteilskraft auch dort gelten zu lassen, wo von Juden die Rede ist. Eine vertrackte Konstellation, und dies in Ermangelung einer Trennschärfe, mittels derer den unterschiedlichen Begriffswelten und den ihnen zugehörigen semantischen Feldern angemessen Rechnung getragen werden könnte.

Nach welchen Kriterien wäre das Handeln des jüdischen Staates zu beurteilen? Den Attributen eines Staates nach, der wie andere Staaten im Zeichen von Souveränität Gewalt ausübt und dabei gehalten ist, geltende Regelungen und Prozeduren zu befolgen? Oder solchen Maßgaben des Urteilens nach, die von Juden als einer schutzlosen, bestenfalls geduldeten historischen Minderheit, die ständig und immer wieder Erfahrungen der Verfolgung und Diskriminierung im Zeichen von Antijudaismus und Antisemitismus zu gewärtigen hatte und die zudem den Holocaust als ultimativen Genozid erfuhr? Welchen Erfahrungshorizont gilt es also zugrunde zu legen – die Maßgaben staatlicher Souveränität oder die einer historisch eingekerbten Schutzbedürftigkeit?

In der Realität ist eine Trennung der unterschiedlichen Erfahrungswelten entsprungenen Wahrnehmungen wie der mit ihnen verbundenen Deutungen und Interpretationen – staatliche Souveränität auf der einen und historische Minderheit auf der anderen Seite – kaum möglich. Sie vermischen sich in jeweils unterschiedlicher Legierung: die israelischen mit den jüdischen Begriffswelten, die von außen her – wie angemessen auch immer – gut gemeinte Kritik am israelischen Agieren und das an das jüdische Gemeinwesen herangetragene, antisemitisch aufgeladene Ressentiment. Doch bei aller hier diagnostizierten Aporie ist analytische Aufklärung vonnöten. Sie wird sich im Folgenden um jene erbetene Trennschärfe bemühen – um die Unterscheidung zwischen einer so weit wie möglich angemessenen, sprich realitätsgerechten Wahrnehmung des Konfliktes einerseits und antisemitisch aufgeladener Reaktionen auf Israel beziehungsweise das israelische Handeln andererseits – eine Trennschärfe in der Welt der Theorie; in der rauen Wirklichkeit wird sie freilich so nicht zu haben sein.

Der angestrebten Unterscheidungsfähigkeit wegen scheint es unumgänglich, sich der grundlegenden Konstellation des arabisch-jüdischen, israelisch-palästinensischen Konflikts zu vergewissern. Der dabei getroffene Befund wird für konventionelle Lösungsvorstellungen wenig erbaulich sein: ein nationaler Konflikt, in der Tat, der sich auf Grundlage einer Zwei-Staaten-Lösung im Prinzip als kompromissfähig erweisen dürfte – aber doch ein nationaler Konflikt kolonialen Charakters. Seines kolonialen Charakters wegen findet sich seine im Nationalen angelegte Kompromissfähigkeit doch wieder eingeschränkt.

Vermischung wie Gegenläufigkeit der als national einerseits und kolonial andererseits charakterisierten Anteile des Konflikts bedürfen der Aufschlüsselung. National ist der Konflikt insofern, als zwei religiös, sprachlich wie kulturell verschiedene Bevölkerungsgruppen in einer Auseinandersetzung um dasselbe Land ineinander verkeilt sind. Die Ausgangsbedingungen scheinen symmetrisch. Kolonial, also asymmetrisch ist der Konflikt wiederum deshalb, weil die eine, die jüdische Bevölkerungsgruppe, von außen her kommend sich in den Besitz des Bodens zu bringen hatte, um sich mittels Landnahme zu territorialisieren. Diesen Prozess galt es gegen die ortsansässige arabische Bevölkerung durchzusetzen.

Gesteigert wird der einem solchen Konflikt eigene Gegensatz dadurch, dass sich die Auseinandersetzung wegen ungleicher demografischer wie wegen von miteinander im Prinzip nicht kompatibler Selbstverständnisse verschärft. Dabei verschränken und verstärken sich zwei Tendenzen: die der arabischen Haltung inhärente Tendenz der Weigerung, die Ergebnisse des gegen sie gerichteten Prozesses der Landnahme in Gestalt einer nationalen jüdischen Existenz im Lande anerkennend zu akzeptieren und so ihrerseits zur Beendigung des Konfliktes beizutragen; und die innerhalb des israelischen Gemeinwesens beständig wirkende innere Dynamik, konjunkturelle Versuche, die gegen die Palästinenser gerichtete Landnahme zu beenden, zu hintertreiben.

Folge eines solchen nationalen Konflikts kolonialen Charakters ist die ihm eigene, jede einvernehmliche Konfliktlösung vereitelnde innere Blockade auf beiden Seiten. Seinen nationalen Anteilen und den mit diesen Anteilen verbundenen symmetrischen Vorstellungen vom Konflikt nach – Nation gegen Nation – ließe sich dieser durch eine Teilung des Landes lösen. Seinen kolonialen Anteilen nach aber unterläuft der Konflikt alle Vorstellungen von kompromissfähiger Territorialität.

Asymmetrisch sind zudem die mit dem Konflikt verbundenen Zeithorizonte der involvierten Kollektive. So scheinen die Israelis aktuell übermächtig – historisch, sprich langfristig, dürften sie sich als schwach erweisen. Schwach insofern, als eine voraussehbare zukünftige demografische Konstellation die arabische Bevölkerung im Lande wieder in den Stand einer Mehrheit versetzten könnte, was wiederum die inzwischen eingetretene Realität der jüdischen Staatlichkeit umkehrbar machen würde. Diese dem Konflikt inhärente Tendenz stößt auf ein entsprechendes arabisches Bewusstsein. So mag die arabische Bevölkerung innerhalb der israelischen Staatsgrenzen von 1948/49 numerisch in der Minderheit sein – ihrem historischen Selbstverständnis ebenso wie der demografischen Tendenz nach empfinden sie sich aber durchaus als Teil einer potentiellen Mehrheit, einer Mehrheit, die durch konjunkturelle, also durchaus als vorübergehend erachtete Umstände in jene aktuelle Minderheitenlage geraten ist. Umgekehrt die israelischen Juden: Zwar machen sie in ihrem Gemeinwesen die numerische Mehrheit aus, sind aber als Juden von einem Bewusstsein geprägt, das zutiefst von einer Erfahrung als historische Minderheit zehrt. Gerade dieses Bewusstsein bestärkt sie darin, eine Wiederkehr eben jener ihr bekannten historischen Konstellation ein für alle Mal auszuschließen.

Von verschärfender Wirkung sind die mit dem demografischen Erwartungshorizont verbundenen Perspektiven des jeweiligen Selbstverständnisses und das dem jeweiligen Selbstverständnis entspringende politische Handeln. Den Palästinensern stehen drei Varianten von Selbstverständnis offen: als Palästinenser, als Araber und als Muslime. Als Palästinensern dürfte ihnen eine nationale Deutung des Konfliktes und ein damit einhergehender territorialer Ausgleich auf der Grundlage zweier Staaten akzeptabel sein. Als Araber und damit als Teil einer weit über die Landschaft Palästina hinausgehenden Bevölkerung arabischen Selbstverständnisses dürfte die Bereitschaft zum Ausgleich schon um einiges geringer werden. Eine solche Erweiterung geht nämlich mit einer Verschiebung des Zeithorizonts im Konflikt einher. Als um ein numerisch umfassenderes Kollektiv vermag man auf zukünftig sich einstellende günstigere Umstände für die Realisierung maximaler Vorstellungen hoffen. Und als Muslime wiederum sind die Palästinenser Teil einer derartig gewaltigen Bevölkerung, dass eine solche Zugehörigkeit den politischen Zeithorizont in die schiere Ewigkeit hinein zu verschieben droht. Damit fände sich ein jeder Kompromiss als Folge einer einvernehmlichen Begegnung im Hier und Jetzt und somit auf Grundlage gemeinsamer, sprich säkularer Zeitvorstellungen, gleichsam annulliert.

Die dramatische Konstellation eines nationalen Konflikts kolonialen Charakters fräst sich ein in das weiche Gewebe von Legitimität und Selbstverständnis. Ein solcher selbstquälerischer Diskurs scheint vornehmlich, ja ausschließlich der israelischen Seite auferlegt. Solche notorische Reflexion scheint tief verankerten Zweifeln über die Rechtmäßigkeit des eigenen Handelns zu entspringen. Schließlich waren es die Juden, die in das Land kamen, um es ganz oder auch nur zum Teil zu dem ihren zu machen. Ein solches Vorhaben war gleichsam notwendig mit einer Veränderung des vorgefundenen demografischen – sprich ethnischen – *status quo* verbunden.

Die Reaktion ist gleichsam anthropologisch insofern, als ein jeder, der einen *status quo* zu verändern trachtet, darum bemüht ist, ein solches Vorhaben vor sich selbst wie vor anderen zu rechtfertigen. Vor allem dann, wenn sich herausstellt, dass eine solche Veränderung kaum mit dem Einverständnis der am Orte lebenden Bevölkerung zu erlangen sein dürfte, ja gegen ihren Willen durchgesetzt werden müsste – und dies womöglich mit Gewalt: Anwendung von Gewalt nicht in böser Absicht und sicher auch nicht von Anfang an, und wenn, dann allein in Verteidigung – also in der Anwendung einer als solche empfundenen Gegengewalt. Auch dies eine anthropologische Konstante: Das Gruppenbewusstsein versteht eine jede von ihm ausgehende Gewalt irgendwie immer als Gegengewalt.

In Sachen Legitimität hat die Konstellation des Konflikts der jüdischen, der israelischen Seite den schwächeren Part zugespielt, und dies jener leidigen Frage des vorgefundenen und nicht zu exorzierenden *status quo* wegen – ein Phänomen, das sich in den jeweils diskursiv und zur Selbstbegründung herangezogenen Geschichtszeiten niederschlägt. So standen den Juden im Prozess der Kolonisation und der von ihr ausgehenden Aneignung des Landes wegen legitimatorisch eigentlich nur zwei Zeitvorstellungen offen: Vergangenheit und Zukunft. Beide Zeiten zeichnen sich im Unterschied zur Gegenwart durch eine ihnen eigene Virtualität aus. Schließlich ist allein Gegenwart reale Zeit, und diese reflektiert zum Leidwesen der ins Land Kommenden einen *status quo*, den es im Sinne einer zu etablierenden jüdischen Staatlichkeit zu verändern gilt.

Den Ankommenden bleibt also nichts anderes übrig, als Vergangenheit wie Zukunft gegen die widerständige Gegenwart in Stellung zu bringen: eine weit in die Vergangenheit zurückreichende biblische Zeit etwa; oder eine in eine weite Zukunft weisende utopische Zeit der allgemeinen Menschheitsbeglückung – dort, wo sich alle Widersprüche wie von selbst aufzulösen versprechen. Mittels beider als virtuell erachteten Zeiten – der Vergangenheit wie der Zukunft – lässt sich eine Rechtfertigung des eigenen Anspruchs vor sich selbst begründen. Die Gegenwart freilich, der *status quo* am Ort, sprich die arabische Bevölkerung, bleibt von einem solchen Ansinnen unbeeindruckt.

All das zeichnet in der Tat ein tristes Bild vom Konflikt. Seine wenig kompromissfähigen Komponenten durchziehen seine Verlaufsgeschichte und verdichten sich in der Frage der Legitimität des jüdischen Staates – einer Frage, die auch und vor allem Israelis ständig und immer wieder umtreibt. So sind alle wesentlichen, die israelische Gesellschaft bewegenden Konflikte in ihrem Kern Legitimitätskonflikte. Und die Crux des sich ständig im Kreise drehenden Legitimitätsdiskurses ist der Umstand, dass sich seine Folgen von beiden Seiten her – von der israelischen wie von der palästinensischen – im Konflikt gewaltträchtig niederschlagen.

Bei den jüdischen Israelis materialisiert sich der als gerecht empfundene Anspruch auf das Land in Gestalt der Siedlung. Mithin stellt die Siedlung so etwas wie ein Argument im Diskurs über Legitimität dar. In ihr schlägt sich der Anspruch auf das Land gleichsam handfest nieder. Beim palästinensischen »Recht auf Rückkehr« wiederum handelt es sich um ein Argument des Anrechts auf das ganze Land ebenso wie um den Anspruch auf Wiederherstellung von Gerechtigkeit in Gestalt des *status quo ante* – einer Rückkehr zum wie auch immer imaginierten Zustand der Vergangenheit. Das »Recht auf Rückkehr« bildet eine tragende Säule des palästinensischen Selbstverständnisses.

So stellt beides, Siedlung wie Rückkehr, in unterschiedlicher Dichte sowohl im israelischen wie im palästinensischen Gemeinwesen jeweils konstitutive Anteile des Selbstverständnisses dar – mögen diese verdichteten Embleme von Legitimität und Identität in reiner Form auch von einer jeweils noch so numerisch geringen Bevölkerungsgruppe vertreten werden. In Wirklichkeit verwahrt diese zahlenmäßig zwar geringe, qualitativ aber signifikante Minderheit Kernbestandteile des Selbstverständnisses und hält insofern so etwas wie eine ideologische Prärogative in den Händen. Als Bewahrer konstitutiver Merkmale des kollektiven Selbstverständnisses behindern sie jede auch noch so pragmatisch gemeinte Absicht der Mehrheit im Sinne einer Überwindung des Konflikts.

Es ist also zu erwarten, dass der Konflikt allein schon der wenig miteinander kompatiblen Legitimitäten wegen aus sich heraus keine Aussicht auf Lösung verheißt. Und als ob das nicht schon genug wäre, werden dem ohnehin antagonistisch gepolten Gegensatz zwischen Juden und Arabern zu allem Überfluss noch so mancherlei unerbetene Verschärfungen auferlegt. Die Beteiligung von Juden als Israelis am Konflikt lädt die Auseinandersetzung mit Bildern und Motiven auf, die zur Steigerung seines ohnehin dramatischen Charakters und damit zu seiner Radikalisierung beitragen. So lässt sich beim bestem Willen nicht in Abrede stellen, dass die politische, durch den Konflikt begründete Gegnerschaft zu den Juden bei Arabern wie bei Muslimen, vielleicht aber auch im westlichen Kontext – wenn auch der Last des Holocaust wegen verhalten – zu einer Bebilderung der Wirklichkeit beiträgt, die bei aller gebotenen Zurückhaltung als problematisch zu erachten ist. Problematisch insofern, als dabei tradierte antijüdische Bilder und Motive evoziert werden, die ihrer Entstehung nach entweder frühislamisch sind oder durch den im 19. Jahrhundert erfolgenden Transfer antisemitischer westlicher Muster in den Orient übernommen und später von Muslimen internalisiert worden sind. Antisemitisch im klassischen Sinne des Wortes sind die in der Auseinandersetzung zwischen Arabern und Juden, Israelis und Palästinensern aufschäumenden Bebilderungen insofern, als sie nicht aus dem Konflikt im engeren Sinne hervorgehen, sondern ihm von außen her, also zeitlich und räumlich von weither, aufgebürdet werden.

Damit geben sie sich als Imprägnierung einer außerhalb des eigentlichen Konflikts stehenden, aber doch auf den Konflikt einwirkenden historischen Tiefendimension zu erkennen. Nicht die von palästinensischer Seite Israel entgegengebrachte Ablehnung ist das Enigma, sondern die beklemmenden, zutiefst antisemitisierenden bis antisemitischen Bilder und Metaphern, mit denen die ohnehin dramatischen realen Vorgänge weiter belastet werden. Diesen soll die weitere Nachfrage gelten.

Es beginnt mit der beunruhigenden Beobachtung, dass die Erscheinung von Waffen tragenden Juden bei Nichtjuden intuitives Unbehagen auslöst. Weniger die in der Uniform von welchem Gemeinwesen auch immer unsichtbar werdenden Juden als einzelne, sondern als Waffenträger in eigener Sache, in eigener Uniform und unter eigenen Farben, sprich Juden als Kollektiv. Ein solches allseits fühlbares und untergründig wirksames Missfallen im westlichen, das heißt christlich säkularisierten, aber auch im islamischen Kulturzusammenhang äußert sich nicht in jener für die Vormoderne so eindeutigen kanonischen Klarheit, Tragen von Waffen durch Juden allein in Ausnahmefällen zu gewähren, sondern eher in weniger eindeutigen und insofern vertrackten Verschiebungen und Verkehrungen. Es bedarf schon einer ausgesprochen hermeneutischen Bereitschaft, die Geltung antijudaistischer wie antisemitischer Tropen auch in jene feinen Verästelungen der Phänomene hinein zu verfolgen, wo ansonsten Nachforschungen vorgeblicher Geringfügigkeit wegen eingestellt werden.

Waffen tragende Juden scheinen zu provozieren, eine tiefsitzende Erregung auszulösen. Vor dem Hintergrund jener althergebrachten kulturellen Imprägnierungen dürfte es in eigener Sache Waffen tragende Juden eigentlich nicht geben. Dass es sie dennoch gibt, erscheint als Sakrileg – wenn auch als ein verdecktes. Und in Verbindung mit der im Konflikt zwischen Israelis und Palästinensern um sich greifenden Gewalt droht den althergebrachten Vorstellungen und Phantasien über die Juden und der ihnen eigenen Gewalt ständig neue Nahrung zugeführt zu werden, vor allem dann, wenn nicht – wie auf dem Gefechtsfeld traditionell üblich – Truppe die Truppe bekämpft, sondern des asymmetrischen, kolonialen Charakters des Konfliktes wegen das israelische Militär einer – wenngleich gewalttätig vorgehenden – arabischen Bevölkerung gegenübersteht.

Eine solche Konstellation evoziert vor dem Hintergrund

einer Juden traditionell wenig gewogenen Haltung Vorstellungen, die ihnen von vornherein und in ehrabschneidender Absicht die Fähigkeit abspricht, legitime Gewalt auszuüben. Solcher Vorstellung nach vermögen Juden nur heimtückisch vorzugehen und neigen obendrein dazu, Massaker zu verüben. In der arabischen und muslimischen Welt gezeigte populäre Filmserien knüpfen dabei unverhohlen an christliche Weltbilder antijudaistisch-antisemitischen Ursprungs an, etwa die in der muslimischen Welt zur Fastenzeit des Ramadan ausgestrahlte und an christliche Ritualmordvorwürfe anknüpfende Serie mit dem signifikanten, alle militärischen Ehrenbezeugungen in Abrede stellenden Titel »Reiter ohne Pferd«. Von den dabei an die »Protokolle der Weisen von Zion« anknüpfenden Vorstellungen von einer Verschwörung, ja einer Weltverschwörung der Juden wird im Weiteren noch die Rede sein.

Der antisemitischen Phantasie nach sind Juden allemal gewalttätig. Nur haftet der von ihnen ausgeübten Gewalt nichts Ehrenhaftes an – im Gegenteil: den mittelalterlichen Phantasien nach sind sie als Brunnenvergifter umtriebig und lösen Seuchen und andere Plagen aus. Die NS-Propaganda wusste diese Traditionsbestände mit den Mitteln der Moderne zu verbreiten, etwa das Bild vom rituellen Schächten durch Regie und Kameraeinstellung so zuzurichten, dass sich der Zuschauer nicht allein der gemeuchelten Tiere erbarmte, sondern durchaus Menschen als ausersehene Opfer phantasierte. Die in erbärmliche Uniformen gesteckte jüdische Ghettopolizei komplettiert das demütigende Bild. Von ihr nach außen hin sichtbar getragene Embleme der Juden waren als Zeichen der Unterwerfung ausersehen – als karikierende Verkehrung souveräner Autorität.

Im russischen Bürgerkrieg, den die Nazis gleichsam zum

Ursprungsereignis jüdischer Tücke und Gewalt erhoben und gegen die sich der von ihnen verübte Genozid als Akt vorgeblicher Selbstbehauptung zu richten ausgab, wurde der bolschewistischen Gewalt die jüdisch markierte Maske des zum Ungeheuer verzeichneten Kriegskommissars Trotzki aufgesetzt oder das sich allenthalben einprägende Bild des allgegenwärtigen jüdischen Kommissars in Ledermantel und mit umgeschnallter Mauserpistole, der aus kürzester Entfernung und so mit dem Makel des Unehrenhaften behaftet den Klassenfeind liquidiert: eine Hinrichtung also, keine militärische Auseinandersetzung.

So galt die Gewalt des Bürgerkrieges und der von ihm ausgelösten Gräuel ebenso wie die politische Gewalt der Bolschewiki und ihres als jüdisch durchseucht geltenden Sicherheitsapparates als Ausbund unredlicher Gewalt und steht damit ganz außerhalb von Regeln und Riten des ehrenhaften Waffenganges ehrenwerter Krieger. Unter diesen waren Juden in der Tat wenig gelitten. Umso mehr wurde ihnen die Ausübung verwerflicher Gewaltanwendung angelastet. Und wenn obendrein Verrat im Spiel war oder auch nur die Vorstellung davon, so schien der Vorwurf gegen die zu militärischem Rang und Ehren gelangten Juden in Uniform leichter glaubhaft als gegen Angehörige der traditionellen Militärkaste. Der Fall Dreyfus in Frankreich, aber auch die notorische Judenzählung im deutschen Heer 1916, die dem antisemitischen Gerücht einer jüdischen Drückebergerei nachging, lässt sich von einer solchen Vermutung nicht leichthin entlasten.

Der Ursprung dieser Bilder ist vornehmlich, wenn nicht gar ausschließlich im christlichen Sinne westlich. Seine Urmetapher findet sich in der Kreuzigung Christi – in jenem Ereignis, das durch alle Zeit hindurch den Juden angelastet wird und sich in verschiedenen und zeitgemäßen Transformationen als Gründungsmythos einer ganzen Zivilisation fortschreibt. Es wäre zukunftsfroh, zu glauben, seine Wirkung hätte sich in Auschwitz ausgetobt, wenn sich auch im Westen mit jenem Ereignis verbundene Regungen des Holocaust wegen unterdrückt finden: ebenjener Sarkophag, dessen Verfugungen sich zunehmend zu lockern scheinen.

Umso eindringlicher feiern die der christlichen Tradition erwachsenen, antijudaistisch motivierten Bilder Urstände im arabisch-muslimischen Kulturkreis. Dass sie vom nicht enden wollenden arabisch-israelischen Konflikt aktualisiert werden, dürfte kaum von der Hand zu weisen sein; dass aber gerade solche Motive und keine anderen zur Bebilderung von Feindschaft herhalten sollen, verweist auf eine Tiefenschicht von latenten Überzeugungen, die auch sonst wenig Gutes über die Juden zu berichten wüssten.

Das kulturspezifische Motiv, Waffen tragenden Juden die Ehre abzuschneiden, führt in der Geschichte des arabisch-israelischen Konflikts zu manch misslicher Mythenbildung, etwa als die arabischen Medien wider alle Evidenz darauf beharrten, zu Beginn des Junikrieges '67 seien die arabischen Luftflotten am Boden nicht etwa von israelischen, sondern von amerikanischen und britischen Flugzeugen zerstört worden. Anfänglich mochte eine solche Wahrnehmung noch als eine Art Reprise der Ereignisse vom Herbst 1956 verstanden worden sein – damals, als Ägypten aus heiterem Himmel in einem spätkolonialen Feldzug der überlegenen Feuerkraft der anglo-französischen Expeditionsstreitkräfte, vor allem ihrer Luftwaffe, ausgesetzt worden war. Zunehmend wurde aber deutlich, dass es sich hier nicht um eine bloß fehlgeleitete Reminiszenz handelt, die leicht durch die Einsicht in die tatsächlichen Umstände hätte korrigiert werden können, sondern um ein zutiefst dem eigenen Selbstverständnis geschuldetes Phänomen.

Von christlichen, kolonialen Mächten besiegt zu werden, mochte zwar wenig schmeichelhaft sein, schien sich aber grundlegend vom Umstand zu unterscheiden, den wenig gelittenen Juden zu erliegen. Eine militärische Niederlage gerade aus deren Hand zu empfangen, war also zutiefst ehrenrührig. Eine solche Niederlage wurde umso kompromittierender empfunden, als die Juden im Unterschied zu den Muslimen traditionell eben nicht als waffenfähig gelten. Ihnen wurde schlichtweg die militärische Satisfaktionsfähigkeit abgesprochen.

Dies wirkt sich nicht zuletzt auf den Konflikt aus. Obschon die militärische Überlegenheit Israels in den Schlachten der arabisch-israelischen Kriege – Truppe gegen Truppe – als Form »gesellschaftlicher Barzahlung« (Karl Marx) praktisch anerkannt wird, anerkannt werden muss, wird unter Verzeichnung der Umstände die israelische Überlegenheit auf hinter Israel stehende Mächte, vornehmlich auf Amerika, zurückgeführt und so in ihrer doch gerade erfahrenen Wirkung als nicht wirklich eingetreten abgewehrt. Daran ist zwar manches richtig – der Umstand nämlich, dass vieles an der israelischen Überlegenheit wahrlich geliehene Macht ist –, nicht aber die in der militärischen Konfrontation sich ausweisenden kriegstechnischen Fähigkeiten der Waffenführung und damit all das, was letztlich zum Kanon militärischer Tugendhaftigkeit gehört.

Der arabische Hinweis auf das verdeckt gehaltene israelische Nuklearpotential macht die Unterscheidung von antisemitischer Bebilderung und realitätsgerechter Wahrnehmung schon schwerer. Die Araber und Muslime fragen sich nicht ohne Grund, warum Israel durch westliches Beschweigen so etwas wie ein Atomwaffenmonopol im Nahen und Mittleren Osten für sich beanspruchen darf, während den umliegenden wie den ferner liegenden arabischen und muslimischen Staaten der Zugang zu solchen Waffen verweigert wird. Ist dies nicht Ausdruck eines doppelten Maßes, einer doppelten Moral? Schlimmer noch: Handelt es sich hierbei womöglich um einen durchaus greifbaren Ausdruck jener so oft in Abrede gestellten internationalen Macht der Juden? Die Nachfrage nach einer nachvollziehbaren Begründung des israelischen Nuklearpotentials führt wieder zurück zu den Grundfragen israelischer Legitimität und fand bereits Erwähnung, als vom universell wenig überzeugenden biblischen Anspruch auf das Land die Rede gewesen war.

Anders mag es um die Frage nach den Voraussetzungen israelischer Legitimität und die Wirkung des Holocaust stehen. Dieses Ereignisses wegen empfindet zumindest der Westen als säkularisierte Christenheit den Juden gegenüber tiefe Schuld. Ein solches Schuldempfinden geht dahin, dass von westlicher Seite den Juden so etwas wie eine nationale Heimstätte prinzipiell nicht versagt werden kann. Dabei handelt es sich weniger um ein universell einklagbares Recht als um ein Privileg einer besonderen, ja einer exzeptionell gewesenen Lage wegen.

Dieses Privileg unterscheidet sich fundamental von jener biblischen Legitimität, die allein auf einem göttlichen Versprechen den Juden gegenüber beruht, ansonsten aber niemanden außer den Juden selbst zu binden vermag. Und dieses Privileg auf Staatlichkeit des Holocaust wegen schlägt sich in der Tatsache nieder, dass die Ausdehnung Israels in den Grenzen von 1948 als direkter Ausfluss der Geschehen empfunden und als solches auch anerkannt wird. Bei der Grenze von 1948/49 handelt es sich demnach um eine allein von Auschwitz her legitimierte Linie. So scheint auch der an den Juden vollzogene ultimative Genozid die Androhung der ultimativen Vernichtung mittels der ultimativen Waffe zur Existenzwahrung zu begründen. Die israelische Nuklearbewaffnung fände sich so im Holocaust begründet – eine Legitimität freilich, die allein für ein jüdisches Gemeinwesen innerhalb der »Grenzen von Auschwitz« gilt. Eine einseitige Inkorporation weiterer arabischer Gebiete über die Waffenstillstandslinien von 1949 hinaus würde von einer solchen, auf der jüdischen Erfahrung der Vernichtung beruhenden Rechtfertigung des Gemeinwesens nicht mehr gedeckt. Für den Westen beruht die Existenz Israels also auf einer durch den Holocaust gerechtfertigten, mithin einer negativ begründeten Legitimität. So ließe sich die beschweigende westliche Nachsicht gegenüber seinem nuklearen Arsenal verstehen.

Die Araber und Muslime sind im Unterschied zum Westen, zur säkularisierten Christenheit, nicht auf Auschwitz zu verpflichten. Sie hatten mit den zum Genozid an den Juden führenden Ereignissen in Europa in der Tat nichts wirklich gemein, noch stehen sie in jener antijudaistischen, sich später säkular antisemitisch konvertierenden judenfeindlichen Tradition des Westens. Wenn, dann vermögen sie sich des Holocaust allenfalls seiner menschheitlichen, seiner universellen Bedeutung wegen anzunehmen.

Aber auch die Anerkennung des Holocaust als universelles Ereignis setzt eine vornehmlich, wenn nicht ausschließlich westliche Sicht der Dinge voraus, eine Sicht, die den Holocaust als einen Zivilisationsbruch begreift, in dem eine anthropologisch zwar universelle, historisch aber westlicher Form verpflichtete Rationalität zutiefst beschädigt worden ist. In Auschwitz verdampften Kategorien, die zur Grundausstattung eines aufgeklärten Weltverständnisses gehören.

Eine solche Widerlegung in ihrer niederschmetternden Bedeutung nachvollziehen heißt, diese mit dem Hintergrund des westlichen Kanons von Säkularisierung und Aufklärung zu kontrastieren. Die Geltung dieses Kanons und erst recht die Wucht seiner Negation durch das Ereignis »Auschwitz« ist nicht allerorts vorauszusetzen. Eher wird das Phänomen der Massenvernichtung seines quantitativen Ausmaßes nach interpretiert – als ein gewaltiges Massaker –, weniger als eine qualitative Überschreitung einer zivilisatorischen Grenze.

Aus einer außereuropäischen, nichtwestlichen Perspektive betrachtet, stellt das Ereignis »Auschwitz« also eine in ihrer Bedeutung kaum zu erklimmende kognitive Steilwand dar. Sie zu überwinden bedarf es einer langen Dauer. Auf einen schnellen Wandel hin zur Erkenntnis ist jedenfalls nicht zu setzen. Eher dürfte eine gegenläufige Entwicklung zu beobachten sein – der Umstand nämlich, dass durch den Konflikt zwischen Arabern und Juden die dramatischen Verwerfungen einer in der arabisch-muslimischen Welt sich auswirkenden Modernisierungsblockade mit in Umlauf gesetzten antisemitischen Motiven bebildert werden. So werden Bildmotive in Bewegung gesetzt, die ihren Ursprung einst im christlichen Kulturkreis hatten und – von der anbrandenden Moderne angestoßen – sich antisemitisch verwandelten.

In einem Hamburger Prozess wurden Personen in den Zeugenstand gebeten, die mit dem Haupttäter der Anschläge vom 11. September, Mohammed Atta, in Verbindung gestanden hatten. Ihren Aussagen war zu entnehmen, Atta sei von der Tatsache besessen gewesen, dass es sich bei dem vormaligen Präsidenten der amerikanischen Zentralbank, Alan Greenspan, und bei Madeleine Albright, der vormaligen amerikanischen Außenministerin, um Juden handele. Wie andere scheint Mohammed Atta von massiven Verschwörungsphantasien geplagt worden zu sein. Und diesen Verschwörungsphantasien nach werde die Welt von Juden beherrscht. Es lässt sich nicht in Abrede stellen: Das Motiv der Vorstellung von einer jüdischen Weltherrschaft feiert Urstände.

Die Vorstellung von einer jüdischen Weltherrschaft ist alles andere als neu. Sie gehört zum Kernbereich des modernen Antisemitismus und ist als solche ein unabkömmlicher Bestandteil der Pathologien der Moderne. Die Verschwörungsphantasie ist eine Reaktion auf eine allenthalben in Erscheinung tretende, aber einem traditionellen Verständnis von der Wirklichkeit entzogen bleibende gesellschaftliche Komplexität. So werden die mit einer solchen Komplexität einhergehenden Abstraktionen mit Motiven ausgestattet, die einem Arsenal des unmittelbar Vertrauten entliehen sind.

In Europa etwa waren von der Mitte des 19. Jahrhunderts an Negativbilder von Juden im Umlauf, die aus antijudaistischer Tradition heraus in eine ökonomische Form hinein säkularisiert worden waren. An die Stelle der Hostienschändung, des Ritualmordes, der Brunnenvergiftung und anderer antijüdischer Motive traten nunmehr solche des Tausches, des Geldes, der Börse und all das ins Zentrum antisemitischer Phantasie, was sich seiner Wirkung nach dem traditionellen Verständnis der Zeitgenossen im Schwellenbereich zur Moderne beständig entzog.

Eine solche Konversion machte einen vorgeblich rationalen – sprich gesellschaftlich semantisierten – antisemitischen Diskurs über die Juden möglich. Dieser Diskurs lief seiner vorgeblichen Rationalität wegen auf eine Erklärung hinaus, die den Juden eine Manipulation der ökonomisch begründeten Lebensbedingungen andichtete. Dieses Bild mochte im Zeitalter der sich konstituierenden Nationalstaaten zudem von den Irritationen auslösenden diasporischen, transnationalen, das heißt transterritorialen jüdischen Lebensformen genährt worden sein. So erschienen die Juden als gleichsam ubiquitär, räumlich und zeitlich allseits präsent. Sie waren sichtbar und unsichtbar zugleich, wobei vor allem ihre vorgeblichen Verstellungen zu allerlei phantastischen Überlegungen Anlass boten. Weniger der offen und als Jude sichtbar in Erscheinung tretende jüdische Mensch regte zur Phantasie über eine Verschwörung der Juden an, als der unsichtbare, verdeckte, vielgesichtige Jude. Und wie der Jude als Gegenbild, als der eigentlich Andere, zur Konstitution des mittelalterlichen christlichen Selbstverständnisses beitrug, so trugen seine sich säkularisierenden Bilder zu einem verschobenen, zu einem ideologisch verzerrten Verständnis der Moderne bei.

Die Verschwörung als Erklärung mag vormodernen sozialen Kontexten durchaus entsprochen haben. Sie war jedenfalls eine den traditionellen Verhältnissen durchaus angemessene Erscheinung im politischen Ränkespiel der höfischen Gesellschaft gewesen. In der komplexen Moderne stößt die Erklärungskraft einer solchen Vorstellung freilich schnell an ihre Grenzen. So mögen zwar auch in der modernen Politik allerlei an höfische Kabale gemahnende Ränke zu beobachten sein – die Abläufe von politischer Einflussnahme und Machtbildung in modernen Gemeinwesen und erst recht in einer komplex verstrebten Welt vermögen sie aber nicht zu erklären.

Tatsächlich handelt es sich bei der Vorstellung von Verschwörung um eine anthropologisch verursachte Selbsttäuschung. Diese Täuschung steht mit jenem in den Sozialwissenschaften notorischen Sachverhalt des Verhältnisses von Mikro und Makro in Verbindung. Der Einzelne geht nun einmal in seinem Urteil über den Lauf der Dinge von der schlichten Alltagserfahrung aus. Er schließt von seiner alltäglichen Wahrnehmung des Vertrauten auf das große Ganze – und dies im Irrtum darüber, dass es sich beim großen Ganzen um eine bloß quantitative Erweiterung dessen handele, was er aus der ihm vertrauten Erfahrung des Alltages heraus zu kennen glaubt. Schon in der Übertragung der im Mikrobereich gemachten Erfahrung auf die Ebene des Makro stellt sich ein gleichsam notwendiger kognitiver Irrtum ein. Und dieser Irrtum führt direkt in fiktiv konstruierte Kausalitäten hinein – der epistemische Humus aller Verschwörungstheorien.

Dem Glauben an Verschwörung liegt also eine Wahrnehmung zugrunde, die von der unmittelbaren Erfahrung des Alltags und der überblickbaren Lebensumstände ausgeht. Wie ist es denn anders zu verstehen, wenn der fleißige Bauer, der emsige Arbeiter, der rührige, sich selbst ausbeutende Kleinunternehmer oder wer auch immer sich seines Lebensunterhaltes wegen abplagt, von morgens bis abends seiner Tätigkeit nachgeht, schuftet, sparsam haushält und sich auch ansonsten gottgefällig verhält und durch ebendiesen Fleiß, diese Emsigkeit und diese Sparsamkeit zu jener Überproduktion beiträgt, die letztlich jenen Mangel erzeugend auf ihn zurückschlägt und ihn ins Elend stürzt? Aus der Perspektive der Erfahrung des Alltags kann dies einfach nicht mit rechten Dingen zugehen. Die hinter der Vorstellung von der Verschwörung stehende Frage lautet also: Wie kommt es, dass guten und braven Menschen böse Dinge geschehen?

Der Antisemitismus ist ein modernes Phänomen. Bekannterweise tritt er in seiner als klassisch erachteten Form im letzten Drittel des 19. Jahrhunderts auf. Er bebildert die Abstraktionen der Moderne mit den verzeichneten Zügen der Juden. Sein Wesen ist die Vorstellung von der Verschwörung, ihr Movens die vermeintlichen Machenschaften der Juden. Sie beherrschen die Geldmärkte, manipulieren die Börsen, kontrollieren die Banken. Letztlich sind sie es, die Mangel und Not verursachen.

Was im ausgehenden 19. Jahrhundert als neues Phänomen galt und durch zunehmende sozialwissenschaftliche Aufklärung zurückgedrängt werden konnte, feiert heute im Weltmaßstab Wiederkunft. Dies ist nicht verwunderlich. Immerhin zerstört die hereinbrechende Globalisierung so manche lieb gewonnene Gewissheit. Mühsam erlangte soziale Errungenschaften bleiben auf der Strecke. Schließlich werden im Zeichen der Globalisierung Nationalstaaten unterminiert, wohlfahrtsstaatliche Regulierungen zurückgenommen und die damit verbundenen Sozialleistungen abgebaut, wie überhaupt im Namen der Gleichheit erlangte Homogenisierungen innerhalb der Gemeinwesen massiv beeinträchtigt werden, im Nationalen ebenso wie im Sozialen. Jene Welt, die einmal im Zeichen einer im 19. Jahrhundert entworfenen Vorstellung vom Fortschritt gestaltet werden sollte, ist nicht mehr.

Die von diesen Veränderungen ausgelösten Phänomene lassen Bilder aufscheinen, die an die im ausgehenden 19. Jahrhundert konstruierten Verschwörungen gemahnen. Schon damals nahm das verzeichnete Gesicht eines international agierenden Kapitalismus jüdische Züge an und sprach mit englischer Zunge. Heute zieht Amerika zunehmend jene Bilder und Metaphern auf sich, die vormals Juden vorbehalten waren. Der ideologisch aufgeladenen Feindschaft den Vereinigten Staaten gegenüber, dem Antiamerikanismus, haftet so etwas an wie die Merkmale eines sekundären Antisemitismus. Als Hort der Entfremdung, des Geldes und der von der Gier nach Reichtum angetriebenen Gewalt scheint es alle gewachsenen Traditionen zu unterminieren und sie seinem durch den Mammon verunstalteten Angesicht anzuverwandeln.

Vor allem nach dem Zusammenbruch der vermeintlichen Alternative – dem von der Sowjetunion angeführten politischen Osten – scheint die Welt neuerlich geteilt zu sein: in

Amerika und den Rest der Welt; in das Land der Hypermoderne und die sich seiner zu erwehren suchenden unterschiedlichen Traditionsgesellschaften. Die aus dem Rest der Welt geäußerten Verdächtigungen erinnern mancherorts an die Metaphorik der Verschwörung – jenem magischem Denken ähnelnden Ersatz für eine ausstehende sozialwissenschaftliche Aufklärung über den komplexen Gang der Dinge. Vor allem aus der arabisch-islamischen Welt sind allenthalben Stimmen zu vernehmen, die sich der Metaphorik der Verschwörung bedienen.

Dabei handelt es sich nicht um eine bloße Wiederholung jener Entwicklung, die für das Bewusstsein Europas im letzten Drittel des 19. Jahrhunderts signifikant gewesen war. Während in Europa der traditionelle Antijudaismus – mit der Vorstellung von der Verschwörung auf das Engste verzahnt – sich in den Antisemitismus hinein säkularisierte und Juden und Freimaurern unterstellte, den christlichen Staat und die gottgewollte Ordnung durch das Wirken von Geheimgesellschaften zu unterminieren und einen auf Gleichheit aller gerichteten Umsturz zu planen, handelt es sich bei der arabisch-muslimischen Vorstellung über eine Verschwörung von Juden eher um ein nachgetragenes Phänomen. Nachgetragen insofern, als in jenem Kulturzusammenhang die Vorstellung von der Verschwörung von einer überaus langen und wirkungsmächtigen Tradition ist, und dies ganz unabhängig von den jeweiligen Visionen über die Juden und deren vorgebliche Machenschaften. Sie entspringt vornehmlich vormodernen Realitäten höfischer Form und der mit ihnen einhergehenden Vorstellung von einer wesentlich personal gestalteten Beschaffenheit dessen, was sich zu Macht und Herrschaft verdichtet – kleine Kreise eng gestrickter, meist großfamilialer, tribaler oder auch anderweitig begründeter Abhängigkeiten und Netzwerke.

In solchen engen Kontexten der politischen Entscheidungsfindung ist die »Verschwörung« als wirkungsvolle Absprache einiger weniger nicht ungewöhnlich für die Umstände des Machterwerbs und Machterhalts. Der arabisch-israelische Konflikt und die wenig durchschauten, zur militärischen und technologischen Überlegenheit Israels führenden Umstände lassen ein antisemitisch verzerrtes Bild von den Juden in die aus den traditionellen Vorstellungen von Machterhalt und Machterwerb hervorgegangenen Muster der »Verschwörung« einkehren. Bei aller überraschenden Ähnlichkeit mit den europäischen Mustern des Antisemitismus im ausgehenden 19. Jahrhundert sind sie mit diesen nicht unbedingt identisch.

Der arabisch-israelische Konflikt dürfte kaum die Ursache der gegenwärtigen Krise des arabisch-muslimischen Zivilisationszusammenhanges sein. Eher handelt es sich bei den zutage tretenden Verwerfungen um den dramatischen Ausdruck einer tiefen, weit in der Vergangenheit verursachten Modernisierungsblockade teils exogenen, vor allem aber endogenen Ursprungs. Während der Zeit des Kalten Krieges blieb diese seit langem schwärende Krise der Wahrnehmung entzogen, um nach dem Ende des Ost-West-Gegensatzes und seiner nach innen wie nach außen sich auswirkenden Regulierungseffekte umso deutlicher vor aller Augen zu treten. Dass die wenig erbaulichen Folgen des arabisch-israelischen Konflikts das Empfinden der Demütigung in der arabisch-muslimischen Welt angesichts westlicher Überlegenheit verstärken, dürfte kaum zu leugnen sein. Dass dieser Konflikt die Unterlegenheit kausal herbeiführe, ist wenig einsichtig und gehört als Erklärungszusammenhang in das unerbauliche Arsenal der Verschwörungstheorien.

Welche Folgen wären aus dem oben entfalteten Befund

einer Verschmelzung zwischen dem realen und in seinen Folgen dramatischen Konflikt zwischen Arabern und Juden, Israelis und Palästinensern und den in seine Poren eindringenden antisemitisierenden bis antisemitischen Bildern zu ziehen? Die Antwort auf diese Frage hätte ebenso komplex auszufallen wie der sie hervorbringende Zusammenhang. Sie lässt sich angesichts der diagnostizierten Verschmelzung aber nicht leicht aufdröseln. Allenfalls ist sie einer gordischen Lösung zuzuführen, nämlich zum einen den Antisemitismus zu bekämpfen, als ob es den arabisch-jüdischen, israelisch-palästinensischen Konflikt nicht gäbe; zum anderen alles zu unternehmen, um ebenjenen Konflikt einer beiden Seiten verträglichen Lösung zuzuführen – so, als gebe es den Antisemitismus nicht.

Der Ratschlag einer gordischen Aufspaltung ebenjener Verschränkung folgt unterschiedlichen jüdischen Erfahrungswelten – einer israelischen und einer diasporischen. Die sich ihrer Verantwortung für den Konflikt bewussten israelischen Juden würden der Anstrengung zu seiner Lösung jede Priorität einräumen. Schließlich ist souverän nur der, der sich seiner kollektiven Verantwortung annimmt. Diese kollektive Verantwortung ist durchaus direkte Folge des kollektiven Privilegs, Waffen in den eigenen Farben zu tragen. Und wer das souveräne Privileg, Waffen offen zu tragen, für sich in Anspruch nimmt, hat auch für die Folgen ihrer Anwendung einzustehen. Das Vermögen, militärische Gewalt angemessen anzuwenden, setzt also eine kollektive psychische Konstitution voraus, die sich von der traditionellen Minderheitenerfahrung von Schutzbefohlenen absetzt.

Dies mag wohl auch der Grund für das Plädoyer Hannah Arendts während des Zweiten Weltkrieges gewesen sein, eine jüdische Armee aufzustellen, die unter jüdischen Farben kämpft. Das Arendtsche Bestreben war allem Anschein nach darauf gerichtet, die Juden mögen nicht als hilflose Opfer der Vernichtung, sondern im Kampf und damit als Satisfaktionsfähige sterben. Auf den Konflikt in und um Palästina bezogen, erlegt eine solche Satisfaktionsfähigkeit israelischen Juden durchaus die Last des öffentlichen Nachweises auf, die Waffen formgerecht anzuwenden. Die Zurückweisung eines an sie gerichteten antisemitischen Ansinnens erwiese sich dabei als ebenso selbstverständlich wie nebensächlich.

Kriegsraison und Kriegsmanier

*Jus in bello – Tellurisches Denken –
Entgrenzte Gewalt – Zerfallende Staaten*

Es ist unbestreitbar: Neue Phänomene internationaler Gewaltanwendung bedrohen die allseits akzeptierten Regeln der Kriegführung. Ein solch dramatisches Urteil will sich nicht leichthin einstellen, schon allein des Umstands wegen, dass die internationalrechtliche Regulierung von Gewaltanwendung jenseits aller wie auch immer begründeter höherer Rechtfertigung zum Kriege zu der nicht aufkündbaren Mindestbedingung aller Zivilisation gehört – und dies jenseits aller kulturellen Vielfalt und eines damit sich verbindenden Relativismus, was sein darf und was nicht. Das *jus in bello* ist entweder universell – oder es ist gar nicht.[1]

Indes drängen sich allenthalben Zweifel auf. Diese Zweifel werden genährt durch ein Phänomen, das sich den aufgeklärten und zivilisierten Gemeinwesen als Gegenstand allgemeiner Reflexion aufdrängt: das Phänomen des Terrorismus, genauer: des »internationalen Terrorismus«. Es scheint, als rührte diese Erscheinung an anthropologisch als gewiss erachteter Mindestbedingungen transkultureller Übereinkunft darüber, was in der Anwendung regulärer wie irregulärer Gewalt gerade noch hinnehmbar ist und was nicht.[2]

Im Folgenden wird sich auf Weniges beschränkt – und auch dies in thesenhafter Verkürzung. Beabsichtigt ist jedenfalls nicht, eine gelehrte rechtshistorische Abhandlung über Genesis und Geltung des Kriegsrechts vorzulegen,[3] noch soll das Phänomen des Terrorismus in Vergangenheit und Gegenwart Gegenstand der weiteren Überlegungen sein. Viel eher geht es allein darum, anhand einiger Präliminarien über eine sich ankündigende Krise des *jus in bello* nachzudenken. Angesichts einer solchen diagnostizierten Krise gilt es, einige tastende Überlegungen vorzutragen, in denen die Folgen der neuen Gewaltform für die begrifflichen Bausteine einer Soziogenese wie Psychogenese regulierter Gewaltanwendung reflektiert werden.

Im Anfang war der Staat. Nicht irgendein Gemeinwesen, sondern der aus den konfessionellen Bürgerkriegen hervorgegangene Staat des Kultur- und Zivilisationszusammenhanges der *res publica christiana,* der Politik und Glaube voneinander trennende, die Vielfalt der gegeneinander gerichteten Wahrheitsansprüche christlicher Konfession neutralisierende Staat.[4]

Auctoritas, non veritas facit legem, heißt es dazu kategorisch bei Thomas Hobbes. Der die verschiedenen miteinander rivalisierenden Ansprüche auf Wahrheit neutralisierende Staat hält alles nieder, was sich seinem Anspruch auf alleinige Verfügung über die Gewaltmittel zu widersetzen trachtet. Dieses Monopol des Staates auf die alleinige Anwendung von Gewalt, die Allmacht des *Leviathan,* ist einer allgegenwärtigen Furcht erwachsen: der Furcht vor den Schrecken des Bürgerkrieges.[5]

Soweit die kanonische Sicht der Dinge. Doch ist es wirklich die durch Androhung von Gewalt erzeugte Furcht allein, die jene als Übereinkunft konstruierte Unterwerfung unter die Allmacht des allgegenwärtigen *Leviathan* erzwingt? Man sollte sich mit dieser zwar einleuchtenden, aber doch allzu funktionalistisch geratenen, vornehmlich auf die Wirkung des äußeren Zwangs beschränkten Deutung jener Unterwerfung nicht zufriedengeben. Denn die Akzeptanz des Staates als der alleinigen Quelle legitimer Gewaltanwendung geht mit einer Internalisierung der Autorität des Staates einher. Darüber erteilt uns das Bild vom *Leviathan*, vom »sterblichen Gott«, beredt Auskunft, vor allem dann, wenn bei aller Neutralisierung von Wahrheit, sprich von Glaube, es bei Hobbes ständig und immer wieder heißt: *that Jesus is the Christ*. Dieses durchgängige Motiv im *Leviathan* will sagen: Die Allmacht der göttlichen Autorität geht über auf die Autorität des Staates – vom *corpus christi* auf die *body politic*. Nicht die Furcht vor der Knute allein, sondern auch und vor allem die Ehrfurcht vor den in den Körper des Staates übertragenden Emblemen göttlicher Allmacht erlaubt wirkliche und damit innere Unterwerfung. So finden sich die Embleme des Sakralen gleichsam säkular konvertiert. Eine *translatio* von Göttlichkeit in Weltlichkeit.

Träfe diese Diagnose zu, so zöge sie so mancherlei bedenkenswerte Konsequenz nach sich. Vor allem die Konsequenz einer zu wenig Optimismus Anlass gebenden Nachfrage zu Möglichkeiten und Grenzen einer Universalisierung der aus der *res publica christiana* hervorgegangenen Form des okzidentalen Staates. Eine solche Form wäre nämlich nicht unwesentlich christlich imprägniert – eine freilich in säkularem Gewand daherkommende Imprägnierung.[6]

Doch genug der Überlegung über die Morphologien der christlichen Form westlicher Säkularisierung. Es soll ausreichen, darauf hinzuweisen, dass andere Hochkulturen, vor allem Hochkulturen monotheistischer Einschreibung, zuvorderst der Islam, mit der christlichen Form säkularen Charakters so ihre Probleme haben dürften. Dabei eintretende Spannungen der Tradition mögen sich auf aufbrechende historische Ungleichzeitigkeiten zurückführen lassen. Während islamische Rechtsgelehrte sich vornehmlich auf einen vormodernen Korpus stützen, der wesentlich auf die hohe Zeit des Islam, also bis in die Zeit des europäischen Mittelalters zurückgeht, nehmen die westlichen, also christlich imprägnierten Rechtsformen ebenso wie die sie begründende politische Theorie in der frühen Neuzeit ihren Ausgang. Bei aller nicht wenig problematischen kulturrelativistischen Verkürzung ist davon auszugehen, dass das europäische, später von einem universalistischen Anspruch getragene westliche Völkerrecht staats-zentrisch gehalten ist. Die islamischen Rechtsformen hingegen sind wesentlich umma-zentrisch.[7]

Im Anfang war der Staat – und dies nach innen wie nach außen. Nach außen hin war er allein zur Kriegführung berechtigt. Ausschließlich die Staaten beziehungsweise die ihnen vorstehenden Souveräne waren legitimiert, ein *jus ad bellum* zu beanspruchen. Eine *justa causa* fand sich in der bloßen Form von Staatlichkeit beziehungsweise in Gestalt von Souveränität vorausgesetzt. Genau besehen handelte es sich auch hier um einen Vorgang der Säkularisierung, zumal der vormals theologisch begründete »gerechte« Krieg nach einer Formulierung von Carl Schmitt vom »formgerechten« Krieg abgelöst wird.[8] Entscheidend war nunmehr allein seine institutionelle Qualität. Sie schlug sich nieder in seinem Raum gebundenen Charakter. Ein Krieg der Form nach war ein Krieg, der nach festgelegten Regeln an einem begrenzten Orte erfolgte – dem *theatrum belli*, dem Kriegsschauplatz. Und wie das Wort vom Schauplatz nicht zu Unrecht nahelegt, handelte es sich beim Kriege um einen öffentlichen Akt. Der Wandel in der Form war offenbar: Der vormalige mittelalterliche *spirituelle* Ordo von Gerechtigkeit fand sich *spatial* verwandelt. Es war ebenjene eingeschränkte Räumlichkeit des Krieges, die jene Begrenzung der Gewalt formalisiert – und ihre Hegung in Gestalt des *jus in bello*.[9]

Die Wege der historischen Verwerfungen von Krieg und Kriegsrecht sind ebenso bekannt wie seine waffentechnisch herausgeforderten Aporien und seine ideologischen Durchbrechungen. Von all dem gilt es abzusehen, wenn des weiteren einzig und allein auf ein Element verwiesen wird: die gegenwärtig vor sich gehende Durchbrechung seines vormals allein tellurischen, terranen Charakters, also die Haftung am Boden voraussetzende reguläre wie ebenso irreguläre Gewaltanwendung. Denn bei aller Irregularität von Partisan oder Guerilla zielt auch die von ihnen ausgehende Gewalt auf die Etablierung einer regulierten Herrschaft – auf einen territorial gestützten Staat.[10] Dem haben internationale Konventionen insofern Rechnung getragen, als sie das *jus in bello* auch auf Freischärler ausdehnten, freilich nur dann, wenn diese Mindestvoraussetzungen eines organisierten Kampfverbandes aufzuweisen vermögen. Und genau ebenjene auf die Anerkennung als »gerechter« Feind gerichteten Embleme tragen – wenn auch nur rudimentär – den Keim einer zukünftigen staatlichen Ordnung in sich. So ist es allemal der Staat und die mit seiner Form verbundene Erwartung einer kalkulierbaren Ordnung und einer von ihr ausgehenden monopolisierten und damit auch regulierbaren Gewaltausübung nach innen wie nach außen, denen auch im Zustand der Irregularität das Privileg kriegsrechtlicher Regulierung zukommt. Partisan, Guerilla oder Freischärler genießen also der von ihnen zur Schau getragenen Embleme zukünftiger Staatlichkeit wegen Schutz.

Vom Niedergang des Primats des Staates ist heute allenthalben die Rede. Dieses Verdikt steht im Zeichen der Globalisierung. Seine ihm signifikanten Merkmale von Raum und Grenze scheinen im Prozess einer unaufhaltsamen Rückbildung begriffen, da sein tellurischer Charakter zunehmend unterminiert wird – und dies den Maßgaben einer global sich durchsetzenden Mobilität und Kommunikation folgend, sei diese nun physisch oder virtuell verfasst. Wie so oft sind es vornehmlich technologische Neuerungen, die Institutionen revolutionieren. Und diese scheinen den seit der frühen Neuzeit sich ausbildenden politischen Raum des Staates massiv zu unterlaufen.[11]

In der Tat lässt sich nicht leugnen, dass die frühneuzeitlich gestaltete Form des Staates ihre vormals klaren Konturen verliert. Von innen her war der Staat bekanntermaßen bereits im 19. Jahrhundert von der Gesellschaft durchdrungen und aus manchen Bereichen regelrecht vertrieben worden. Um im ikonografischen Bilde zu bleiben: Der Leviathan war von den Gewalten der Gesellschaft Stück um Stück zerlegt worden – ein stehendes Thema der traditionellen Staatslehre.[12] Heute geht es sowohl um anderes als auch um weitergehendes: Der Staat scheint offenkundig durch die Tendenzen der Globalisierung auch in seiner ureigensten Aufgabe beschädigt – nämlich für Frieden und Sicherheit Sorge zu tragen. In seinen durch Demokratie und Menschenrechte ebenso wie durch grenzüberschreitende Freizügigkeit geweiteten Poren nisten sich zunehmend zerstörerische Potentiale ein. Ihnen kommt im Extremfall der Charakter einer frei flottierenden, einer sich gleichsam verflüssigenden Gewalt zu. Frei flottierend ist eine solche Gewalt insofern, als sie auch und gerade im Unterschied zu den auf die Etablierung von Staatlichkeit gerichteten Formen irregulärer Gewalt auf deren tellurischen Charakter verzichtet.[13] So besitzt die Gewalt kein absehbares politisch konstruktives Ziel mehr. Sie ist vornehmlich – wenn nicht ausschließlich – auf bloße Zerstörung aus. Keime zukünftiger Staatlichkeit gehen ihr jedenfalls ab. Von diesem Phänomen herausgefordert, reagiert auch und gerade im Zeitalter der Globalisierung ein geschwächter und in seiner vormaligen Allmacht durch demokratische wie menschenrechtliche Kautelen zernierter Staat gleichsam kontrazyklisch: Er etabliert sich auf seinem ureigensten Felde neu – auf dem Felde der Sicherheit.

Dabei sind Maßnahmen von Territorialisierung zu beobachten, die längst überwunden zu sein schienen. Es ist weniger die Stunde der Außenpolitik als die der Ministerien für innere Sicherheit. Mittels internationaler intergouvernementaler Absprache – eine Art verdeckter Prärogative außerhalb wie jenseits der Legislative für sich beanspruchend – wird administrativ versucht, der neuen Gefahr zu begegnen. Auch nach außen dürften die mit der inneren Sicherheit der Gemeinwesen betrauten Organe zunehmend tätig werden. Den Fährnissen der Globalisierung wegen neigt der Leviathan nämlich dazu, seine Form überall dorthin zu tragen, wo keine funktionierende Staatlichkeit zu erwarten ist, das Monopol der Gewaltanwendung jedenfalls nicht eifersüchtig gewahrt wird. In solche Gemeinwesen hinein, die als »failed states« es ihres im Verfall begriffenen Gewebes von Macht und Herrschaft wegen nicht vermögen, Gewalt monopolisierend zu verstaatlichen und so zu verhindern, dass die Träger eben jener frei flottierenden Gewaltanwendung in Gestalt eines internationalen, also grenzüberschreitenden und insofern nicht-tellurischen Terrorismus von dort aus ihren Ausgang nehmen. An solchen Orten soll die Etablierung von staatlichen Gewalten gefördert, gar von außen militärisch auferlegt werden.[14] Ein so genanntes »nation-building« scheint – der einem solchen Vorgehen inhärenten historischen Dauer wegen – ein weit über die biologische Lebenszeit der Handelnden hinausreichendes Zivilisationsprojekt zu sein. Im Unterschied zu einem ähnlich anmutenden Vorgehen wie etwa der Bekämpfung der Piraterie im ersten Drittel des 19. Jahrhunderts sind seine Konsequenzen des kaum zu verantwortenden Risikos wegen nicht abzusehen.

Welche Folgen mögen ebenjene Tendenzen für den die Mindestbedingungen regulierter Gewaltanwendung sichernden Rechtskanon – das *jus in bello* – nach sich ziehen? Seine Geltung scheint durch die neueren Entwicklungen jedenfalls massiv gefährdet. Sie könnten gar durch die von der frei flottierenden terroristischen Gewalt herausgeforderte Verschränkung von innen und außen zur Disposition stehen. Allein schon durch den Verlust einer jeden tellurischen Verankerung werden die anthropologischen Voraussetzungen von Regelungen der organisierten Gewaltanwendung unterlaufen und somit zerstört. Mehr noch: Die das *jus in bello* zutiefst beeinträchtigende frei flottierende, sich gleichsam verflüssigende Gewalt nicht-tellurischen Charakters wird begleitet von einem Phänomen, das alle Voraussetzung geregelter Gewaltanwendung durchbricht – die neuerdings und von Anfang an beabsichtigte physische, will heißen suizidale Selbstaufgabe des Attentäters bei der Auslösung terroristischer Gewalt.

Das Phänomen suizidaler Selbstaufgabe in der Anwendung nicht-diskriminierender Gewalt zieht erhebliche Konsequenzen nach sich. Schließlich konnte schon immer davon ausgegangen werden, bei Gewaltanwendung werde der einem anderen Schaden an Leib und Leben Zufügende alles daransetzen, so weit wie möglich unversehrt zu bleiben.[15] Alle militärische Vorgehensweise beruht letztlich darauf, das zur Schädigung des Gegners eingegangene Risiko für die eigene leibliche Unversehrtheit so gering wie möglich zu halten. Dies ist jedenfalls die a priori angenommene Konstante aller militärischen Gewaltanwendung. Schließlich werden zur Abwehr der von der eigenen Gewaltanwendung heraufbeschworenen Gegengewalt weder Mittel noch Kosten gescheut. Aller Fortschritt in der Militärtechnik wird vom Prinzip der maximalen Schädigung des Gegners bei gleichzeitiger optimaler Minderung des eigenen Risikos für Leib und Leben auf dem Gefechtsfeld bestimmt. Das *jus in bello* ist die rechtsförmige Regulierung und Rationalisierung eben jenes gleichsam anthropologisch begründeten Verhältnisses.[16]

Die Geltung des *jus in bello* wird durch die Verschränkung zweier verschiedener, jedoch zusammengehöriger Tendenzen gegenwärtiger Gewaltanwendung zutiefst erschüttert: Die Entortung der Gewalt, sprich: der Verlust ihres tellurischen Charakters, sowie die Aufgabe jener Grundvoraussetzung von Hegung der Gewalt in der Anwendung von Gewalt, nämlich das universell vorausgesetzte Begehren des Menschen, sein Überleben auch bei hohem, ja höchstem Einsatz zu wahren.[17]

Mit der suizidalen Verwandlung des Kämpfers in ein Projektil und dem damit verbundenen vorausgesetzten Verzicht auf das eigene Überleben, ist ein fundamentaler Bruch von gleichsam als konstant bleibend erachteten Grundannahmen in der Gewaltanwendung eingetreten, der so etwas wie eine Temperierung von Gewalt schier notwendig nach sich zieht. Die Reaktionen auf eine solche im Kern als dereguliert zu erachtenden Gewaltanwendung sind ebenso absehbar wie dramatisch. Zumindest ist vorstellbar, dass ein demokratisch und menschenrechtlich verfasstes Rechtswesen davon zutiefst kontaminiert werden könnte. Man denke etwa an notrechtliche Reaktionen auf Gefahren im Verzuge – Gefahren, deren Abwehr allem Dafürhalten nach allein mit der Abpressung von Informationen gelingen kann. Ihre Legitimität würde auf die Abwägung von Leben gegen Leben hinauslaufen, von körperlicher Unversehrtheit gegen körperliche Unversehrtheit. Man versteht: Hier ist von der dunklen Renaissance einer denkbaren Legitimität der Folter die Rede[18] oder von der Einschränkung einer öffentlichen Gerichtsbarkeit, also das, was ein unabhängiges Verfahren doch letztlich ausmacht. Was geschieht, wenn Prävention und Sanktion sich ins Gehege kommen, wenn die gerichtsförmigen und damit öffentlichen Verfahren und Prozeduren der Sühne wegen vorbeugende Bekämpfung elementar behindern?[19]

Die von der entorteten wie suizidalen Anwendung nichtdiskriminierender Gewalt ausgehenden Erschütterungen könnten also tiefe Einkerbungen in das institutionelle Gewebe von Gewalt hegenden Regularien nach sich ziehen. Solche Tiefenwirkung wiederum wirft Fragen epistemischen Charakters auf, nämlich Fragen nach jenen kulturgebundenen Morphologien, die eine solche Grenzüberschreitung möglich machen, oder umgekehrt nach den Ursachen und Umständen, die bei Anwendung von Gewalt den Erhalt des Lebens, des eigenen Lebens, heiligen – ein nur scheinbar paradoxer Ausdruck von Säkularisierung insofern, als das Leben wie auch die an das Leben gerichteten Erwartungen ihre Grenzen im Diesseits finden. Der sich dem Gläubigen im Jenseits öffnende Raum mag in religiöser Erwartung für allerlei Wünsche und Befürchtungen in Anspruch genommen werden – für ein Handeln, das eine Verlängerung des Lebens über das Leben hinaus fingiert, steht er nicht zur Verfügung. Wäre dies der Fall, fände sich jede Ethik des Diesseits annulliert, schließlich schöpft sie aus dem wenig anheimelnden Umstand begrenzter Lebenszeit. Anders die Hingabe des eigenen Lebens über das gemeinhin in Extremsituationen Riskierte hinaus, also die bewusst angenommene, ja inszenierte Gewissheit des eigenen Todes: Sie zerstört alles ethische Maß und nicht zuletzt auch die Ehrfurcht vor Gott, an dessen Stelle zu setzen sie sich anmaßt. Insofern handelt es sich bei dem suizidalen Attentäter gerade nicht um einen wahrhaft Gläubigen, eher um einen aus welcher Verzweiflung heraus auch immer geborenen Nihilisten, der sich der technischen Folgen einer auf sakraler Zeitvorstellung fußenden zerstörerischen Handlung bedient; technische Folgen einer sakralen Zeitvorstellung insofern, als diese sich von der sonst hin geltenden und unsere Begriffswelten prägenden säkularen, weil begrenzten Zeitvorstellung dahingehend unterscheidet, als sie von Anfang an über die biologische Lebensdauer hinaus kalkuliert. Und da ein darauf begründetes Handeln alle gemeinhin angenommenen Regeln und Regelungen mit der Wucht eines Projektils durchschlägt, ist es im Vorgang der Zerstörung allen Maßgaben weltlicher Zeitvorstellung überlegen. Der Befund, dass sakrale Zeit säkulare Zeit bricht, wäre freilich dramatisch.

Der ebenso entortete wie suizidale Terror ist trotz des Fanals vom 11. September gegenwärtig ein noch verhältnismäßig randständiges Phänomen. Wenn es sich um eine wirkliche Tendenz handelt, so befänden wir uns gegenwärtig noch in ihren frühen Stadien. Dennoch bedeutet eine solche terroristische Gewalt eine nicht zu unterschätzende Herausforderung an eine demokratisch, pluralistisch, rechtsstaatlich wie menschenrechtlich verfasste Ordnung, und dies insofern, weil die von dieser Gewalt ausgehende Gefahr von einem qualitativen Charakter ist, denn sie zwingt schon als bloße Wahrscheinlichkeit die offen verfassten Gemeinwesen dazu, sich ihrer präventiv zu erwehren. Eben diese Prävention nagt an den Grundfesten der Ordnung, die zu sichern sie angetreten ist.[20] Die im *jus in bello* zusammengefassten Maßgaben der Kriegsmanier werden als Rechtsformen des Verhaltens an den Frontlinien, auch und gerade der unsichtbaren – dort, wo Gewalt und Gewalt unmittelbar aneinanderstoßen –, zu den ersten normativen Opfern ihrer Entortung. Und ist erst einmal ein allseits akzeptierter existenzieller Zustand erreicht, in dem Not kein Gebot kennt, dann liegt alle Hegung in Trümmern.

Amerika erschließen

Weltmarkt und Weltmacht – Isolation und Intervention – Herkunft und Zukunft – Imperiale Republik

Im Jahre 1853 publizierten deutsche demokratische Emigranten, die es nach Amerika verschlagen hatte, einen Aufruf, der Aufsehen erregte. Der Text der mit Niederlage der Revolution von 1848/49 aus ihrer Heimat Vertriebenen war folgendermaßen überschrieben: »The New Rome or the United States of the World«. Es handelte sich um nicht mehr und nicht weniger als ein Manifest, das die Vereinigten Staaten zur Intervention in Europa aufforderte. Erklärtes Ziel war die Errichtung einer Weltrepublik, beruhend auf allgemeinem Stimmrecht und Volksbewaffnung. Das Manifest kulminierte in einem Aufruf zur Bekämpfung von Tyrannei – allerorten. Solch demokratischer Universalismus war revolutionär. Und dass die Prinzipien der demokratischen Revolution ihren ureigensten Ort in Amerika fänden, war den in der Neuen Welt exilierten 1848ern selbstverständlich. Immerhin hatten die Vereinigten Staaten die Paulskirchenversammlung demonstrativ mit der Entsendung eines ständigen Botschafters gewürdigt. Solche diplomatischen Ehrenbeweise sollten den in Frankfurt am Main sich zusammenfindenden Demokraten ideelle Unterstützung signalisieren. Schließlich stand die Neue Welt für eine neue Zeit.

Die während der 1815 beginnenden Restaurationsphase von jenseits des Atlantiks nach Europa übergreifenden Tendenzen von Demokratie und Liberalismus waren dem von Wien aus erneuerten *ancien régime* und seinem Architekten, Fürst Metternich, nicht geheuer. Vor allem seit der Erklärung der gegen die Heilige Allianz gerichteten amerikanischen

Monroe-Doktrin von 1823, die ihren ausgeprägt antimonarchischen, antidespotischen, demokratischen, republikanischen und freihändlerischen Charakter nicht verhehlte, standen sich infolge der mit ihr vorgenommenen räumlichen Linienziehung zwischen Alter und Neuer Welt geografisch delimitierte Gesinnungen feindlich gegenüber: ein konservatives Europäertum diesseits und ein freiheitliches Weltbürgertum jenseits des Atlantiks. Metternich nahm die nach dem amerikanischen Präsidenten Monroe benannte Doktrin der Abgrenzung von Räumen, Werten und Prinzipien durchaus so zur Kenntnis, wie sie allem Anschein nach auch beabsichtigt war, nämlich nicht allein Macht gegen Macht, sondern auch »Altar gegen Altar« zu setzen. Das aufgebrochene Gegeneinander politischer Glaubenssätze zwischen Alter und Neuer Welt erregte den österreichischen Kanzler zutiefst. Die Amerikaner schleuderten, meinte Metternich, mit ihren »unschicklichen Erklärungen« Tadel und Verachtung gegen die europäischen Institutionen.

Mit diesem Urteil stand er nicht allein. Die seiner notorischen Zensur unterworfene veröffentlichte Meinung verbreitete die Auffassung, mit den »amerikanischen Ideen« von Demokratie und Liberalismus sei auszukommen, solange sie gefälligst jenseits des Atlantiks blieben. Zu bekämpfen seien sie freilich, wenn sie nach Europa überzugreifen schienen. So standen die europäischen Liberalen für die Ausbreitung der »amerikanischen Ideen« auf dem Kontinent. Als »Verfechter jener transatlantischen Schlachtenordnung« waren sie als Staatsfeinde zu betrachten und als solche zu verfolgen. Schließlich galt Amerika der europäischen Restauration als Land der »Allerweltsverfassung des Revolutionszeitalters«, als Hort »abstrakter Freiheit«, als Fackelträger der Nützlichkeit und des »Fabrikartigen«.

Mochte die in der Epoche der Restauration aufkommende Erregung zwischen Amerika und Europa – durch die als ideologische Feinderklärung erachtete Monroe-Doktrin von jenseits des Atlantiks provoziert – noch als Ausfluss politischer Konjunktur gesehen werden und eher wenig beunruhigen, so griffen Hegels Überlegungen zu Amerika in seiner *Geschichte der Philosophie* schon tiefer. Der Meisterdenker des deutschen Idealismus rührte an weitaus Grundsätzlicherem insofern, als er eine fundamentale Verschiedenheit zwischen Amerika und Europa, mithin zwischen Amerika und dem Rest der Welt, konstatierte. Hegel erklärte rundweg, bei Nordamerika – wie es damals genannt wurde – handle es sich um die »bürgerliche Gesellschaft ohne Staat«. Dieser Bestimmung nach sind die Vereinigten Staaten im Unterschied zu den staatlich formierten europäischen Gemeinwesen von einer gänzlich anderen Komposition – gleichsam ihre Verkehrung. Während nämlich der absolutistische Staat in der Alten Welt unter den Schmerzen von Revolution oder bestenfalls vorbeugender Reform gehalten sei, die bürgerliche Gesellschaft aus sich heraus zu gebären und ihr im weiteren Verlaufe der Geschichte Stück um Stück zu erliegen, gelte Amerika als bürgerliche Gesellschaft von Anfang an. Amerika käme einer Kopfgeburt der Aufklärung gleich, und zwar vornehmlich der schottischen.

John Locke, der übrigens mit der Ausarbeitung der Verfassung der Kolonie Carolina betraut gewesen war, bezeichnete in »Zwei Abhandlungen über die Regierung« Amerika als eine Art neuen Urzustand. »Im Anfang war alle Welt Amerika«, heißt es lakonisch. Zudem handle es sich bei der Neuen Welt um ein Land von einer wie von selbst vorausgesetzten Vielheit. Damit verfüge Amerika über eine Tradition der Toleranz, wie sie von den protestantischen Denominationen von England nach Amerika getragen worden war. Solche Vielfalt neben-

und miteinander harmonierender Konfessionen schlägt sich in der Neuen Welt als ein die versammelten Verschiedenheiten regulierender Pluralismus nieder.

Verglichen mit der in europäisch geprägten Gemeinwesen sich einstellenden relativen Affinität von Religion beziehungsweise Ethnos und Territorialität handelt es sich bei Amerika also um so etwas wie eine Verwandlung – geradezu um eine Umstülpung der kontinentaleuropäischen Verhältnisse. Als eine aus sich selbst heraus erzeugte und mittels eigens verfügter Prozeduren regulierte bürgerliche Gesellschaft – »we, the People« – ist Amerika ein durch Kumulation von Institutionen im Prinzip grenzenloses Gemeinwesen. Mehr Zeit denn Ort, ist Amerika dieses ortlosen Prinzips der »bürgerlichen Gesellschaft ohne Staat« wegen ständig und immer wieder gehalten, Grenzen zu überwinden, die geschlossene Gemeinwesen den sich universell ausbreitenden demokratischen wie pluralistisch geprägten Institutionen entgegensetzen. Dieser gleichsam naturwüchsige Drang der Überwindung von mit der bürgerlichen Gesellschaft wenig kompatiblen Traditionen obliegt freilich nicht – wie man glauben könnte – diesen oder jenen Verfügungen der Politik. Vielmehr ist solche Dynamik der bürgerlichen Gesellschaft in Gestalt einer über Amerika als Zeit wie Ort hinausgehenden »atlantischen Revolution« insofern eingeschrieben, als ihr eine allumfassende, den Globus vergesellschaftende Tendenz innewohnt, der sich schier alles nahezu widerstandslos unterwirft: der Tendenz des Weltmarktes.

Kein Geringerer als Karl Marx hat in »Grundrisse der Kritik der politischen Ökonomie« den Weltmarkt als ein »Ausgreifen der bürgerlichen Gesellschaft über den Staat hinaus« charakterisiert. Der Weltmarkt wäre somit das ebenso dynamische wie globale Prinzip von Vergesellschaftung schlechthin. Kein

Gemeinwesen, welcher Formation auch immer, vermag sich seinem Sog zu entziehen. So überwindet das Prinzip universeller Vergesellschaftung als Weltmarkt alle diesen abzuwehren suchenden territorialen Schranken. Es reißt alles gleichsam mit sich – in einen Strom ständig beschleunigter Bewegung.

Mit dem Prinzip jener globalen Vergesellschaftung ist Amerika keineswegs identisch. Indes besteht ein hohes Maß an Affinität zwischen den Vereinigten Staaten als *market place society* und der beschleunigten Form weltmarktlicher Vergesellschaftung – der heute so genannten Globalisierung. Beide entspringen dem Prinzip der bürgerlichen Gesellschaft, mögen sie sich ihrer historischen Form, ihrer Gestalt und Dichte nach auch erheblich voneinander unterscheiden. Während Amerika, bei aller dem Gemeinwesen durchaus singulären Häufung universeller Anteile, sich historisch *auch* durch staatliche, also machtgestützte sowie territorial rückführbare Elemente auszeichnet, kennt die über den Staat hinausgreifende bürgerliche Gesellschaft als Weltmarkt keine ihr spezifische beziehungsweise universelle politische – sprich machtpolitische – Deckung.

Die allseits bemühte Konstruktion vom »Weltstaat« ist logisch unmöglich schon deshalb, weil »Staat« zur Bestimmung seiner Existenz mindestens die Existenz eines weiteren staatlichen Gemeinwesens voraussetzt. Der sich so in einer weltmarktlich vergesellschafteten Welt (Globalisierung) einstellende Hiatus zwischen Ökonomie und Politik wird schon aus Gründen der Praktikabilität durch einen Hegemon – sprich eine Führungsmacht – geschlossen. Und dieser Hegemon ist Amerika – jenes schon seiner Genesis nach als bürgerliche Gesellschaft ohne Staat einer notwendig weitgehenden Universalisierung verpflichtete Gemeinwesen. So ist Amerika zwar weniger als die Menschheit, aber bei weitem mehr

Menschheit als jedes andere national- wie territorialstaatlich formierte Gemeinwesen. Als politischer Hegemon im Prozess der Globalisierung wird Amerika zu jedermanns mächtigem, übermächtigem Nachbarn. Diese mit den Formen Amerikas – beziehungsweise mit den Formen Amerikas affinen Globalisierung – sich weltweit durchsetzende bürgerliche Gesellschaft unterminiert das Gestaltungsmonopol territorial gestützter Gemeinwesen als Nationalstaaten. Die Verstrebung zwischen Amerika als Zentrum globaler Machtentfaltung und den sich ihm zu- wie nachordnenden Gemeinwesen ähnelt der Wirkung einer Nabe des durch Speichen gestützten Rades. So gesehen ist Amerika *Empire* – oder genauer: Die Vereinigten Staaten sind Zentrum eines Empires, für das »Amerika« steht.

Das über die Vereinigten Staaten hinaus ausgreifende amerikanische Empire unterscheidet sich qualitativ von ihm vorausgehenden, historischen Imperien. Seine Singularität wird markiert von eben jener universellen Durchlässigkeit der abstrakten, sprich menschheitlichen Form, die den Charakter der Vereinigten Staaten als eines Arsenals von Prozeduren der Freiheit jedenfalls im Kern mehr auszeichnet als andere staatliche Gemeinwesen. Als »Nation der Nationen« (Horace Kallen) hat Amerika außer einer das Prinzip der Freiheit regulierenden Verfassung eigentlich keine mit anderen Gemeinwesen vergleichbaren essentiellen Merkmale aufzuweisen.

Insofern ist Amerika ein vornehmlich von Prinzipien, Werten und Prozeduren gestaltetes Gefäß, in das ein jeder mittels Willensäußerung einzugehen vermag. Als ein Land der Gegenwart ist es von allen in weit zurückliegende Vergangenheiten reichenden, sich historisch verengenden und in der Folge ausschließenden Gedächtnissen relativ frei – jedenfalls freier als andere staatliche Gemeinwesen. Die Privatisierung und Kulturalisierung von Religion und Ethnos neutralisieren die Herkünfte im politischen Raum, ohne diese notwendig einzuschmelzen. So erlaubt das Prinzip »Amerika« das Nebeneinander und Miteinander von Herkünften und Loyalitäten unterhalb der verpflichtenden Schwelle von Staatsbürgerschaft und Verfassungstreue. Solche mannigfaltige Vielheit zeichnet Amerika als ein hybrides Gemeinwesen insofern aus, als es mittels Diasporagemeinden »anderer« Kulturen und Traditionen – unterhalb einer politisch wirksamen und verpflichtenden Loyalitätsschwelle zu Amerika – eine Offenheit zum »Rest der Welt« aufrechterhält. Diese trägt ebenso zur ständigen Veränderung des Gesichts der Vereinigten Staaten bei, wie sie das Gemeinwesen als Land der Einwanderung und damit der »Fremden« stets zu verjüngen weiß.

So zieht Amerika jenseits seiner im Vergleich zu anderen Gemeinwesen ohnehin schwach ausgeprägten Territorialität – als eben jene von Hegel so bezeichnete »bürgerliche Gesellschaft ohne Staat« – eine weltpolitisch relevante Verdichtung von Netzwerken der Kommunikation wie von Einflussnahme mit sich. Solche Netzwerke mögen sich aus Bestrebungen nach Einflussnahme staatlicher Gemeinwesen auf Amerika zusammensetzen, aus innen und außen vermittelnden ethnischen Diasporagemeinschaften und Herkunftskulturen unterschiedlicher Observanz, aus transnationalen ökonomischen Machtzusammenballungen, aus internationalen Organisationen. Sie wirken durch und über Institutionen und Prozeduren des Gemeinwesens auf das eigentlich Politische ebenso ein, wie sie die Vereinigten Staaten nach »außen« zu vermitteln vermögen. Das Empire Amerika setzt sich aus der Summe jener »inneren« wie »äußeren« Anteile zusammen. Als das politisch relevante Zentrum jenes dynamischen Prozesses globaler Vergesellschaftung wirkt es als Hegemon. So ist das Empire ebenso mehr als die Vereinigten Staaten, wie es den national und territorial verfassten Gemeinwesen des »Restes der Welt« zunehmend weniger an »souveräner« Gestaltungsmacht überlässt.

Amerika ist ubiquitär. Obwohl »amerikanisch« emblematisiert, unterscheidet sich solche Form abstrakter Ausdehnung von allen Formen historisch bekannter Imperien. Schließlich ist der ohnehin problematische, weil wesentlich pejorativ gebrauchte Begriff des »Imperialismus« tellurisch gebunden. Von einer solchen bedingenden Bodenhaftung der Macht geht die wohl am weitesten reichende Definition durch den Nationalökonomen Joseph Schumpeter aus, der »Imperialismus« als die »objektlose Disposition eines Staates zur gewaltsamen Expansion ohne angebbare Grenzen« bestimmte. Als gegen Ende des 19. Jahrhunderts protektionistischer Maßnahmen wegen den führenden Mächten eine territoriale Ausdehnung von nationalstaatlich zu verfügenden Märkten geboten schien – ein *cuius regio, eius oeconomia* –, insinuierten die unterschiedlichen Schulen der politischen Ökonomie einen kausalen Zusammenhang von ökonomischer und territorialer Expansion, und dies, obschon bereits Adam Smith in seinem »Reichtum der Nationen« insistiert hatte, das auf direkte Herrschaft und Gewaltausübung beruhende Kolonialsystem sei alles andere als ökonomisch rational.

Die im Theoriediskurs über den Imperialismus aufkommenden spätphysiokratischen Deutungen der Wertschöpfung traten etwa zeitgleich auf mit dem im kolonialen Bereich spürbaren Ausgreifen europäischer Mächte (»scramble for Africa«). Dieses zum ausgehenden 19. Jahrhundert notorisch gewordene europäische Expansionsgebaren suchten Interpretationen des Phänomens »Imperialismus« als schier schrankenlos diagnostizierte kapitalistische Produktionsweise dergestalt zu kausalisieren, als handele es sich bei der räumlichen

Ausdehnung imperialer Mächte um einen notwendigen Reflex des Ökonomischen. Doch die dabei erzielten Gewinne waren höchst vernachlässigbar. Umso größer war das Gewicht eines dabei sich entfaltenden imperialen Prestigedenkens und der damit verbundenen, den Weltfrieden bedrohenden Jagd nach machtpolitischen, vornehmlich territorialen Trophäen der Rangordnung der imperialistischen Mächte untereinander. In einer ökonomisch geleiteten Geschichtsschreibung mochte der durchaus plausibel anmutende Begriff »informal Empire« die Schere zwischen den offensichtlich rückläufigen Phänomenen territorialer Expansion einerseits und einer wenig fassbaren, aber umso wirksameren ökonomischen Dominanz im Weltmaßstab andererseits halbwegs schließen helfen, doch das Wort vom Imperialismus blieb gleichsam notwendig an negativ goutierte machtpolitische Anteile flächenstaatlicher Ausdehnung gebunden.

Die Vereinigten Staaten waren – bei aller territorialen Anbindung und Expansion ihrer »Grenze« (Frederick Jackson Turner, »The Frontier in American History«, 1896) – jene von Hegel diagnostizierte »bürgerliche Gesellschaft ohne Staat« gewesen. Recht eigentlich handelt es sich bei den Vereinigten Staaten um ein aus einem »Bürgerkrieg« der Werte hervorgegangenes Gemeinwesen. Schon der Unabhängigkeitskrieg war als Rebellion gegen das vormalige Oberhaupt der Kolonien, den englischen König, geführt worden:

»No taxation without representation«, lautete die Parole der sich zum Gemeinwesen der Amerikaner konstituierenden Aufrührer. Der amerikanische Bürgerkrieg – 1861/65 – war ein regelrechter Wertekrieg. Der Erste Weltkrieg wurde von den Vereinigten Staaten den Worten von Woodrow Wilson nach geführt, um die Welt »safe for democracy« zu machen; von den des Strebens nach territorialem und krudem Machtgewinn verdächtigten Alliierten suchte sich Amerika 1917 als »assoziierte« Macht abzusetzen. Der Zweite Weltkrieg führte als *Crusade for Freedom* den Reigen der von Amerika als solche geführten Wertekriege fort. Und der Kalte Krieg war ganz ohne Zweifel ein Weltbürgerkrieg der Werte zwischen Ost und West – zwischen dem Prinzip der Freiheit einerseits und dem einer behaupteten buchstäblichen Gleichheit anderseits.

Als Gegenwelt zu Europa suchte Amerika anfänglich und durch das 19. Jahrhundert hindurch sich von den Händeln der als monarchisch und despotisch verachteten europäischen Mächte fernzuhalten. Als Neue Welt verschanzte es sich hinter räumlichen Wertegrenzen – eine Demarkierung, für die eben jene Monroe-Doktrin steht. Außenpolitik im europäischen Sinne galt in Amerika als schlechthin verpönt. Erst 1893 erhoben die Vereinigten Staaten ihre Auslandsvertretungen in den Rang von Botschaften. Das freilich war die Zeit, als die USA, nach dem Amerikanisch-Spanischen Krieg von 1898, den Verlockungen einer territorialen Expansion erlagen, mochten sie auch davon Abstand genommen haben, sich die ihnen zugefallenen, bislang spanischen Territorien regelrecht einzuverleiben. Amerika bestand im Unterschied zu den klassischen Kolonialmächten und ihren überseeischen Reichsbildungen – von der Zwitterrolle Englands vielleicht abgesehen – auf einer vornehmlich seinen Wohlstand mehrenden Politik des *open door* beziehungsweise der Meistbegünstigung. So war es im Falle Chinas, das zum ausgehenden 19. Jahrhundert dem Ansinnen zu seiner Aufteilung durch europäische Mächte in ökonomisch monopolisierte Einflusszonen ausgesetzt war, wobei die Vereinigten Staaten die territoriale Integrität des Kaiserreiches bei gleichzeitiger Anerkennung ihrer Gleichberechtigung mit anderen dort handeltreibenden Nationen zu wahren suchten.

Das den massiven Auftritt Amerikas auf dem Weltmarkt um die Jahrhundertwende begleitende Prinzip der *open door* ging zeitgleich mit der in Europa sich verbreitenden Einsicht einher, dem Kontinent und seinen altehrwürdigen Kulturen sei erstmals ein veritabler Konkurrent erwachsen. In der europäischen Gelehrtenwelt hielt eine aufgeregte Beschäftigung mit Amerika Einzug, und der zum Fin de siècle sich ausbreitende atmosphärische Degout an der Moderne wurde wesentlich der zivilisatorischen Machtentfaltung Amerikas zugeschrieben. Es schien, als handele der etwa von Werner Sombart inflationär unter seine Zeitgenossen gebrachte Begriff des »Kapitalismus« nicht etwa von einer Zeit, sondern finde seinen Ursprung an einem pejorativ markierten Ort – in Amerika. So gehörte es zum gelehrten guten Ton, den Vereinigten Staaten als »Amerika« alle nur denkbaren Unbilden der Moderne zuzuschreiben. Eine Amerika feindlich gestimmte Deutungs- und Interpretationskultur kerbte sich in den Köpfen ein. Und je weiter sich die Moderne ausbreitete, umso bereitwilliger wurde die schlechte Nachricht weitergetragen.

Nach dem Ersten Weltkrieg verließen die Vereinigten Staaten Europa. Der alte Kontinent war sich selbst überlassen. So ließen die mit seiner Geschichte verbundenen Konflikte auf dem alten Kontinent nicht lange auf sich warten. Weltwirtschaftskrise und epidemische Radikalisierung zogen vornehmlich in Deutschland und in Japan Regime nach sich, die die Weltwirtschaft in geschlossene Handelsräume zu tranchieren suchten. Amerika hingegen stand für einen »unteilbaren Weltmarkt«. Die von Roosevelt und Churchill 1941 vor Neufundland verkündeten Prinzipien der Atlantikcharta jedenfalls stellten den Freihandel als wesentliche Bedingung für weltweiten Frieden und Wohlstand heraus. Die noch während des Weltkrieges und auch danach etablierten internationalen währungs- und finanzpolitischen Institutionen ebenso wie die für Wahrung und Durchsetzung des Friedens eingerichteten Vereinten Nationen sollten dieser Vorstellung nach der Sicherheit und Prosperität dienen. Der sich alsbald einstellende Kalte Krieg begrenzte Geltung wie Wirkung solcher Einrichtungen – von der für den Weltfrieden zuständigen Organisation der Vereinten Nationen abgesehen – allein auf die westliche Hälfte des Globus. Die andere Hälfte musste ihrer Teilhabe an der »einen Welt« noch über vierzig Jahre lang harren.

Als Ordnungsmacht des Weltmarktes fanden sich die Vereinigten Staaten von Amerika von einem anderen, einem gegenläufigen System herausgefordert: dem des Sozialismus beziehungsweise der von der Sowjetunion angeführten, auf dem ökonomischen Prinzip der Zentralverwaltungswirtschaft beruhenden Gemeinwesen. Mit der nach 1945 anhebenden Dekolonisierung erweiterte sich eine über das »sozialistische Lager« hinausreichende, mit der Sowjetunion und ihren kollektiven Produktions- und Distributionsformen verbundene Staatenwelt.

Dabei war Amerika nicht unerheblich an der Auflösung der europäischen Kolonialreiche der Briten, Franzosen und Holländer beteiligt. Schon während des Weltkrieges mahnten die Vereinigten Staaten im Sinne des *open door* und des unteilbaren Weltmarktes die Öffnung protektionistisch gehüteter Kolonien ihrer Verbündeten an. Dass solcher Druck *nolens volens* auf die Unabhängigkeit der kolonial abhängigen Gebiete hinauslaufen musste, forderte etwa den Widerstand des Empire-Politikers Winston Churchill heraus. Die Kolonialvölker hingegen sahen in Amerika einen traditionellen Verbündeten. Bei der Ausrufung der vietnamesischen Unabhängigkeit durch Ho Chi Minh 1949 in Hanoi verlas der nationalistisch gesinnte KP-Führer in wohlweislich bedachter Anlehnung an die antikoloniale Tradition der Vereinigten Staaten Zitate aus der amerikanischen Unabhängigkeitserklärung. Dass bald darauf alles ganz anders kommen sollte, war einer sich damals einstellenden manichäischen Teilung der Welt zwischen den politischen Lagern einer amerikanisch angeführten Freiheit und eines von der Sowjetunion verfügten Ideals ebenjener buchstäblichen Gleichheit geschuldet. So unterstützte Amerika in der Epoche des Kalten Krieges weltweit auch solche Regime, die ihres *autoritären* Charakters wegen den Maßgaben von Demokratie und Freiheit zuwiderhandelten, wenn sie nur nicht *totalitär* waren.

Mit dem Untergang der Sowjetunion durchdringt das Prinzip des Weltmarktes als die über den Staat hinausgreifende bürgerliche Gesellschaft jene Räume und Gemeinwesen, die sich ihm gegenüber bislang verschlossen hatten. Zudem hat der »Westen« in Gestalt seiner Führungsmacht und vor allem in Amerika selbst die Freiheit zur Produktivkraft werden lassen. Gewaltige Energien wurden entfesselt, als die an die Lebensform der Freiheit gebundenen neuen Technologien den Globus durchdrangen und fordernd an die noch versperrt gehaltenen Tore jener Zivilisationen und Gemeinwesen pochten, die sich den Institutionen und Werten der Atlantischen Revolution noch nicht zu öffnen wussten.

Die amerikanisch angeleitete Hypermoderne einer grenzenlos ausgreifenden bürgerlichen Gesellschaft stößt dabei auf Kulturen, die aufgrund ihrer vormaligen Bindungen an die Sowjetunion zwar modernisiert worden waren, von einer realen Durchdringung durch die modernste aller Modernen jedoch verschont geblieben sind. Nachdem die sowjetisch vermittelte, verlangsamte, sozusagen »sekundäre Moderne« mit dem Untergang des Sozialismus wegbrach, standen diese Kulturen der Dynamik der von Amerika ausgehenden Hypermoderne gleichsam ungeschützt gegenüber.

Vor allem in Gemeinwesen islamischer Zivilisation war die Entwicklung durch die Resistenz sakraler Denkformen in Selbstdeutung wie Selbstwahrnehmung erschwert worden. Allenfalls an der Oberfläche und zudem in kollektivistischer wie nationalistischer Rhetorik befangen, waren wenig wirkungsvolle Modernisierungen unternommen worden. Zur Blockade substantieller Modernisierung trugen des Weiteren von traditionellen gesellschaftlichen Bestandteilen durchzogene, durch despotische Herrschaft perpetuierte und an eine totalitäre Verschränkung öffentlicher und privater Funktionen gemahnende Strukturen bei. Paradoxerweise ist solche Stagnation auch auf den Ölsegen zurückzuführen. Dieser ohnehin ungleich verteilte Reichtum erwies sich für die Entwicklung insofern als Fluch, als der von oben beziehungsweise von Staats wegen verteilte Reichtum als Grundrente dem Boden entspringt und eben nicht gesellschaftlicher Produktion. Es handelt sich also um Reichtum, der von sich aus keine Entwicklung anstößt.

Der 11. September lässt sich als Ausdruck einer tiefen narzisstischen Kränkung verstehen. Diese Kränkung der Attentäter ist Ergebnis eines sakral wie historisch sich überlegen dünkenden Selbstbildnisses. Zwar ist die Aktion des suizidalen Terrorismus als Märtyrertum nicht dem Islam wie den Muslimen als solchen zuzuschreiben, vielmehr nährte sich diese extreme Handlung aus einem weit über den Kreis der Attentäter verbreiteten Empfinden einer kulturell eingekerbten Kollektivverletzung. Die arabisch-islamische Welt führt ihren wahrlich beklagenswerten Zustand wesentlich auf eine dem Westen zugeschriebene und jene Unterentwicklung verursachende Unterdrückung zurück. Da heißt es, alles Übel komme von außen. Das überwältigende Gewicht der endogenen, von diesen Gesellschaften selbst verursachten Anteile jener Lage bleibt der Wahrnehmung verborgen. So trägt der verstellte Blick zur Reproduktion jener für die Region charakteristischen Entwicklungsblockade bei, zumal ohne säkulare Kritik der traditionellen Denkform keine Kritik von Herrschaft und ohne Kritik von Herrschaft keine Freiheit möglich ist – und ohne Freiheit keine Entwicklung.

Mit dem 11. September wurde Amerika frontal herausgefordert. War die Durchsetzung der Freiheit im Bereich der Sowjetherrschaft durch die Implosion eines stetigen Mangel erzeugenden ökonomischen Systems wesentlich selbst verursacht worden, sehen sich die Vereinigten Staaten durch jene destruktive Herausforderung strategisch veranlasst, den Orient zu revolutionieren. Zweck einer solchen Revolutionierung ist die Herbeiführung institutioneller Kompatibilität, sprich die Durchsetzung einer auf Freiheit und Prosperität beruhenden bürgerlichen Gesellschaft. Ihr Ziel ist die Beförderung von auf Demokratie und Pluralismus beruhenden Gemeinwesen.

So langfristig angelegt und ihres weiten, gleichsam historischen Zeithorizonts wegen hochriskant eine solche Zielperspektive auch sein dürfte – sie ist nicht zuletzt veritabler Ausdruck Amerikas als einer im Kern mit anderen Gemeinwesen nicht vergleichbaren »imperialen Republik« (Raymond Aron). Eine imperiale Republik oder ein demokratisches Empire insofern, als der 11. September unübersehbar die Auflösung von Unterscheidungen zwischen innen und außen ebenso deutlich hat werden lassen wie die strukturelle Differenz zwischen Amerika und dem Rest der Welt.

Dies gilt auch für bislang als gültig erachtete Unterscheidungen in Amerika selbst, zwischen dem politischen Gebaren des Isolationismus einerseits und dem des Interventionismus andererseits. Beide historischen Tendenzen der amerikanischen »Außenpolitik« finden sich jetzt regelrecht eingeschmolzen. Schon allein, um Amerika sicher zu machen, sahen sich die Vereinigten Staaten nach dem 11. September veranlasst, weltweit zu intervenieren. Doch ebenso wie die vormalige Unterscheidung zwischen innen und außen für Amerika obsolet geworden zu sein scheint, findet sich durch die Tendenz der Globalisierung das historische Prinzip der Abgeschiedenheit der Staaten von- und untereinander ohnehin zunehmend verflüssigt. Die traditionelle Grundlage des Völkerrechts, beruhend auf der Vielfalt souveräner Flächenstaaten als Subjekte internationaler Ordnung, war durch die Dynamik des Weltmarktes längst unterminiert, als sie durch den transterritorialen Terrorismus einerseits und dessen Bekämpfung andererseits erschüttert wurde. Die Folge davon war, dass Amerika regelrecht auf seinen Begriff gestoßen wurde. Die bürgerliche Gesellschaft ohne Staat entblößte für alle sichtbar ihre machtpolitische Form, Amerika entpuppte sich als das, was es eigentlich schon immer war: als Empire.

Im frühen 19. Jahrhundert wusste der preußische Reformer Lorenz von Stein zwei Traditionsstränge internationaler Ordnung auszumachen: die eine gründete auf einem horizontal angelegten Völkerrecht – beruhend auf dem souveränen Nebeneinander der Staaten –, die andere auf einem vertikal verstandenen, gleichsam durch die Gemeinwesen hindurch greifenden internationalen Recht. Die erste, die »völkerrechtliche«, entsprach vornehmlich den kontinentalen Flächenstaaten, die andere, die »internationalrechtliche«, wies ihrer Form nach Merkmale solcher Gemeinwesen auf, die, wie Amerika, jener wenn nicht staatsfreien, so doch stärker den Formprinzipien der Civil Society entsprechenden angelsächsischen Tradition verpflichtet waren.

Historisch, wenn nicht auch strukturell, erwuchs die Tradition des Völkerrechts aus der mittelalterlichen kirchlichen Einheit – der vertikal gehaltenen *civitas maxima*. Diese christlich sakral geprägte Ordnung verwandelte sich im Verlauf der Frühen Neuzeit, vornehmlich nach den Konfessionskriegen und nach der Territorialisierung von Herrschaft, in das nunmehr pluralistisch und horizontal gehaltene System des *jus publicum europaeum*. Die daraus hervorgegangene Vielheit der Staaten tendierte insofern zum Prinzip der »Gleichheit der Staaten«, als untereinander eine Art realer Gleichwertigkeit als Gleichgewichtigkeit vorausgesetzt worden war.

Dieses Gleichgewicht schlug sich in der »Weltordnung« des europäischen Staatensystems als jene Balance nieder, wie sie seit dem Frieden von Utrecht 1713 als geltendes Ordnungsprinzip quasi kodifiziert worden war und die mittels eines diplomatisch wie militärisch regulierten Kräftemessens der Mächte untereinander immer wieder aufs Neue tariert werden konnte. Zudem bedeutete »Gleichgewicht der Mächte« nicht notwendig reale Ebenbürtigkeit. Traditionell richtete es sich wesentlich gegen den hegemonialen Anspruch einer einzelnen Großmacht, die Hierarchie der Gemeinwesen nach ihrem Gutdünken im Weltmaßstab zu ordnen. Das Prinzip enthält nicht etwa ein Gebot gerechter Verteilung vorhandener Macht, sondern richtet sich gegen die Ansammlung von Übermacht über alle anderen. So schwankt die Waage des Gleichgewichts nicht zwischen jeden und jedem, sondern zwischen der Majorität und dem jeweils Stärksten. Hegemonie und Gleichgewicht stehen – beziehungsweise standen – sich antithetisch gegenüber.

Dieses Prinzip war bereits im letzten Drittel des 19. Jahrhunderts in Auflösung begriffen. Während der hohen Zeit des »europäischen Konzerts« hatten die sich als gleich anerkennenden Mächte durch Einstimmigkeit der Beschlüsse die anstehenden Probleme reguliert, was auf den von den Mächten ausgerichteten Kongressen erfolgte, wie sie sich durch das 19. Jahrhundert ziehen. Mit dem Aufkommen dualistischer Bündnissysteme war das Prinzip der Balance und des europäischen Konzerts aus den Angeln gerissen – und dies noch bevor Europa der »Urkatastrophe« des Ersten Weltkriegs als seiner Zerstörung entgegentaumelte. Es bedarf wohl keines ausdrücklichen Hinweises darauf, dass die Vereinigten Staaten von Amerika dem (europäischen) Prinzip des Gleichgewichts der Mächte ebenso mit Skepsis begegneten, wie sie zu der von Europa ausgehenden Völkerrechtsentwicklung Distanz hielten.

Mit dem Ende des den Frieden regulierenden Prinzips des Gleichgewichts der (europäischen und halbeuropäischen) Mächte und mit der nach 1918/19 ratifizierten Auflösung der Imperien – begleitet von einer inflationären Staatengründung – richtete sich das so genannte Grundrecht der Gleichheit der Staaten wesentlich auf das Grundrecht der Achtung. Vornehmlich handelt es sich dabei um die Respektierung der Souveränität als Form. Mit der Anerkennung einer »souveränen Gleichheit« der Staaten ist der Kompromiss zwischen der Realität eines wirklichen Machtunterschieds und der Notwendigkeit eines funktionierenden internationalen Systems durch die Einbeziehung aller seiner staatlichen Glieder erreicht. Es ist ebenjene Rationalisierung, die sich als Völkerrecht formalisiert. Doch gleichzeitig weiß das Völkerrecht auch den realen Machtunterschied zu qualifizieren. Es unterscheidet zwischen einer formellen »equality before the law« und einer wägenden »equality in law«. So soll gleiche Behandlung genießen, wer gleiche Behandlung verdient. Eine verhältnismäßige, keine absolute Gleichheit und eine Praxis, die sich in relevanten internationalen Organisationen in Form der Stimmenwägung niederschlägt.

Stimmenwägung bestimmt auch das wesentliche Organ der Weltgemeinschaft, die Vereinten Nationen. Während in der Vollversammlung der Grundsatz »ein Staat – eine Stimme« gilt, verhält es sich im Sicherheitsrat schon anders. Dort genießen fünf Staaten das Privileg des Vetorechts – des absoluten Einspruchs. Dieser absolute Einspruch leitet sich nicht etwa aus der Einsicht in die größere Gerechtigkeit der eigenen Haltung ab, sondern ist offensichtlicher Ausdruck interessegeleiteten Handelns.

Die das Procedere der Legalität bestimmende Legitimität des Sicherheitsrates ist allein einer historischen Konstellation geschuldet – der Bündniskonstellation des Zweiten Weltkrieges, als die Kernmächte der Alliierten für die 1945 etablierte Nachkriegsordnung der Vereinten Nationen mit einem Veto ausgestattet wurden. Der dem Kalten Krieg eigene Gegensatz machte das Gremium zwar nicht obsolet, drängte es aber aufgrund des Weltgegensatzes zwischen Ost und West wesentlich in den Hintergrund. Die durch Nuklearwaffen als Supermächte ausgewiesenen Blockführer USA und UdSSR fanden sich in ihrem Gegensatz ihrerseits auf der durchaus realen Grundlage der Gleichheit im Gleichgewicht wieder, allerdings keiner realen, keiner materiellen Gleichheit. Dafür waren die Vereinigten Staaten und die Sowjetunion ihrer Wirtschaftskraft und ihrem Zivilisationsstand nach schon immer ungleich gewesen.

Diese Ungleichheit sollte sich im Gefolge des Gegensatzes zwischen Ost und West noch steigern. Wie die Sowjetunion mit Amerika niemals kompatibel war, so sind die Vereinigten

Staaten nach dem Ende der Blockrivalität auch keine »übriggebliebene Supermacht«, sondern, wie sich etwa ein Jahrzehnt nach dem Untergang der Sowjetunion herausstellen sollte, ein, beziehungsweise *das* Empire. Einander gleich waren die vormaligen Supermächte allein auf der Grundlage der ihnen zu Gebote stehenden Massenvernichtungswaffen gewesen. So trafen sie sich allein in der Gleichheit gleicher Sicherheit.

Mit dem Ende des Kalten Krieges war das Prinzip der Gleichheit gleicher Sicherheit ausgelaufen. Die Sowjetunion war vergangen. Übrig blieb das Problem einer aus ihrem Verfallsprozess hervorgegangenen, vornehmlich informelle Wege einschlagenden Weiterverbreitung von nuklearem Material. Jenseits aller staatlichen Kontrolle vermögen diese Potentiale sich mit nichtstaatlichen, vor allem terroristischen Trägern zu verbinden oder in die Hände solcher Staaten zu gelangen, in denen die nuklearen Potentiale nicht demokratisch kontrolliert werden und damit der Verfügung von wenigen, womöglich despotischen Herrschern obliegen.

Angesichts der tektonischen Verschiebungen in der Weltpolitik steht auch das Völkerrecht vor einer Neubestimmung. Ein neuer Nomos bahnt sich an. Die von Lorenz von Stein im 19. Jahrhundert konstatierten gegenläufigen Tendenzen sind mit der vom 11. September angestoßenen Entwicklung unübersehbar an die Oberfläche getreten: auf der einen Seite ein die Staatengleichheit und damit die souveräne Gleichheit der Staaten sanktionierendes Völkerrecht kontinentalen Ursprungs, das sich im Prozess der Nationalstaatsbildung anfänglich auf Europa und Lateinamerika beschränkte, um im Verlauf der Dekolonisierung auch auf die neuen Territorial- beziehungsweise Flächenstaaten in Asien und Afrika überzugreifen; auf der anderen Seite jenes vertikal angelegte »International Law«, das dazu neigt, staatliche Souveränität und

Territorialität im Sinne höherer – etwa individual- und menschenrechtlicher – Prinzipien, Werte und Normen zu unterlaufen.

Der systematische und strukturelle Unterschied zwischen der für alle ersichtlich auf ihren Begriff gebrachten »bürgerlichen Gesellschaft ohne Staat« als Empire – Amerika – und dem Rest der Welt ist offen zutage getreten. Daraus folgt eine dringlich werdende Harmonisierung jener vertikalen und vom Empire verstrebten Welt mit einer Vielheit staatlicher Gemeinwesen, die horizontal zueinander stehen. Es geht um die Regulierung des Verhältnisses zwischen »Vereinigten Staaten« und »Vereinten Nationen«. Ein Regulierungsbedarf zwischen der »imperialen Republik« und einer ohnehin im Prozess der Globalisierung sich befindenden Staatenwelt scheint dort angezeigt, wo durch Konsultation, Kooptation und Kooperation vertikale und horizontale Ordnungsprinzipien miteinander verknüpft werden sollen. Die dabei zu tauschenden politischen Währungen werden sich der Sprache von Konflikt und Verhandlung anzuverwandeln haben, so, wie es auch im »Innenverhältnis« der bürgerlichen Gesellschaft angezeigt ist. Für die Sicherheit – so scheint es jedenfalls – wird *nolens volens* das Empire aufzukommen haben.

Paradigmenwechsel

*Geschichte denken – Soziale Semantiken –
Ethnische Markierungen – Versetzte Chroniken*

»Das Zeitalter der Gesellschaft«, so hat der Tübinger Historiker Gerhard Schulz seinen 1969 erschienenen Aufsatzband – mit dem Untertitel »Zur politischen Sozialgeschichte der Neuzeit« – überschrieben. Angesichts des dort weit gespannten Bogens versammelter Beiträge – von der Entstehungsgeschichte der bürgerlichen Gesellschaft über den Imperialismus im 19. Jahrhundert bis hin zu Sozialdemokratie, Nationalismus und Totalitarismus – mutet die im Titel gleichsam zum Emblem eines ganzen Zeitalters erhobene »Gesellschaft« als übergreifender Gegenstand bei aller gebotenen Nachsicht krass überzeichnet an. Dennoch will es scheinen, als habe der Tübinger Historiker mit nachgerade seismografischem Gespür die anhebende hegemoniale Geltung einer zeitgeistigen historiografischen Strömung erspäht, die alsbald von sich reden machen wird: die Sozial- oder Gesellschaftsgeschichte. So dürfte auch der Titel »Das Zeitalter der Gesellschaft« indes nicht etwa in diagnostischer Absicht eine vergangene historische Epoche zum Gegenstand des Sammelbandes machen, eher ist er prognostisch gemeint und damit als Hinweis auf Kommendes zu verstehen. Er sagt eine Agenda voraus.

In der Tat macht sich etwa von 1969 an ein Durchbruch verheißendes Moment des sozialhistorischen Paradigmas in den Geschichtswissenschaften bemerkbar. Zwar hat Hans-Ulrich Wehler bereits einige Jahre zuvor – 1965 war es gewesen – die gesammelten Aufsätze eines der frühen Protagonisten der später so genannten Gesellschaftsgeschichte, Eckard

Kehr, herausgegeben und eingeleitet, wobei dieser Vorgang durchaus als Zeichen eines Anbeginns markiert wurde: Es galt das in den Geschichtswissenschaften traditionell vorherrschende Primat der Außenpolitik methodisch zurückzuweisen und es durch das der Innenpolitik abzulösen.

Zunehmend und mit wachsender Wirkung ziehen vom Ende der 1960er Jahre an die historischen Sozialwissenschaften akademische Aufmerksamkeit auf sich. In der hohen Zeit der Bundesrepublik, in den 1970er Jahren, etablierten sie sich als dominierende Teildisziplin der Geschichtswissenschaften; ein Umstand im Übrigen, der wohl jener stillen Affinität geschuldet gewesen sein dürfte, in der die sozialhistorische Schule zur alten Bundesrepublik stand – einem durch und durch gesellschaftlicher Semantisierung des Politischen folgenden Gemeinwesen. Von da an war die Geltung der historischen Sozialwissenschaften jedenfalls unangefochten, ihre Ausstrahlung gleichsam allgegenwärtig – bis sie allem Anschein und einer etwa zwanzig Jahre andauernden ungebrochenen Wirkungsgeschichte nach von den vom Epochenjahr 1989 ausgehenden Ereignissen beschädigt wurde und vor aller Augen sichtbar ihre dominierende Stellung einzubüßen begann. Ein solcher, durch die zeitgeistigen Umstände veranlasster Rückzug vom hohen Stand der Hegemonie in das gedrängte Feld gleichrangiger Vielfalt der historischen Teildisziplinen erfolgt nicht ganz unbehelligt. Begleitet wird jene Rückstufung offensichtlich vom ungestümen Drängen eines konkurrierenden Paradigmas: dem Paradigma des Gedächtnisses.

Im Folgenden wird es darum gehen, einen gegenwärtig in den Geschichtswissenschaften zu verspürenden Paradigmenwechsel von Gesellschaft zu Gedächtnis mittels eines Rückblicks auf die Stufenfolge historischer Paradigmenbildung zu verfolgen. Von einem dergestalt vermuteten Paradigmenwechsel ausgehend wird zudem der Versuch unternommen werden, eine zeitdiagnostisch plausible Prognose für die Geschichtswissenschaften im sich neu anbahnenden europäischen Kontext zu wagen. Dabei wird generell vorausgesetzt, dass historische Paradigmen notwendig als verzögert eintretende Deutungsmodi ihnen vorausgehender geschichtlicher Prozesse zu verstehen sind. Sie bilden jeweils ein Arsenal von Semantisierungen aus, das der spezifischen lebensweltlichen Geltung ihres Gegenstandes entsprechen will. Dabei ist im Zeitrahmen der letzten etwa zweihundert Jahre grob gesprochen eine Abfolge vom Paradigma des Staates hin zur Gesellschaft und von der Gesellschaft hin zum Gedächtnis zu beobachten. So steht *Staat* für das aus vormodernen Zuständen des *ancien régime* heraus erwachsene Gehäuse von Herrschaft und einer ihr charakteristischen, vertikal angeordneten hierarchischen Anlage von Vermachtung; *Gesellschaft* wiederum steht für eine der Moderne angemessenen und zunehmend den Anforderungen der Gleichheit folgenden Horizontalisierung der Verhältnisse; *Gedächtnis* zuletzt steht für eine vielleicht als postmodern zu charakterisierende Erschütterung einer vormals durch Staat *und* Gesellschaft auf der Grundlage der ihnen gemeinsamen *Nation* sich einstellenden Homogenisierung. Davon abgesetzt könnte Gedächtnis mithin für Differenz stehen.

Historische Wirklichkeit und Geschichtsschreibung treten in geradezu auffälliger Weise auseinander. Nicht selten holt das historiografische Paradigma die ihm vorausgegangene historische Realität erst nach einer verzögerten Dauer von weit über einer Generation ein. Gar drängt sich der Eindruck auf, dem historischen Paradigma komme die retardierende Aufgabe zu, eine sich einstellende zeitgeistige Entwicklung aufzuhalten. Eine solche katechontische Verzögerung durch die Geschichtswissenschaft machte sich von Anfang an bemerkbar – damals nämlich, als die neu sich etablierende Geschichtsschreibung den Staat just dann wie selbstverständlich zum Paradigma erkor, als er in der historischen Wirklichkeit von einer ungestüm sich ausbildenden Gesellschaft in seiner tradierten Allmacht elementar herausgefordert wurde. Dies war durchaus der Fall, als Leopold von Ranke – mit dem wir die Etablierung der Geschichte als Wissenschaft beginnen lassen – den Staat vermittels des Primats der Außenpolitik zum historisch handelnden Individualsubjekt erhob und Macht und Herrschaft zu grundlegenden Kategorien der Historie reüssierten. So nimmt die neu etablierte politische, sprich machtstaatlich semantisierte Geschichtsschreibung teil an der zwischenzeitlichen Einhegung der aus dem Ideengut der Aufklärung hervorgegangenen Gesellschaft – jene *societas civilis sine imperio*. Dabei hat der vormals aus einer Neutralisierung der Konfessionskriege als religiöse Bürgerkriege hervorgegangene absolutistische Staat jene Gedankenwelt befördert, die ihm bald und als Gesellschaft materialisiert die einstige unbestrittene und der Friedensstiftung dienenden Hegemonie streitig machen wird – oder, um ein später gestiftetes Bild der politischen Ikonografie zu bemühen: Die Gesellschaft hebt an, den Leviathan auszuweiden, ihn Stück für Stück zurückzudrängen – ein Vorgang, der den Geschehnissen des 19. Jahrhunderts durchaus eingängig ist. Zuvor semantisiert sich die Gesellschaft, dabei von den Ideen der schottischen Aufklärung und der französischen Enzyklopädisten, von Ferguson und Smith, von Condorcet und Diderot befördert, den Vorgaben der *language of class* und der *organisation sociale* entlang – eben jenseits der bis dahin hegemonialen Emblematik von Staat und Ständen. Mit der Politisierung dieses Trends revolutioniert sich die Semantik des Gesellschaftlichen. Das Sprachinventar des *ancien régime* wird entrümpelt, der freigewordene Raum eingenommen von einer säkularen, sich gleichsam materialistisch dünkenden Bilderwelt des Sozialen – und dies nicht ohne jene an religiöse Energie gemahnende Verve zu evozieren, die sonst hin dem Sakralen eigen ist.

Lynn Hunt hat jüngst auf jene von der Französischen Revolution vollbrachte Konversion der energetischen Anteile des Religiösen in das Soziale hingewiesen. Jene Transformation war bereits dem Rousseauschen *contract social* eingeschrieben. Die dort beschlossene Konvention heilige gleichsam die ihr entspringende, von Menschenhand gestaltete soziale Ordnung. So werde die Semantisierung des Gesellschaftlichen recht eigentlich von einem religiösen Enthusiasmus durchdrungen, der ihrer sozial konnotierten Nüchternheit nur scheinbar widerspreche. So kommt der Deutungsmacht des Sozialen anschwellend eine holistische, auf das Ganze gerichtete Bedeutung zu. Vor allem das Axiom der Klasse erhebt sich emblematisch aus dem dargebotenen semantischen Begriffsfeld der Gesellschaft – und dies, weil ihr ein geschichtsphilosophisches Telos eingeschrieben war.

Der für das 19. Jahrhundert konstitutive Hiatus zwischen Staat und Gesellschaft jedenfalls ist allgegenwärtig. Von den Pariser Erhebungen der Jahre 1830 und 1848 ausgehend verbreitet sich die auratische Sprache der Klasse über die Grenzen des Landes der Revolution hinaus. Und den anhand der französischen Zustände geprägten Begriffen und Metaphern ist eine lange Dauer eingeschrieben. Beigetragen haben hierzu Karl Marx, vor allem aber Lorenz von Stein. Letzterer glaubte in jenen Vorgängen eine weltgeschichtliche Bewegung an ihr Ende gelangen zu sehen: Die bürgerliche Gesellschaft sei zur definitiven Herrschaft über den Staat gelangt.

Der politischen Geschichte Deutschlands blieb eine unaufgelöste Spannung zwischen Staat und Gesellschaft eigen. Ihre Achsenwirkung wird sichtbar an Zentralereignissen borussischer deutscher Geschichte: vom preußischen Verfassungskonflikt 1862 und der 1866 nach dem erfolgreichen Krieg gegen Österreich nachträglich gebilligten Indemnitätsvorlage bis hin zu den durch den Ausgang des Weltkrieges angestoßenen Oktoberreformen 1918 und der mit ihnen endlich herbeigeführten Parlamentarisierung des Reiches. Bis zu den Oktoberreformen genoss die Exekutive ja eine an halbkonstitutionelle Verhältnisse gemahnende Prärogative. So war im Wilhelminismus als einer Zeit anbrandender Moderne eine den Mehrheitsverhältnissen im Reichstag angemessene Übertragung der parlamentarischen Willensbildung in Regierungsmacht systematisch behindert worden. Den aufstrebenden gesellschaftlichen Kräften wurde auf Dauer die Koalitionsfähigkeit abgesprochen; die stetig anwachsende Sozialdemokratie blieb gleichsam zerniert. In Weimar wiederum verschanzte sich das durch den Ausgang des Weltkrieges desavouierte *ancien régime* hinter Artikel 48 der Weimarer Verfassung – und harrte des ihn begünstigenden Ausnahmezustandes.

Der anglo-amerikanische Sozialhistoriker und Historiker der sozialgeschichtlichen Schule, Geoff Eley, hat in einer umfassenden Rückschau auf die Entwicklung der besagten Teildisziplin bemerkt, dass die hohe Zeit der Geltung von *Klasse* sich etwa von 1860 bis 1930 erstreckt habe – und dies im Übrigen ganz jenseits der für eine politische Periodisierung deutscher Geschichte kennzeichnenden Bedeutung dieser Zeitspanne. Angesichts der anbrandenden, durch Verwerfungen der Weltwirtschaftskrise radikalisierten Massengesellschaft verliert dieser Begriff nämlich seinen diagnostischen Wert ebenso wie seine mobilisierende Wirkung. Zudem ließen Faschismus und Nationalsozialismus die wenigen Stimmen von inzwischen akademisch sich zu Worte meldenden Sozialwissenschaftlern und Sozialhistorikern verstummen. Ihre Protagonisten wichen aus ins Exil.

Eine Fortdauer Weimars hätte aller Wahrscheinlichkeit nach das Paradigma der Gesellschaft in historischer wie zeitdiagnostischer Absicht zur vollen Blüte gebracht. Dies entsprach im Übrigen den Bemühungen des eng mit Max Weber verbundenen Heidelberger Orientalisten und langjährigen preußischen Kultusministers Carl Heinrich Becker. Stattdessen vollzog sich eine regelrechte semantische Inversion. Die hereinbrechenden politischen Verschärfungen brachten es mit sich, dass nicht mehr die Chiffren des Gesellschaftlichen, sondern die des Biologischen zum Schicksal wurden. Die von den Nationalsozialisten entfesselte administrative Gewalt hatte es auf die schiere Zerstörung des Körperlichen abgesehen. Ihre negative Apotheose realisierte sich in bloßer physischer Vernichtung. Und diese zieht ein Dementi des auf die Deutung des Ganzen zielenden Gesellschaftlichen nach sich. In Auschwitz verdampft die erkenntnistheoretische Bedeutung des Sozialen.

Nach 1945 kehrte das Gesellschaftliche unter höchst absonderlichen Umständen zurück. Das Milieu einer solchen Wiederkehr war der Kalte Krieg. Das in einem Antagonismus der Werte sich gegenüberstehende Begriffspaar von politischer Freiheit einerseits und die Vorstellung von einer buchstäblichen sozialen Gleichheit andererseits – von West und Ost – schöpft aus jeweils unterschiedlich sich fortentwickelnden semantischen Arsenalen der Aufklärung. Das dergestalt dominant einkehrende Primat des Gesellschaftlichen erlaubt es der Soziologie, sich als Leitwissenschaft zu etablieren. Im

Westen tritt sie weltanschaulich gespalten auf. Der in den 1960er Jahren mit Verbissenheit ausgetragene Positivismusstreit in der deutschen Soziologie bringt es an den Tag: hier die empirischen Sozialwissenschaften – dort der aufs Ganze gehende gesellschaftliche Erklärungsanspruch. Unterschiedliche, sich als gegenläufig definierende Vorstellungen von Moderne und Modernisierung liegen miteinander über Kreuz. Die eine ist geschichtsphilosophisch armiert – die andere verwirft eine jede geschichtsphilosophische Orientierung, trete diese nun offen oder verdeckt zutage.

Die Ära des Kalten Krieges war ein Zeitalter der Neutralisierung, und Ausdruck jener Neutralisierung war ebenjene Hegemonie der Sozialwissenschaften. Neutralisiert wurden dabei die partikularen, im Zweiten Weltkrieg ineinander verkeilten Gedächtnisse Europas. Nach der mit dem Jahre 1989 anhebenden Zeitenschmelze drängen indes bislang ad acta gelegte Ereignisschichten an die Oberfläche. Solch zeitlicher Rücklauf ist Ausdruck jener epistemischen Phänomene, die für Erscheinungen des Gedächtnisses signifikant sind: die Bindung von Zeit an Ort. Mit der seit 1989 vor sich gehenden Wiederkehr historischer Räume finden sich nämlich gleichsam wie notwendig die mit eben diesen Räumen verbundenen historischen Zeiten evoziert. Und während die Erinnerung an die Zeit des Kalten Krieges schwindet, als sei diese Epoche nie gewesen, rücken die ihr vorausgegangenen Zeiten zusehends näher. Dies mag dem Umstand geschuldet sein, dass es sich beim Zweiten Weltkrieg um so etwas wie ein historisches Gründungsereignis von gewaltigem Ausmaß handelt – vergleichbar etwa mit der Reformation oder der Französischen Revolution; Vorgänge von derartiger Wucht also, dass vorgelagerte wie nachgelagerte Zeiten von diesen Ereignismassen schier angezogen werden. In seiner Wirkung ist der Zweite

Weltkrieg also so etwas wie ein Zeitstau. Er scheint sich zunehmend in die Zukunft hinein aufzulösen. Im Kernbereich eines solchen Zeitstaus dräut der Holocaust.

Das war nicht immer so. Noch vor Jahrzehnten war es möglich, eine Geschichte des Zweiten Weltkrieges zu verfassen, ohne den Holocaust auch nur zu erwähnen. Dies hing mit dem durchaus einsichtigen Umstand zusammen, dass sich die Massenvernichtung ganz jenseits von Diplomatie und Kriegshandlung vollzog. Später nahm die Erforschung des Holocaust eine Richtung, die ihn wie außerhalb der Kriegsereignisse stehend erscheinen ließ. Doch ganz abgesehen von zeitgeistigen Umständen geschuldeten forschungsstrategischen Einstellungen ist der Frage nachzugehen, was den Holocaust wohl auszeichnet und ihn – wenn auch erst in der Spätphase jener Gedächtnis neutralisierenden Epoche des Kalten Krieges – zum Gegenstand weitester Aufmerksamkeit werden ließ.

Eine solche besondere Stellung des Ereignisses »Auschwitz« mag wohl mit der vom Holocaust ausgehenden spürbaren Beunruhigung einhergehen, hier habe die Zerstörung fundamentaler, als anthropologisch erachteter Gewissheiten menschheitlicher Societät stattgefunden. Und die industrielle Vernichtung von Menschen ganz jenseits aller Zweckgebundenheit von Handeln zerstöre nicht nur einen jeden Kern utilitaristischer Grundannahmen, sondern kontaminiere auch ebenjenes Arsenal gesellschaftlicher, auf die Erklärung des Ganzen gerichteter Weltdeutungen. So schlug die Beschäftigung mit dem Holocaust eine Schneise in den Gedächtnis neutralisierenden Zeitblock des Kalten Krieges – und das zu einer Zeit, als von einer erinnerungsgeschichtlichen Dechiffrierung des Zweiten Weltkrieges als kataklyktisches Gründungsereignis noch keine Rede sein konnte.

Das war die eine, die öffnende Wirkung des Holocaust in ebenjenes Gründungsereignis hinein. Indes hat der Holocaust hinsichtlich der Wahrnehmung anderer, sich während des Zweiten Weltkrieges abspielender Dramen aber auch eine verschließende Wirkung gezeitigt. Verschließend insofern, als das Ereignis »Auschwitz« seiner ausgesprochen extremen Radikalität wegen von einer nicht erreichten negativen Epistemik ist. Dies beginnt schon damit, dass der Holocaust im Unterschied zu anderen Vorgängen des Gründungsereignisses kein ihm angemessenes Geschichtsnarrativ hervorzubringen vermag – was wieder Folgen für mit Darstellungsfragen verbundenen Chronologisierungen und Kausalisierungen nach sich zieht. Insofern nimmt es nicht wunder, wenn der Holocaust beziehungsweise die Darstellung der nationalsozialistischen Massenvernichtung ganz intuitiv und in durchaus vortheoretischer Weise mit der Metapher vom Gedächtnis in Verbindung gebracht wird. Immerhin ist eine auffällige Affinität zwischen der historisch angeleiteten Beschäftigung mit dem Holocaust und einer von diesem Ereignis angestoßenen und zunehmende Geltung erheischenden Bedeutung des Gedächtnisses zu diagnostizieren. Die Metapher vom Gedächtnis steht nämlich für ein Phänomen einer simultanen Gleichzeitigkeit chronologisch ungleichzeitiger Zeiten. Ein solches Phänomen findet sich durch das Ereignis des Holocaust insofern evoziert, als der repetitive Charakter des Vorganges der industriellen Vernichtung durch die stetige Wiederholung des immer Gleichen sich zwar statistisch abbilden lässt, eine solche Abbildung aber nicht den Anforderungen historischer Narrativität entsprechen will. Eine der Wucht des Ereignisses angemessene Erzählung will nur dann gelingen, wenn sie dem Ereignis vorausgegangene wie dem Ereignis nachfolgende Erzählzeiten an sich zieht, wobei deren Zeitvolumina notwendigerweise weit über die extrem kurze chronologische Dauer des Realereignisses hinausgehen. Folge ist jenes auf so manches Unverständnis stoßende Phänomen einer regelrechten Kontaminierung von vergangenen wie zukünftigen Zeiten durch ein Ereignis, dessen Dauer offensichtlich von einer Halbwertszeit bestimmt wird, die eher zuzunehmen denn abzunehmen scheint. Jedenfalls ist auffällig, dass Ereignis und Gedächtnis auseinandertreten, ja notwendig auseinandertreten müssen – oder, um mit Hans Blumenberg zu sprechen: Die Morphologie der Erinnerung kennt keine reine Faktizität.

Die nach dem Ende des Kalten Krieges eintretende Zeitenschmelze löst den im Gedächtnis des Zweiten Weltkrieges angelegten Zeitenstau. Der Blockade von Neutralisierung enthoben, schichten sich die mit der Geschichte des Weltkrieges und seinen Folgen verbundenen Ereigniszusammenhänge neu. Verknüpfungen werden erkennbar, die in ihrer Wirkung so kaum vorhersehbar waren – etwa die historische Erinnerungsperimeter weitende Affinität von Gedächtnis und Restitution. Während nämlich die Kollektivierungen im sowjetisch kontrollierten Osteuropa von den späten vierziger Jahren an das gesellschaftlich semantisierte Vergessen der jeweiligen Vorgeschichten gefördert haben, trägt das nach 1989 wieder in sein Recht eingesetzte Privateigentum gleichsam notwendig zu einer Rekonstruktion der Vergangenheit bei. Dies ist eine schier naturwüchsige Folge ebenjener und als anthropologisch diagnostizierten Affinität von Gedächtnis und Eigentum. So dient das Grundbuch dazu, über die biologische Lebensdauer des jeweiligen Eigentümers hinaus als Arsenal rechtlich verbindlicher und öffentlich einsehbarer Erinnerung zu dienen. Dabei nähert sich die der Welt der Sachen inhärente Dauer der Geltung historischer Zeithorizonte. Indem das wiederhergestellte Eigentum beginnt, seinen Eigentümer zu suchen, produziert die Rekonstruktion vergangener Eigentumsverhältnisse und damit verbundener Restitutionsbemühungen allenthalben Geschichte.

Von der Zeitenschmelze ist auch die jüngst anbrandende Debatte um die angemessenen Formen des Erforschens und Erinnerns des Schicksals deutscher Vertriebener und Flüchtlinge in der Schlussphase des Weltkrieges und danach ausgelöst worden. Die davon ausgehenden Schübe mögen nicht – wie vielleicht früher einmal hätte befürchtet werden können – zu Grenzrevisionen Anlass geben. Zu einer Revision der Gedächtnisgrenzen in den jeweiligen Beziehungsgeschichten der an jenen Vorgängen beteiligten Kollektive werden sie allemal beitragen. Das hat nicht zuletzt auch ein weltweit durchweg menschenrechtlich und damit auch notwendig unhistorisch argumentierender Leidensdiskurs bewirkt, der sich zu seiner Durchsetzung im Übrigen auch andernorts und damit über Europa hinaus der Bilder- und Analogiearsenale des Zweiten Weltkrieges bedient. Der auf Verursachung und Schuld hinauslaufende kontextgebundene Geschichtsdiskurs wird der ihm inhärenten historischen Wertung wegen hingegen weniger bereitwillig zur Kenntnis genommen.

Exemplarisch für eine allein leidensgeschichtlich, den jeweiligen historischen Kontext wenig berücksichtigende Sicht der Dinge sind etwa jene jüngsten Publikationen, die den alliierten Bombenkrieg und die Zertrümmerung deutscher Städte zum Gegenstand haben. Das in den Bildern von Tod und Zerstörung sich niederschlagende Grauen massenhafter Einzelschicksale zieht notwendig eine andere, nämlich eine anthropologische Perspektive auf das Vergangene nach sich als die nach Verantwortung und Schuld heischende Historie des Kollektivs.

Wie auch immer: Die Wirkung des Zweiten Weltkrieges

als eines europäischen Gründungsereignisses ist nicht zu Ende. Nach einer über vierzig Jahre langen Epoche der Neutralisierung steht den verschiedenen europäischen Gedächtnissen die Möglichkeit frei, in offenem Diskurs ihre jeweiligen Erinnerungen miteinander abzugleichen. Ein solches Abgleichen folgt den sich zunehmend abzeichnenden Prozeduren von Beziehungsgeschichten der jeweiligen Kollektive untereinander. Und diese sind wesentlich gedächtnisgeleitet.

Das Paradigma vom Gedächtnis und eine davon ausgehende Pluralisierung europäischer Geschichtserzählung findet seine Quelle nicht allein im Phänomen des für die Erinnerung an den Zweiten Weltkrieg so signifikanten Zeitstaus. Ein weiterer Auslöser lässt sich jenseits des Atlantiks, in den Vereinigten Staaten, ausmachen. Dort hat sich von den 1980er Jahren ausgehend und unter theoretischem Begleitschutz des französischen Poststrukturalismus eine Pluralisierung der Geschichtsauffassungen akademisch durchgesetzt, die im Ruch steht, das Konzept von Geschichte überhaupt zu unterminieren. Wesentlich ist dabei der Umstand, dass Amerikas Selbstverständnis bei Weitem weniger an Geschichte voraussetzt als das Selbstverständnis Europas. Tatsächlich ist im Unterschied zu Amerika Europa *der* historische Kontinent, Geschichte eine zutiefst europäische Erfindung. Bereits Hegel hat Nordamerika den Charakter einer »bürgerlichen Gesellschaft ohne Staat« zugesprochen und es so seiner geschichtsphilosophischen Systematik entzogen. Schließlich steht Europa unter einem Primat von Räumlichkeit – Amerika unter dem von Zeitlichkeit; Europa im Zeichen der Herkunft – Amerika in dem der Zukunft. Zum Umstand, bei Amerika handele es sich mehr um Zeit denn um Ort, bei Europa hingegen mehr um Ort denn um Zeit, treten weitere, den Bestand einer Geschichte mit *capital* H in den Vereinigten Staaten unterminierende Lagen hinzu.

Hier ist vom frühen, von England nach Amerika überführten Pluralismus der protestantischen Denominationen die Rede – eine Konstellation, die von Anfang an strukturell eine für die amerikanische Lebensform grundlegende Bedingung einer Vielheit in der Einheit voraussetzte (ebenjenes *e pluribus unum*). In den siebziger und achtziger Jahren des 20. Jahrhunderts füllte sich die Form des ursprünglichen religiösen Pluralismus auf mit anderen, auch äußerlich wahrnehmbaren Partikularidentitäten – der jenseits des Politischen angesiedelten ethnischen Vielfalt. Damit war einer monistisch angelegten, wesentlich auf die homogene Nation als Geschichtssubjekt gerichteten Historie, wie sie im europäischen Kontext bei aller inzwischen eingetretenen Abschwächung weiterhin Gültigkeit erheischt, aus ebenjenen systematischen Gründen gleichsam der Boden entzogen. Von vornherein – so will es jedenfalls scheinen – waren die geschichtlichen Umstände für Historie in Amerika und Europa derartig verschieden, als folge die Geschichtsschreibung den Vorgaben unterschiedlicher Denkstile. Dies mochte in der Vergangenheit und im Einzelfalle allein schon der Universalität und der Internationalisierung des akademischen Betriebs wegen wenig spürbar gewesen sein – dürfte sich aber in Methodenfragen und Zugriffsmodi durchaus zu erkennen geben. Hier und des Monismus wegen Historie – dort und des Pluralismus wegen *culture*.

Mit dem Eintritt des *cultural turn* verstärkt sich auch die pluralisierende Ausdifferenzierung des historischen Kanons in Amerika – und dies bis zur Unkenntlichkeit. Mit der kulturwissenschaftlich imprägnierten Triade sich ursprünglich historisch verstehender Paradigmata von *class, race and gender* verliert sich in Amerika so manche Spur einer im europäischen Kontext gemeinhin auf unmittelbare öffentliche Wirkung und damit auf das Politische gerichteten so genannten Meistererzählung. Dies hat weitgehende Folgen für Fragen von Kanonisierung und Korpusbildung. Während in den Vereinigten Staaten Kanon und Korpus im Verdacht stehen, homogenisierender beziehungsweise hierarchisierender Anmaßung der einen oder anderen Erzähl- oder Deutungstradition Vorschub zu leisten, dürfte sich die Kanonbildung für Traditionsgesellschaften wie den europäischen gleichsam als zwingend erweisen. Schließlich haben sie zum kurzen Gedächtnis der aus der Aufklärung heraus geborenen amerikanischen Gegenwartskultur eine lange Erinnerung zu verwalten.

Als historischer Kontinent kann sich Europa von Geschichte mit *capital* H nur um den Preis des Verlusts seiner Selbstverständnisse verabschieden. Dass die in nationalem Kleide auftretenden europäischen Geschichten neben den zweifellos gewaltigen Kulturleistungen wenig Anheimelndes zu verkünden haben, steht freilich auf einem anderen Blatt. Man denke nur an die Geschichte der überseeischen Expansion, der konfessionellen Bürgerkriege, des Nationalismus, Imperialismus und Kolonialismus, an die Geschichte der Weltkriege und die für das kataklyktische 20. Jahrhundert so signifikante Geschichte anstaltlicher, totalitärer Gewalt in Gestalt von Faschismus und Kommunismus. Dennoch hat Europa Zeiten vor Augen, die in Richtung einer weiteren Ausdifferenzierung und Pluralisierung der einstmals vornehmlich nationalhomogen komponierten Geschichtsbilder verweisen.

Ich möchte bewusst apodiktisch schließen: Die europäische Einigung kann nicht in Analogie zur deutschen Reichsgründung im 19. Jahrhundert erfolgen. Einen solchen Eindruck vermitteln nämlich die öffentlichen Einlassungen so mancher bundesdeutscher Historiker zu Fragen Europas – Historiker im Übrigen, deren Metier auffälligerweise eine dem nationalstaatlichen Paradigma verbundene Gesellschaftsgeschichte ist. Bei aller erkennbaren Anstrengung, die Vielfalt Europas ständig und immer wieder rhetorisch zu bemühen, führt der intuitiv von der deutschen Einigungsgeschichte ausgehende Analogieschluss in ein Europabild über, das wie einer nachholenden Reichsgründung gleich die Konturen eines unitarischen Gemeinwesens annimmt. Aber die Tendenz der Vereinigung des Kontinents wird – will sie erfolgreich sein – weiche Formen der Integration zu befolgen haben.

Bei Wahrung von Verschiedenheit werden sich Gemeinsamkeiten durch Prozeduren vorbereiten, in denen sich Elemente des Konsensuellen mit solchen des Mehrheitsentscheids abgleichen. So werden Einheit und Differenz als beständige Strukturmerkmale Europas sich miteinander zu versöhnen haben. Traditionen einer solchen kommunikativen Architektur lassen sich in den Arsenalen der europäischen Gedächtnisse aufsuchen. Dabei ist darauf hinzuweisen, dass nicht das 19. Jahrhundert und die Moderne mit ihrer auf Homogenität und Zentralisierung gerichteten Statik sinnvollerweise sich einer funktionierenden europäischen Architektur anerbieten sollte, sondern in nur scheinbar paradoxer Weise gerade die Vormoderne – selbstredend nicht die realen Lagen der Vormoderne, dafür hat das Prinzip der Gleichheit und die mit ihm verbundenen Phänomene nationaler Homogenisierung und sozialer Stratifikation auch und gerade im Sinne eines der Wohlfahrt dienenden Fortschritts gesorgt. Doch so manches Strukturmerkmal der Vormoderne zöge sinnvollerweise aufs Neue die Aufmerksamkeit der Zukunftsplaner auf sich – und dies nicht nur des vermuteten Umstandes wegen, Vormoderne und Postmoderne hätten mit so manch interessanter Affinität aufzuwarten. Vielmehr geht es um den erkenntnisrelevanten Charakter so manchen vormodernen Phänomens für eine nachmoderne Zukunft europäischen Zuschnitts.

Den Geschichtswissenschaften stünde es dabei gut an, die weiterhin geltende untergründige Wirkung einer durch den eingeschliffenen Kanon geleiteten Perspektive zu lockern, die doch stets den allseits konstitutiven Charakter der Französischen Revolution, die sich homogenisierenden Nationalstaaten und das sich der Gleichheit verpflichtende Paradigma des Gesellschaftlichen bemüht. Mittels solcher Agenden könnten sich neue Wahrnehmungen für abgebrochene, jedenfalls nicht weiter ausgereizte Potentiale der Vormoderne für eine europäistisch sich gestaltende Nachmoderne ausbilden. Heranzuziehen wären etwa wenig ausgedeutete Traditionsbestände multinational komponierter Gemeinwesen imperialen Charakters, die sich angesichts des in den Geschichtswissenschaften vorherrschenden Telos der Moderne allein schon ihrer dynastischen Legitimität, ihrer schwärenden Nationalitätenfragen, blockierter Agrarverhältnisse und aufgeschobener Demokratisierung nicht gerade als Ausbund von Zukünftigem anerbieten.

Es wäre also in der Tat weit gefehlt anzunehmen, es gelte womöglich als sinnvoll erachtete Traditionsbestände von in politische Trümmerlandschaften versunkener Imperien zu verlebendigen. Vielmehr gilt es für Perspektiven jenseits des Nationalstaates eben jene vormodernen historischen Erfahrungsbestände auf ihren Erkenntniswert für eine nachmoderne Sicht der Dinge hin abzutasten. Der epistemische Ertrag wäre jedenfalls eine geschärfte Wahrnehmung für Strukturen des Heterogenen und Prozeduren des Konsensuellen. Es würden aber auch solche zum Nationalstaat gegenläufige Phänomene imperialer Vergemeinschaftung in den Blick treten:

Transterritorialität und Transnationalität etwa oder Formen einer auf den Emblemen von Vielfalt beruhenden Komposition von Zugehörigkeit, wie sie nicht gerade den Mustern ethnischer Homogenität und den damit verbundenen Maßgaben der Teilnahme und Teilhabe am Gemeinwesen entsprechen wollten – eine Hybridität *avant la lettre* sozusagen.

Eine Erweiterung des Kanons der Geschichtswissenschaften um eine genuin europäistische Perspektive bedeutet, einen historischen Deutungshorizont jenseits des Nationalen aufzuspannen. Jenseits des Nationalen heißt, über die Bemühungen von letztlich komparatistischen Zugängen hinauszugehen, wie sie etwa den Modi der *entangeled histories* oder *histoires croisées* eingeschrieben sind. Elemente eines solchen Zugangs sind dort ausfindig zu machen, wo sie auf solche historischen Phänomene treffen, die durch das Gewicht der Paradigmen von Staat und Gesellschaft auf der Grundlage des Nationalen beiseitegeschoben und so in Vergessenheit geraten sind. Solche Residuen des Übernationalen gilt es thematisch zu revitalisieren. Dies bedeutet keinen weiteren Schub in der ohnehin überhandnehmenden Zerklüftung der Geschichtswissenschaften, keine inflationäre Partikularisierung. Es bedeutet im Gegenteil auch und gerade auf der Grundlage von Vielfalt, wieder eine Einheit der Geschichtserzählung anzustreben. Keine Rückkehr zum *grand récit*, aber eine aufs Neue formulierbare Absicht, doch so etwas wie eine integrierte Historie zu versuchen. Dies sollte dem alten Kontinent, dem Geschichte gleichsam als unverwechselbarer Charakterzug eingeschrieben ist, gut anstehen. Und diente ein solcher Zugang gar dem Fortgang der politischen Integration – umso besser.

Narrative der Vernichtung

Ultimative Katastrophen – Historische Unterscheidungen – Kaleidoskopisches Erzählen

Ist es zulässig, zwischen Tod und Tod, zwischen Sterben und Sterben zu unterscheiden? Eine solche Absicht rührt an ein tief verwurzeltes, an ein grundlegendes Gefühl der Ehrfurcht vor dem Tode, nämlich an das Empfinden von Pietät. Und trotz alledem sind wir fortwährend gehalten, der uns geschenkten Urteilskraft wegen Unterscheidungen zu treffen. Den uns dabei auferlegten Konflikt zwischen Pietät und Reflexivität auszuhalten, ist ein Preis der Humanität.

Zum Auseinandertreten von Pietät und Reflexivität möchte ich eine Geschichte erzählen. Diese Geschichte hat sich wirklich zugetragen, und doch kommt ihr bei aller gewesenen Realität auch der Charakter einer Parabel zu – einer Parabel über den Unterschied zwischen Tod und Tod, zwischen Sterben und Sterben. Zugetragen hat sich die Geschichte nicht weit weg von hier – in Oederan, knapp sechzig Kilometer von Dresden entfernt. Genau besehen handelt es sich beim Ort des Geschehens um das 1944 dort angesiedelte Außenlager des KZ Flossenbürg. In das so genannte Außenlager Oederan waren damals an die tausend weibliche Häftlinge verbracht worden – allesamt jüdische Frauen aus dem Ghetto Lodz, aus Theresienstadt und aus Auschwitz. Dort hatten sie Zwangsarbeit zu verrichten für das Rüstungsunternehmen »Freia GmbH«, das wiederum den Messerschmittwerken zulieferte. Die Zeit, zu der sich das wiederzugebende Geschehen abspielte, war die Nacht vom 13. auf den 14. Februar 1945 – ein Datum, das hier keiner weiteren Erläuterung bedarf. Die zu beschreibende

Begebenheit ereignete sich im Wirtschaftsgebäude des Außenlagers. Dort war zur nächtlichen Stunde und bei spärlichem Licht ein weiblicher Häftling, die 19 Jahre alte Liselotte Z. aus Prag, damit beschäftigt, den wie immer um 2 Uhr früh von der Nachtschicht zurückerwarteten Sklavenarbeiterinnen in einem großen Kessel eine dürftige Rübensuppe zu bereiten.

Liselotte Z. war im November mit vierhundert weiteren weiblichen Häftlingen aus Auschwitz kommend nach Oederan überstellt worden. Dass sie als Jüdinnen dem Tod im Vernichtungslager entgangen waren, hatten sie angesichts des von den Nazis über *alle* Juden verhängten kollektiven, nur ihrer Herkunft geschuldeten Todes allein dem Zufall zu verdanken. Liselottes Eltern, der ihr noch in Theresienstadt angetraute Ehemann sowie ihr Bruder waren zuvor im Gas erstickt worden, sie selbst war in Auschwitz mit anderen weiblichen Häftlingen bereits auf dem Weg ins Gas gewesen, als der in Sechserreihen formierten Kolonne überraschend der Befehl zum Anhalten gegeben wurde. Nach längerem Warten hieß es dann Kehrtmachen – zurück in die Unterkünfte. Der Grund für jene unverhoffte Wende hatte sich alsbald herumgesprochen: Die Verbrennungsanlagen waren wieder einmal an die Grenze ihrer Kapazität gestoßen. Das Verbrennen des schier endlosen Stroms von aus den Gaskammern in die Öfen geleiteten Leichen drohte das Material, aus dem jene gefertigt waren, bleibend zu beschädigen. Die so beeinträchtigte Entsorgung der Leichname brachte es mit sich, dass der Liselotte Z. wie auch den anderen sie begleitenden Jüdinnen zugedachte kollektive Tod aufgeschoben wurde. Alsbald fanden sie sich im Außenlager Oederan wieder.

Im Wirtschaftsgebäude des Außenlagers war Liselotte Z. in jener Nacht während ihrer Verrichtungen am Suppenkessel nicht allein. Bei ihr stand ein Posten der weiblichen SS-Wachmannschaft – die umgeschnallte Walther-Pistole im Halfter. Zwischen Häftling und Bewacherin waltete ein lähmendes Schweigen – ein Schweigen, das wie ein unerträglicher Dunst von der durch eine beständige Todesdrohung gedeckten Distanz ausging, wie sie dem Verhältnis der totalen Unterwerfung in der Lagerwelt so eigentümlich war.

Die das nächtliche Werk begleitende Stille wird gegen 21:45 Uhr von einem eindringlichen Heulen der Sirenen durchschnitten. Mit dem Luftalarm kündigt sich das Verhängnis des 13. und 14. Februar an. Noch vor dem Eintreffen der Bomber im ihnen zugewiesenen Großraum Dresden macht sich ein Gefühl der Beklemmung breit. Ausgelöst worden war es von merkwürdigen Schwingungen der Luft. Diese Schwingungen gingen aus vom Lärm der Motoren der britischen Lancaster-Bomber – Myriaden von Pferdestärken, von denen die alliierten Geschwader angetrieben wurden. Als um 22:13 Uhr der Abwurf der Bomben über Dresden einsetzt, bricht das Inferno aus.

Auch in Oederan verlöschen die Lichter. Dunkelheit liegt über dem weiblichen Häftling Liselotte Z. aus Prag und seiner SS-Wärterin im Wirtschaftsgebäude, als die zweite Angriffswelle um 1:23 Uhr Dresden erreicht und ihre Zerstörungslast über der Stadt ablädt. Mit dem ersten Angriff war die Großalarmanlage ausgefallen, eine Vorwarnung der Bevölkerung nicht mehr möglich. Mehr als doppelt so viele Bomber wie beim ersten Angriff schwebten ein. Aus der Ferne war der dumpfe Aufschlag der Sprengsätze am eigentlichen Angriffsziel zu vernehmen. Als Hintergrund des Grauen erregenden Geschehens färbte sich der nächtliche Himmel über der Elbstadt blutrot ein.

Vor dieser Kulisse infernalischer Zerstörung eröffnet sich für die Dauer des zweiten Luftangriffs ein Zeitfenster der Ausnahme in der Lagerwelt. In dieser außergewöhnlichen Situation begegnen sich der weibliche Wachposten der SS und der weibliche Häftling als Gleiche. Die dabei ausgetauschten spärlichen Worte vermitteln einen bleibenden Eindruck von der gleichsam instinktiven Fähigkeit der menschlichen Psyche, zu erkennen. Intuitiv trifft die Psyche Unterscheidungen, die hochkomplexen Denkvorgängen entsprechen – hier die Fähigkeit zwischen verschiedenen Arten des Sterbens zu unterscheiden, zwischen Tod und Tod.

Vor der Kulisse des brennenden Dresden vollzieht sich für die Dauer des Luftangriffs die Anerkennung der Liselotte Z. als Gleiche und nicht nur die Anerkennung von Liselotte Z. allein. Denn in den Augen der SS-Wärterin repräsentiert der weibliche Häftling über ihre Person hinaus die Juden schlechthin. Die mit wenigen Worten zwischen Wärter und Häftling vollzogene Anerkennung des Häftlings als Mensch und damit als Gleicher, als Gleiche, war das Ergebnis blanker Furcht. Die Wärterin war aus Angst vor dem Bombentod schier überwältigt. Sie zitterte, sie bebte am ganzen Körper, als sie den jüdischen Häftling mit Vertrautheit heischenden Worten ansprach: »Bitte, komm näher.« Die zwischen ihnen stehende und für die Lagerwelt so typische Distanz begann sich zusehends aufzulösen – jene Distanz, die durch die beständige Drohung mit dem Tode gedeckt war. Der nächste von der Wärterin an die Jüdin gerichtete Satz bringt einen weiteren Schritt hin zur Anerkennung mit sich und einer von dieser ausgehenden Gleichwertigkeit. Dies wird anhand des Wechsels des Personalpronomens erkennbar. Das bislang gängige und das Verhältnis von Unterwerfung markierende, das abfällig gebrauchte »Du« findet sich durch das respektvolle »Sie« ersetzt. »Bitte setzen Sie sich zu mir«, flüsterte die verängstigte SS-Frau.

Die vor sich gehende Metamorphose ist beeindruckend. Von der Körperlichkeit des eben noch seines Menschseins ledig gewesenen Häftlings scheint nunmehr so etwas wie Energie auszugehen – eine Energie, die Macht und Kraft verheißt. In ihren Schutz suchte sich die Wächterin zu begeben. Will der Modus der Ansprache – der Wechsel vom »Du« zum »Sie« – so verstanden werden, dass die vor aller Augen demonstrierte Zerstörungskraft der alliierten Bomber auf den gerade noch völlig schutzlosen, der Allmacht und der Willkür seiner Peiniger ausgelieferten Häftling übergegangen war? Hatte in den Augen der SS-Frau etwa das aus den Lüften über Dresden ausgeschüttete Feuer Liselotte Z. zu einem zu respektierenden und respektierten Menschen werden lassen? Die Anerkennung ist ein anthropologischer Reflex der Angst. So wird das dem anderen geraubte menschliche Antlitz wiederhergestellt.

Der nächstfolgende Satz der SS-Frau enthüllt eine sichtliche, wenn auch notwendige Fehlwahrnehmung der Situation. Es handelt sich dabei um eine Fehlwahrnehmung, die uns jene dramatische Perspektive des Vergleichs zwischen Tod und Tod auferlegt. Die besagte Fehlwahrnehmung, jenes gleichsam notwendige Missverstehen des signifikanten Unterschieds im prospektiven Bombentod, den der jüdische Häftling und die deutsche Wärterin gleichermaßen zu gewärtigen haben, wird durch das Personalpronomen des nächstfolgenden Satzes angezeigt. Die Jüdin, von der SS-Frau inzwischen als Autorität angesprochen, wird angesichts des erwarteten Todes um Auskunft gebeten: »Glauben Sie, dass *wir* wirklich sterben werden?«, fragt die zutiefst verängstigte Wärterin. Liselotte Z. beantwortet die Frage zustimmend und mit Nachdruck. Sie kann den in ihr sich anbahnenden, leicht triumphierenden Unterton kaum verhehlen: »Ja, ich glaube es wirklich«, sagt sie.

Wieder sind es die Personalpronomen, die uns mittels einer scheinbar trivialen Kommunikation den Weg in die Kategorienwelt der Erkenntnis weisen. Während die Ansprache mit dem »Sie« vor allen Dingen Respekt erheischt, unterstellt der sich einstellende Plural des »Wir« einen möglicherweise gemeinsam einzutretenden Tod und damit eine Gemeinsamkeit im Sterben. Die zustimmende, wenn auch unterdrückt freudige Reaktion des Häftlings Liselotte Z. auf die sich abzeichnende Möglichkeit eines gemeinsamen Bombentodes macht hingegen deutlich, dass es sich bei der von der SS-Frau insinuierten Gemeinsamkeit offenkundig um einen Irrtum in der Sache handelt. Beim prospektiven Tod der SS-Wärterin im Bombenhagel und bei einem ebenso durch Bomben verursachten Tod des jüdischen Häftlings scheint es sich trotz der gleichen Umstände recht eigentlich um zweierlei Tod und damit um eine nicht unerhebliche Differenz im Sterben zu handeln.

Worin liegt diese Differenz? Wie kann sich bei zwei Menschen aus Fleisch und Blut, unter ein und derselben Todesdrohung stehend, eine derart unterschiedliche Haltung zum Sterben einstellen? Die Antwort liegt in der besonderen Natur eines spezifischen, von den Nazis über die Juden allesamt verhängten kollektiven Todes der bloßen Herkunft wegen. Und dieser Tod war absolut. Er war absolut, weil er an keinerlei Voraussetzungen gebunden oder an irgendwelche Bedingungen geknüpft war. Recht eigentlich hatte er überhaupt keinen Grund. Deshalb kommt diesem Tod ein derart ultimativer Charakter zu. Angesichts des in jenen Jahren über *alle* Juden und *überall* verhängten und im Wesentlichen auch realisierten Todes mag es für den jüdischen Häftling Liselotte Z. aus Prag durchaus tröstlich gewesen sein, durch eine Bombe mit ihrer Peinigerin *gemeinsam* aus dem Leben zu scheiden. So erklärt sich ihre demonstrative Ruhe, ja ihre kaum unterdrückte Befriedigung. Im gemeinsamen Tod hätte sich nicht nur eine Gleichheit eingestellt; auch die Absonderung der Juden zum Tode wäre angesichts des prospektiven Bombentodes aufgehoben worden. Ein Tod eher aus Zufall denn als Regel.

Jüdische Überlebende sind eigentlich übrig Gebliebene. Dass sie dem Tod entgangen waren, ist ausschließlich auf einen wie auch immer eingetretenen Zufall zurückzuführen. Mit dem Bombentod wäre nicht der kollektiv verhängte regelhafte Tod gestorben worden, sondern ein im Einzelfalle durchaus entsetzlicher, wiewohl den grausamen Umständen des Krieges und seiner Risiken geschuldeter Tod. Ein solcher Unterschied zwischen Tod und Tod mag im Übrigen ein weiterer Grund dafür sein, dass wir angesichts des mit der Chiffre »Auschwitz« verbundenen Sterbens erschauern. In den Mitteln seiner technischen Realisierung, in den Gaskammern und Öfen, erscheint der Schrecken jenes ultimativen Todes geronnen, gleichsam verdinglicht.

Kaum war der alliierte Angriff auf Dresden abgeflaut, schloss sich das Zeitfenster der Ausnahme. Übergangslos setzte die Lagerrealität ein. Hier endet die Anerkennung von Liselotte Z. als Gleiche. Im Ton der Wärterin machte sich die eingetretene Veränderung umgehend bemerkbar. Das kurzzeitig verwandte respektvolle »Sie« war dem abfälligen »Du« gewichen. Es herrschte erneut der rüde Ton der Zwangsverhältnisse. Inzwischen war auch die Nachtschicht von der Arbeit zum Essenfassen im Wirtschaftsgebäude angelangt. Bei klapperndem Geschirr wurde die dünne Rübensuppe ausgeschenkt. Lagerroutine – als sei nichts gewesen. Das Geschehen jener Bombennacht, der Nacht der Anerkennung der Jüdin durch die Angst der Wärterin, musste gleichsam ungeschehen gemacht werden. Beide – die SS-Frau wie der weibliche jüdische Häftling – mieden des Weiteren im Lager jeden Blickkontakt. Blickkontakt hätte Augenhöhe signalisiert und damit die nächtliche Begegnung als Gleiche evoziert – mit wahrscheinlich dramatischem, sprich tödlichem Ausgang für den Häftling Liselotte Z.

Inzwischen war die Front näher gerückt. Mit jedem überstandenen Tag wuchs die spärliche Chance des Überlebens. Die Häftlinge wurden verlegt. Nach einer Irrfahrt in geschlossenen Viehwaggons gelangten die Frauen schließlich nach Theresienstadt. Im Ghetto sollten sie den dort inzwischen anwesenden Vertretern des Internationalen Komitees vom Roten Kreuz übergeben werden. Mit jedem der Ortsgrenze von Theresienstadt näherkommenden Schritt verwandelte sich das Verhalten des sie dorthin begleitenden SS-Personals. Durch penetrantes Einreden auf die Häftlinge suchten sie deren Leid vergessen zu machen. Man habe es nicht so gemeint, war zu vernehmen. Alles doch auf Irrtum zurückzuführen, hieß es aus der Eskorte in einem zudringlich anschwellenden Ton. Die jüdischen Frauen quittierten das Ansinnen der Verleugnung mit Schweigen. Ihr Blick ging an den Schergen vorbei. In Theresienstadt angekommen und endlich mit Nahrhaftem versorgt, vermochten die ausgehungerten Frauen sich nicht zurückzuhalten. Sie stopften das Essen in sich hinein und viele starben daraufhin einen qualvollen Tod.

Was lehrt uns das Geschehen im Wirtschaftsgebäude des KZ-Außenlagers von Oederan während der Bombennacht vom 13. auf den 14. Februar 1945? Zunächst lehrt es uns zu unterscheiden – und zwar dort zu unterscheiden, wo Pietät uns gemeinhin jede Einrede versagt, nämlich einen Unterschied zu treffen zwischen Tod und Tod, zwischen Sterben und Sterben. Diese Unterscheidung ist nicht etwa Ausdruck einer parteilichen Moral, sondern ein gleichsam anthropologischer Reflex, wie er uns in jener unheimlichen Begegnung vor der Kulisse des brennenden und dem Untergang geweihten Dresdens entgegentrat. Die Wahrheit der Differenz sprach wie aus sich selbst heraus. Die Wahl der Personalpronomen wiesen ihr den Weg.

Was uns die Begebenheit in Oederan in der Nacht vom 13. auf den 14. Februar lehrt, jene eigentümliche wie gegenläufige Verschränkung der Perspektiven von Auschwitz und von Dresden, ist ein dem Sterben, dem Tod eingekerbter Unterschied. Nicht im Schmerz des jeweils individuell erfahrenen Todes gilt es ihn zu erkennen, sondern mittels der durch Urteilskraft angeleiteten Reflexion über die dem Sterben vorausgegangene und in das Sterben eingehende Differenz. Für die Toten hat dies keine Bedeutung. Für die Nachwelt freilich handelt es sich um eine Verschiedenheit im Ganzen.

Der Tod ist ein Meister aus Deutschland. Dieses zur poetischen Ikone geronnene lyrische Bild von Paul Celan hat sich in das Gedächtnis des 20. Jahrhunderts eingegraben. Es codiert einen ganz besonderen, einen meisterlich orchestrierten, arbeitsteilig exekutierten Tod. Einen industriellen Tod. Ein perfekter, ein spurenloser Tod. Seine Ingenieure bereiteten ihren Opfern ein Grab in den Lüften.

Der mit der Gedächtnisikone Auschwitz verbundene Tod war grundlos gewesen. Grundlos war dieser Tod deshalb, weil ihm kein Konflikt, kein Streit und kein ihn herausforderndes Handeln vorausgegangen waren. Nicht einmal Gesinnung sollte geahndet werden. Und es war ein Tod jenseits der im Zeichen Kains ins Menschengedächtnis eingebrannten, der Tötungsabsicht zugrunde liegenden Laster des Triebs, des Neids oder der Habsucht. Eben ein ganz und gar grundloser Tod. Zudem war dieser Tod kollektiv – allein an die Zugehörigkeit der Getöteten gebunden. So galt er allen, die dem zur

Vernichtung auserkorenen Kollektiv zugehörig waren oder zugehörig gemacht wurden. Und er galt überall.

Die Wahrnehmung dieser besonderen Art des Todes hatte sich erst langsam, in zeitlich gestreckter Verzögerung eingestellt. Anfänglich schien sie sich wie ein ungebetener Gast in das Bewusstsein der Nachwelt einzuschleichen – um von dort aus zunehmend einen absoluten Status zu beanspruchen. Der Tod von Auschwitz erklärte sich zum anthropologisch ultimativen Tod. Andere Umstände von Tod und Sterben traten angesichts dieses Todes zurück.

Zuvor waren in der Gedächtniswelt des 20. Jahrhunderts andere Bilder des Todes prominent gewesen. Nicht zufällig waren sie an die Ereignisikone des Spanischen Bürgerkrieges gebunden gewesen. So etwa das vom Film »Mourir à Madrid« von Frédéric Rossif aus dem Jahre 1963 weitergetragene Bild von den in den Innenhof der Universität zu Salamanca einmarschierenden, in schwarzer Faschistenkluft gekleideten Falangisten. Dem Anführer des wilden Haufens war die Todessehnsucht in den Körper eingeschrieben – einäugig und mit Augenklappe. Der ihm verbliebene Arm war zu dem von seinesgleichen in ganz Europa und der Welt geübten Gruß der schwarzen Internationale nach oben gestreckt. »Viva la Muerte!« drang es aus seiner Kehle. Gerichtet war der paradox anmutende Ausruf an den in einem oberen Stockwerk am Fenster stehenden, betagten Philosophen, Schriftsteller, Historiker, Literaturwissenschaftler, Rektor der Universität von Salamanca und öffentlichen Intellektuellen Miguel de Unamuno. Mit erkennbarem Widerwillen beobachtete der große alte Mann des spanischen Geisteslebens und anfänglicher Befürworter des franco-faschistischen Putsches gegen die Republik von oben herab das sich unten abspielende Treiben.

»Es lebe der Tod«? Die Lust am Töten und Getötetwerden

indiziert einen politisch erhabenen Tod – der Tod des Waffen starrenden, an seinem Körper für alle sichtbar gezeichneten Märtyrers des »Heiligen Spanien« –, eine Art des schier mutwillig gesuchten aber auch mit äußerster Rücksichtslosigkeit und Grausamkeit verabreichten Todes. Die Fama des gesuchten Todes war nicht untypisch für jene Zeit einer verspäteten Dämmerung. Eine Art der Zwischenzeit – geprägt vom antagonistisch sich aufstellenden Gegensatz von einer in Verfall und Niedergang begriffenen, in vielerlei Hinsicht noch sakral imprägnierten Welt, einer bis tief in die Zeit der Moderne hinein zu erhalten sich vermögenden Vormoderne auf der einen und die in demonstrativer Gottlosigkeit sich ihr entgegenstellenden Welt profaner Entwertung auf der anderen Seite. In dieser Kollision der Zeiten prallen die »beiden Spanien« aufeinander. In dem faschistisch inspirierten falangistischen »Viva la Muerte!«, der semantisch paradox belobigten Sehnsucht nach dem Untergang, findet die schrille Tonlage einer den Schlachtenlärm eines letzten Gefechts begleitenden apokalyptischen Begleitmusik ihren unverfälschten Ausdruck.

Das filmische Dokument über den herbeigesehnten Tod auf dem Schlachtfeld des letzten Gefechts ist nicht die einzige Spur des Spanischen Bürgerkrieges im Gedächtnis der Nachwelt. Ein anderes ist das von Robert Capa auf Zelluloid gebannte, zur Ikone der Zeit geronnene Bild vom Tode des vor den Augen des Betrachters und im Augenblick des Einschlags des Projektils in den Körper hoch gerissenen fallenden republikanischen Soldaten (»Loyalistischer Soldat im Moment seines Todes«). Er steht für die Vorstellung vom Spanischen Bürgerkrieg als des wahren, des richtigen, ja als des einzig wirklich gerechten Krieges in dem vom Reigen der Kriege und Gräuel gezeichneten, zutiefst verunstalteten Gesicht des vergangenen Jahrhunderts. Dem ihm nachfolgenden, von 1941 an sich zum Zweiten Weltkrieg auftürmenden, vormals allein europäischen Krieges kommt in dieser Erzähltradition nicht das gleiche Prädikat zu.

Szenen dieses größten aller großen Kriege hat Robert Capa auf Zelluloid gebannt und sie zu Zeugen von Zeit und Tod erhoben. Die wenigen erhaltenen, zudem verwackelten Bilder von der Anlandung der Alliierten in der Normandie dokumentieren den sicheren Soldatentod auf offenem Strand. Omaha Beach als Schlachtbank. Oder der tote amerikanische Soldat auf einem Balkon eines Wohnhauses der Gründerzeit in Leipzig – offensichtlich von einem deutschen Scharfschützen niedergestreckt, zusammengesunken in der Lache seines Blutes. Robert Capa, in Ungarn als Andrei Friedmann geboren und aufgewachsen, in den frühen Dreißigern nach Berlin als der Hauptstadt der europäischen Moderne übergewechselt, hatte selbstredend keine Bilder des Geschehens im Osten eingefangen. Die kollektive Vernichtung der Juden in den Todesfabriken des Holocaust blieb seiner Kamera entzogen. Und doch hatte er sie auf ganz eigene Art eingefangen – damals, als er Ende der 1940er, Anfang der 1950er in Tel Aviv die dicht bevölkerten, an das kontinentale Leben der Zwischenkriegszeit gemahnenden Kaffeehäuser ablichtete und dabei das Objektiv seiner Kamera wie besessen auf die Trauben von Frauen behüteter Kinderwagen richtete. Paradoxe Bilder, in der Tat. Der kollektive Tod in Auschwitz fand sich durch das schier obsessiv festgehaltene kumulierte neue Leben an den Richtung Strand ausgerichteten Kaffeehäusers von Tel Aviv – jenes an die Küste der Levante angespülten Stücks herausgerissenem Mitteleuropa gleichsam hintergründig evoziert.

Dem das 20. Jahrhundert festhaltenden Bilderreigen Robert Capas schließt sich ein weiteres, ein letztes Bild an. Es ist das Bild, eigentlich der Reflex des Bildes vom eigenen Tode.

Den Tod fand der seine Zeit mit den Augen des nach Amerika verschlagenen Mitteleuropäers einfangende Capa auf einem anderen, gleichsam zu Europa abseitig gelegenen Kriegsschauplatz der Dekolonisierung in Indochina. Capas Tod war angesichts der von ihm sonsthin eingefangenen Todeserfahrung lamentabel. Es war ein schier zufälliger Tod. Kein Tod im Bürgerkrieg; kein in Kauf genommener, fast sicherer soldatischer Tod am Strand. Vor allem aber war es kein grundloser Tod, allein der Herkunft wegen. Mithin war es kein jüdischer Tod. Es war ein ganz und gar individueller Tod. Es war der Tod eines die Risiken seines Berufes kennenden und in Kauf nehmenden Fotografen und Kriegsberichterstatters. Der Tod eines die Geschichte begleitenden Chronisten. Der Tod des Robert Capa war ein zufälliger Tod.

Der Spanische Bürgerkrieg war über lange Dauer *die* politische Gedächtnisikone des 20. Jahrhunderts, zumindest auf der Linken, aber auch weit über sie hinaus. Später wurde er zunehmend vom Holocaust überwölbt. Dabei standen beide zeitlich aufeinanderfolgenden Ereignisse keineswegs in politischer Konkurrenz zueinander. Eigentlich wären sie dazu auserkoren, Bündnispartner im Gedächtnis zu sein. So erschien es auch im frühen Verständnis von der Geschichte des Zweiten Weltkrieges. Für diese war der Spanische Bürgerkrieg nicht nur Vorbote des Kommenden, sondern auch sein Exerzierfeld. Und doch war eine untergründige, eine gleichsam anthropologisch angelegte Rivalität zu spüren. Es war die Rivalität zwischen dem Tod aus politischer Gegnerschaft und dem Tod der grundlosen Vernichtung wegen. Es war die Rivalität zwischen Buchenwald und Birkenau. Tatsächlich hält der Eindruck vor, lange bevor dem Holocaust dieser Name angetragen wurde, hätten die Gedächtnisbilder des Spanischen Bürgerkrieges nicht unwesentlich dazu beigetragen, die von

Auschwitz zu verdecken. Das war kein mutwilliges Unterfangen, sondern allein schon der einsichtigen Tatsache geschuldet, dass der heroische Antifaschismus – vom Ausgang des Zweiten Weltkrieges und dem Sieg der sowjetischen Waffen beflügelt – noch über eine lange Zeit nach seiner historischen Widerlegung lärmend von sich zu berichten wusste. Auschwitz hingegen fehlte die Kraft eines angemessen zu berichtenden Narrativs. Die Geschichte der Vernichtung konnte, durfte allenfalls erzählt werden, wenn sie sich der politischen Semantiken des sich siegreich dünkenden Antifaschismus bediente. Kurz: Wenn sie sich ihr unterwarf. Und die vordergründige Ikone des mit dem Ausgang des Zweiten Weltkrieges auftrumpfenden Antifaschismus war der Spanische Bürgerkrieg.

Heute verstehen wir mehr von der Komplexität der Geschichte. Wir wissen nicht nur vom Unterschied zwischen nochmals: Buchenwald und Birkenau; wir wissen auch mehr um die internationale Konstellation des Spanischen Bürgerkrieges im Mächteringen der Zwischenkriegszeit; wir wissen auch mehr vom Bürgerkrieg im Bürgerkrieg als Teil der zeitgleich in Moskau erfolgenden Prozesse und Säuberungen (auch eine Art von Bürgerkrieg – und eine Vorwegnahme der im Gefolge der spanischen Erfahrung sich ausbildenden, indes wegen des sowjetischen Martyriums im Großen Vaterländischen Krieg alsbald in Vergessenheit geratenen Tradition von so genanntem Renegatentum und Dissidenz). Wir wissen um die Paradoxien des Holocaust im Zweiten Weltkrieg. Der allumfassende Umstand etwa, dass die Notwendigkeiten der Führung des Krieges gegen Nazideutschland die Besonderheiten des in seinem Schatten erfolgenden Holocaust zu ignorieren hatte, um erfolgreich zu sein. Der paradox anmutende Umstand zudem, dass ausgerechnet in den Ländern Europas, die von Anfang an in unterschiedlich dichter Nähe zu Nazideutschland standen – etwa Ungarn, die Slowakei, Rumänien und Bulgarien –, das Schicksal der Juden der Bestandsgewalt der autochthonen autoritären bis faschistischen Regimen wegen sich von jenem unterschied in den Ländern, die der direkten Herrschaft Nazideutschlands unterworfen waren – Polen im Osten, aber auch die Niederlande im Westen. In beiden Ländern waren die jeweiligen Judenheiten fast zur Gänze ausgerottet worden. Polen war militärisch niedergeworfen und besetzt. Das holländische Königshaus war nebst Regierung ins englische Exil entwichen. Das belgische hingegen war geblieben. Eine solche autochthone Präsenz wirkte sich nicht unerheblich auf das Schicksal der dortigen Juden aus. Sie waren bei weitem weniger dezimiert worden, als die Juden gleich jenseits der Grenze – in den Niederlanden.

In seinem faszinierenden kaleidoskopischen Roman der Romane evoziert Antonio Muñoz Molina angesichts des ihm ubiquitär und damit allerorts gleich erscheinenden Flüchtlings- und Emigrantenschicksals den Tod des Walter Benjamin an der franco-spanischen Grenze im Jahre 1940. Benjamin war, wie viele der deutschen Besatzung Frankreichs zu entkommen suchender Exilanten, auffälligerweise den umgekehrten Weg gegangen, den Tausende und Abertausende republikanischer spanischer Flüchtlinge durch Grenzbahnhöfe wie Port-Bou und Cerbère in dem Jahr zuvor genommen hatten. Diese Umkehrung der Zielrichtung ist von tiefer symbolischen Bedeutung hinsichtlich des sich freilich erst später einstellenden Verständnisses für jene sich auftürmende anthropologische Unterscheidung von Tod und Tod – zwischen dem Tod im Bürgerkrieg zum einen und im Holocaust zum anderen. Von diesem Unterschied weiß natürlich auch Molina etwa dann, wenn er die Geschichte überlebender ungarischer Juden erzählt – Vater und Sohn –, die es nach Tanger verschlug – Juden mit einer den Umständen geschuldeten, den Umständen der Zeit aufs Neue erfundenen sephardischen Herkunft – eine Herkunft, die es diplomatischen und konsularischen Vertretungen des faschistischen Spanien in den von Deutschland besetzten Ländern, vor allem in Ungarn, erlaubte, sie eben dieser Fiktion wegen vor dem sicheren Tod der Herkunft wegen zu bewahren.

Verändert dies etwa unser Bild vom faschistischen Spanien, vom Spanischen Bürgerkrieg – vor allem der francistischen Repression unmittelbar nach und im weiteren Gefolge des Bürgerkrieges? Eigentlich nicht. Wir bleiben Patrioten der Republik im Spanischen Bürgerkrieg wie auch danach. Indes wandelt sich das historische Bild im Weiteren, im sich erweiternden Kontext und dies vor allem, was die alle Wahrnehmung bestimmende erkenntnisrelevante Unterscheidung von Tod und Tod angeht, will heißen: unsere historische Urteilskraft. Werden nämlich Holocaust und das, was unter dem wenig erhellenden Sammelbegriff »Faschismus« steht, untereinander abgeglichen, reagiert das aufgeklärte politische Bewusstsein mit betretenem Schweigen. Was tun mit der von Franco in Córdoba zum Gedenken und der Ehre Spaniens aufgestellten Büste des Moses Maimonides? Was tun mit der von Marc Chagall und anderen genommenen Fluchtroute durch Francos Spanien? Was tun mit der gewieften Verweigerung des Caudillo, sich den Ansinnen Hitlers zu entziehen und in den Krieg einzutreten – und dies bei allen von Spanien her gewährten kriegswichtigen Materiallieferungen an Nazideutschland sowie den Krieg von Spaniens Grenzen fernhaltenden Ersatzhandlung mittels der »Blauen Division« im so genannten Ostkrieg? Mit der Geschichte des Holocaust im Zentrum, mit dem erkenntnisleitenden Abgleich von Tod und Tod verschieben sich die Proportionen und das davon angeleitete historische Urteil.

Molina indessen erzählt fragmentarisch aus spanischer Erfahrung. Sein romanesk gehaltener Blick auf die zentralen Ereignisse des 20. Jahrhunderts hält sich im Wesentlichen an die Parameter der Perspektive vom Bürgerkrieg. Dabei sucht er angestrengt den Anschluss an den Holocaust als dem inzwischen zur negativen Ikone des Saeculums ausgewachsenen Ereignis. Dies hat zur Folge, dass das Gesamtbild in das Grau der Begriffs- und Bilderwelten vom Totalitären getaucht wird. Der Szenenwechsel zwischen stalinistischem Terror und nationalsozialistischer Vernichtung – letztere meisterlich im ungarischen Kapitel eingefangen – wird zum Modus der politischen Erzählung schlechthin. Und so wie er den Hiatus zwischen der Erfahrung des Bürgerkriegs und der negativen Ikone des Holocaust angestrengt zu schließen sucht, so konstruiert er das, was sich in der Metapher von »Sepharad« niederschlägt: eben jene als angestrengt charakterisierte Suche nach einem narrativischen Anschluss der peripherialen spanischen Erfahrung an die große, an die schreckliche Geschichtserzählung des europäischen Zentrums. Während Molina in der Beschreibung anthropologisch scheinbar sekundärer Erfahrungen – von tristem Alltag in der Kleinstadt, von Krankheit, Sterben, Sehnsucht, Lust und Liebe – die Gipfel der Erzählkunst erklimmt, verdünnt sich seine Erzählung in der Beschreibung historisch verbürgter oder einer vorgestellten Wirklichkeit analog konstruierter Ereignisse zur wenig überzeugenden Nacherzählung. Diese spürbare Verstimmung in der Orchestrierung literarischer Laute muss vom Autor durchaus ähnlich empfunden worden sein. Schließlich erachtete Molina es für nötig, in einem dem Buch nachgestellten Anhang sehr unliterarisch seine Quellen anzugeben. Das dort aufgeführte Schrifttum gehört zur Grundausstattung eines jeden am vergangenen Jahrhundert Interessierten. Und doch hat Molina es mit Erstaunen und Überraschung, gleichsam wie verspätet, zur Kenntnis genommen. Und er hat aus einer anhaltenden Fremdheit heraus nacherzählt. So fehlt seiner Erzählung das tiefe, in eigene Worte sowie Sinn- und Bilderwelten zu übertragende Nachempfinden.

Für die angestrengte Konstruktion der im Werk wenig eingelösten Metapher von »Sepharad« mag eine Stelle dienen. Dort geht es um eine für die Gesamtaussage des Buches nicht unwesentliche Szene. In ihr beobachtet ein spanischer Offizier der »Blauen Division« in deutscher Uniform eine an ihm vorbeiziehende Kolonne von Juden. Sie wird allem Anschein nach in den Vernichtungstod geführt. Dabei treffen sich die Blicke des an die russische Front verschlagenen Spaniers mit denen eines an ihm vorbeiziehenden Juden. Sein dunkler Teint ebenso wie seine scharf gezeichneten Gesichtszüge insinuieren allem Dafürhalten nach die vorgestellten Züge eines Spaniolen. Das Zusammentreffen beider Blicke will beim Leser den Eindruck evozieren, das zeitgenössische Spanien sei seiner sephardischen, seiner spaniolischen, seiner mittelalterlichen Vergangenheit begegnet.

Wie viele der in »Sepharad« eingegangenen Szenen mag Molina auch diese Szene einem am damaligen Geschehen Beteiligten tatsächlich abgelauscht haben. Dennoch will diese Begegnung der verschiedenen spanischen Zeiten im Herzen der europäischen Finsternis den Eindruck hinterlassen, es handele sich hier um eine durch und durch spanische Geschichte. Die Anstrengung der Konstruktion des ansonsten begnadeten Autors indes bringt es an den Tag: Der Erzählung fehlt es an der sonst bei ihm anzutreffenden Authentizität. Sie ist nur geliehen – ein Zitat.

»Am 29. September 1941 erschossen die Deutschen in der Schlucht von Babi Jar bei Kiew 33 700 Juden aus der Stadt. Als sich die Gerüchte über das Massaker verbreiteten, äußerten manche Ukrainer anfangs Zweifel. ›Ich weiß nur eines‹, schrieb Irzna Choroschunova an jenem Tag in ihr Tagebuch, ›da geht etwas Schreckliches, etwas Entsetzliches vor sich, etwas Unfassbares, das man nicht verstehen, begreifen oder erklären kann.‹ Einige Tage später war ihre Ungewissheit verflogen: ›Eine kleine Russin begleitete ihre Freundin zum Friedhof (am Eingang zur Schlucht), aber sie kroch von der anderen Seite durch den Zaun. Sie sah, wie nackte Menschen nach Babi Jar gebracht wurden, und hörte Schüsse aus einem Maschinengewehr. Es gibt immer mehr solche Gerüchte und Berichte. Sie sind so ungeheuerlich, dass man sie gar nicht glauben kann. Aber wir sind gezwungen, sie zu glauben, denn die Erschießung der Juden ist eine Tatsache. Eine Tatsache, die uns jetzt zum Wahnsinn zu treiben beginnt. Es ist unmöglich, mit diesem Wahnsinn zu leben. Die Frauen rings um uns weinen. Und wir? Am 29. September, als wir dachten, sie würden in ein Konzentrationslager gebracht, haben wir auch geweint. Aber jetzt? Können wir wirklich weinen? Ich schreibe hier, aber mir stehen die Haare zu Berge.‹ Währenddessen ging der Krieg im Osten in seinen vierten Monat.«

So eröffnet Saul Friedländer den mit »Massenmord« überschriebenen und den Zeitraum vom Sommer 1941 bis Sommer 1942 behandelnden zweiten Teil seines dreigliedrigen großen wie umfänglichen Werkes über den Holocaust. Der erste Teil ist mit »Terror« überschrieben und behandelt die Zeit vom Herbst 1939 bis zum Sommer 1941. Der dritte Teil trägt die emblematische Bezeichnung »Shoah«. Das ist die Zeit vom Sommer 1942 bis zum Frühjahr 1945.

Auf den ersten Blick erscheint Friedländers historische

Dreiteilung der Ereignisgeschichte des Holocaust konventionell. Sie durchschreitet den Zeitraum des Geschehens in klassischer Periodisierung – von der Eroberung Polens 1939 bis zu dem Angriff auf die Sowjetunion 1941; von den im Sommer erfolgenden, flächendeckenden Morden der Einsatzgruppen in der zwischen Ostsee und Schwarzem Meer gelegenen ethnischen Schütterzone des östlichen Europa bis zu den im Frühherbst anhebenden Planungen und ersten Umsetzungen einer systematischen Vernichtung – der so genannten »Aktion Reinhard«; von den beschleunigenden Maßgaben einer industriell organisierten Massentötung bis hin zu den Todesmärschen in der Schlussphase des Krieges. Diese konventionell daherkommende Gliederung gibt dem historiografischen Unternehmen sein äußeres Gerüst. Sie hält den Autor an zu einer Wahrung der Grundmuster des historischen Verlaufs bei strikter Achtung der Wirkungsmacht zentraler Ereignisse; sie verpflichtet ihn auf den Kanon des Bekannten, und sie diszipliniert ihn, sich stets des umfassenden Kontexts des Gesamtgeschehens zu vergewissern: den beständig sich verändernden Umständen der Kriegführung, den wesentlich gleichbleibenden Konditionen der großen Politik und der hintergründigen Rochaden und Schwankungen der Diplomatie.

Diese ereignisgeschichtlich recht fixen Maßgaben klassischer Geschichtsschreibung erweisen sich vor dem Hintergrund der in den letzten zwei Jahrzehnten aufgehäuften Befunde der Forschung denkwürdigerweise als ganz und gar nicht konventionell; dies vor allem dann, wenn berücksichtigt wird, dass die Erforschung des Holocaust zunehmend der Tendenz ausgesetzt ist, immer kontextloser zu werden – will heißen: eine Geschichte des Holocaust, die das Ereignis mehr und mehr verinselt, indem sie es den Umständen des Zweiten Weltkrieges weitgehend entzieht. Eine solche Tendenz zeichnet sich wesentlich dadurch aus, dass sie der kausalisierenden Bedeutung aufeinanderfolgender Ereignisse, dem Gewicht jeweils getroffener Entscheidungen und den von ihnen ausgehenden sowie von Personen zu verantwortenden Handlungen immer weniger Beachtung schenkt. An ihrer statt nehmen Deutungen überhand, die sich von den eigentlichen historischen Ereignissen der wirklich gewesenen Zeit entfernen. Zu verantwortende Handlungen, Umstände und Kausalitäten werden zugunsten solcher Interpretationsweisen abgesenkt, die sich vom gewesenen Geschehen zunehmend entfernen, und das heißt, sie entfernen sich vom eng an die realen Abläufe gebundenen politisch-historischen Deutungskorsett, um einer gleichsam überhistorischen und vergleichenden Perspektive wegen anthropologische Verallgemeinerungen in Gestalt von Erscheinungen der Massentötung schlechthin ins Zentrum der Erkenntnis zu rücken. So gesehen versichert sich die nur vorgeblich konventionell erscheinende, eng an den Ablauf der Ereignisse gehaltende Struktur der Präsentation Friedländers den Grundvoraussetzungen dessen, was unter Geschichte überhaupt zu verstehen ist. Bei der von ihm praktizierten strikten Periodisierung des Gegenstandes geht es demnach um so etwas wie um eine narrative Wiedergewinnung der Voraussetzungen dessen, was historisches Urteilen als solches überhaupt ermöglicht.

Durch die drei großen Teile des Buches hindurch verläuft eine weitere Zählung. Sie gibt sich eine fortlaufende Struktur in zehn Kapiteln. Diese Kapitel bewegen sich im Unterschied zum statischen Korsett der großen Periodisierung in einem Rhythmus extrem kurzer Zeitintervalle – etwa die exemplarisch in den Blick genommene Spanne von Juni 1941 bis September 1941 mit dem hier herausgestellten Kapitel vier, dessen Eingangsszene die Tagebucheintragung der Irzna

Choroschunova zugrunde legt, indem das Schreckensereignis von Babi Jar aus der Perspektive einer unbeteiligten Beobachterin geschildert wird und Wucht und Dramatik des einschlagenden Genozids eingefangen werden. Die Tagebucheintragung reißt den Vorhang vor dem schrecklichen Geschehen auf und macht seinen weiteren Ablauf fassbar. Ihr folgen weitere Zeugenschaften – Schlag auf Schlag. Das Stakkato ihrer Wörtlichkeit ist von erdrückender Authentizität. Verschiedene, gegenläufige Perspektiven greifen ineinander. Durch die aufeinandergeschichteten Impressionen von Opfern, von Tätern und unbeteiligten Beobachtern bilden sich die Konturen des Geschehens überscharf ab. Das Stilmittel aufeinandergeschichteter, das Geschehen in einer erdrückenden Unmittelbarkeit einfangender Zeugnisse durchdringt das gesamte Werk. Damit gelingt Friedländer, das Moment einer unmittelbaren Vergegenwärtigung zu evozieren.

Das Moment der unmittelbaren Vergegenwärtigung bedient sich des Aufbaus der als »kleine Periodisierung« bezeichneten inneren Kapitelfolge. Ihr kommt mithin die Bewandtnis zu, anhand von verschiedenen lokal platzierten Vorgängen sowohl die Dynamik wie die Ungeheuerlichkeit der sich vom Sommer 1941 an abspielenden Ereignisse zu konjugieren. Dabei folgt die Rhythmik der »kleinen Periodisierung« den Verfugungen zweier Tendenzen: das Geschehen des Kriegsverlaufs sowie die dem deutschen Vorgehen imprägnierte ideologische Veranlagung. Der Holocaust ist mithin Ergebnis eines durch eintretende wie durch die Nazis selbst herbeigeführte Umstände wie durch handlungsanleitende ideologische Vorgaben verschränkten Geschehens.

Die schnelle Folge aufeinanderfolgender Sequenzen ist Friedländers signifikantes Stilmittel in seiner großen Darstellung über die Zeit der Vernichtung. Damit wird der Effekt dramatischer Beschleunigung hervorgerufen. Beim Leser hinterlässt sie den Eindruck höchster Anspannung – einer kristallinen Konzentration des ganzen Geschehens in Gestalt mikrologisch gehaltener, eilig aufeinanderfolgender Bilder. Schließlich handelt es sich bei den sich seit dem Sommer 1941 überstürzenden Ereignissen um eine Folge, die sich in einer gänzlich anderen Bewegungsgeschwindigkeit realisiert als die vom Autor bis in die feinsten Verästelungen hinein beschriebenen Jahre der Verfolgung – die Zeit 1933 bis 1939. Jene Periode konnte noch einem Rhythmus folgend beschrieben werden, der bei aller jener Zeit innewohnenden Dramatik dem Takt von solchen Abläufen und den ihnen innewohnenden Zeitabläufen entsprach, wie sie politisch-administrativen Vorgängen zu den Bedingungen des Friedens gemeinhin angemessen sind.

Die immerhin das Geschehen noch obwaltenden, wenn auch stetig ihre Sicherungen einbüßenden Gewissheiten des bürgerlichen Alltages mögen darstellerisch die allmählich von den Normalitätserwartungen abweichenden Ereignisse herausstellen helfen. Sie dienen gleichsam als Kontrastmittel dafür, die sich zunehmend einstellenden Abweichungen vom Alltag zu erkennen – bis hin zur Umkehrung dessen, was den Maßgaben sozialer Voraussehbarkeit und Kalkulierbarkeit entspricht: systematische Diskriminierung, mittels Sonderregelungen betriebene Ausgrenzung und Enteignung – bis an die Praxis der Austreibung heranreichender Zwang zur Abwanderung. Der Vorgang der Vernichtung indes, seine Geschwindigkeit und Wucht lässt sich nicht mehr vor einem wie auch immer vertrauten und damit auch nachvollziehbaren Hintergrund abbilden, dem noch Maßgaben lebensweltlicher Kontinuität und Normalität eingeschrieben sind. Die Vernichtung als ein alle sozialen Bezüge schlagartig zersprengender Einschnitt in Gestalt einer sich beschleunigenden und flächendeckenden Destruktion der Vernichtung bedarf indes anderer Stilmittel. Eines dieser Stilmittel ist die lakonische Distanz gepaart mit einer gleichsam würgenden, verhaltenen Sachlichkeit, die Saul Friedländer sich paradoxerweise in der Darstellung auferlegte angesichts des entsetzlichen Geschehens und seiner zerstörerischen Wucht. Sie erlaubt einen gleichsam anhaltenden, einen entschleunigenden Blick auf die in beklemmender Geschwindigkeit sich in die Vernichtung hinein steigernden Exzesse der Gewalt.

In der Tat ist die Darstellung Friedländers höchst ungewöhnlich, vom Genre des Schreibens her geradezu wagemutig. Die Dramaturgie erfolgt dabei in schnellen, fahrig anmutenden Schnitten. Das Vorgehen ähnelt dem eines Filmemachers. Die Texte werden dabei ebenso aneinandergereiht wie von den dabei ineinanderverfugten, zum Sprechen gebrachten Perspektiven aufeinandergeschichtet. Die Reihung insinuiert die Zeitfolge, die Schichtung die Tiefe des erfahrenen Schreckens. Mittels einer solchen Kompilation entfaltet sich eine beklemmende Eindrücklichkeit. Die kommentierende, die räsonierende Rede tritt zurück. Jedenfalls ist sie leise – so leise, als vertrage der Gegenstand nur das geflüsterte Wort. Der Autor nimmt sich schier gänzlich zurück – und ist dabei durch von ihm sorgsam platzierte Momente von Ironie und Beiläufigkeit umso präsenter. Aus diesem Ton spricht die Zurückhaltung des Chronisten.

Der Modus der Darstellung ist in der Tat dem einer Chronik nachempfunden, und zwar einer Chronik, die nicht, wie sonsthin üblich, ganz am Anfang der Beschäftigung mit einem historischen Gegenstand anzutreffen ist, sondern die sich vielmehr und ganz wider Erwarten an ihr Ende setzt. Die chronistische Erzählform erweist sich nach einer jahrzehntelangen, in mancher Hinsicht auch überbordender Erforschung des Geschehens in ihrer scheinbaren Einfachheit als ein glänzendes Stilmittel insofern, als sie zu den unverfälschten Ursprüngen historischer Repräsentation zurückkehrt und alle über lange Dauer aufgehäuften Deutungen und Interpretationen gleichsam unterläuft. Vielleicht ist dies nach all den Jahren bemühter Beschäftigung mit dem Holocaust die einzig noch verbliebene Form, den Gegenstand angemessen zu beschreiben. In ihr hat sich etwas unverfälscht Kristallines erhalten.

Dieser Blick indes ist in seiner Einfachheit nur scheinbar arglos. Bei genauem Hinsehen erweist er sich vielmehr als wissend. Schließlich ist er durch die vielstimmigen Diskurse komplexer und verkomplizierender Deutungen hindurchgegangen – um sich ihrer als überdrüssig zu erweisen. Die theoriebelasteten Inszenierungen der Geschichtsschreiber werden durch die Verlebendigung unmittelbarer Beschreibung gleichsam exorziert. Erst dadurch gelingt es dem Autor, die Geschichte aus der Vergangenheit zu erlösen. Dies geschieht, indem er ihre eigentümliche Ungeheuerlichkeit verlebendigt.

Dass Friedländer nach jahrzehntelanger Beschäftigung mit dem Gegenstand der »Endlösung« diesen Weg zu ihrer Beschreibung genommen hat, dürfte nicht zuletzt seinen Erfahrungen mit den endlosen, schließlich am Gegenstand vorbeiführenden historiografischen Diskursen und öffentlichen Verwerfungen geschuldet sein. Schließlich hat er, dessen Œuvre vom Anbeginn seiner akademischen Berufung ebenso wie seiner biografischen Introspektion im Zeichen von Nationalsozialismus und Holocaust stand, alle Phasen und Schichten der forscherischen Beschäftigung und publizistischen Auseinandersetzung mit dem Gegenstand durchlaufen. Angefangen mit seinem Buch über Pius XII., dem Werk über den Eintritt der Vereinigten Staaten in den Krieg, die Vignette zu

Kurt Gerstein, seiner prominenten Teilnahme an der Stuttgarter Konferenz zum Stand der Forschung über die »Endlösung« 1984, die sich an seiner Person anlässlich einer unheimlichen Begegnung mit Ernst Nolte aus dem Jahre 1986 entzündenden Vorgeschichte des Historikerstreits bis hin zu dem zur eigentlichen methodischen Frage von Geschichtsschreibung und Repräsentation sich verdichtenden kontroversen Briefwechsel mit Martin Broszat aus dem Jahre 1987.

Die über Jahrzehnte von Friedländer unternommenen Schritte durch die Forschungsgeschichte des Nationalsozialismus und des Holocaust führen in ihrer Summe letztlich zum eindrücklichen Modus der nüchternen Erzählung – einer nüchternen Erzählung freilich, die einer epistemischen Läuterung gleich durch die Verwerfung der Forschungsgeschichte hindurchgepresst worden ist. Und dieser Vorgang ist dem Werk über die Vernichtung anzusehen. Ständig werden Sequenzen sichtbar, die andeutend auf die theoretischen Kontroversen verweisen, ohne sie eigens mit einem einzigen Wort zu würdigen. An ihrer statt wird Lakonik und tiefe Verhaltenheit spürbar. Und es ist eben jene Lakonik und die sie begleitende verhaltene Ironie, die als ein gleichsam Erkenntnis leitendes Stilmittel von einem Wissen über ein inzwischen abgelegtes totes Wissen zeugt. Stattdessen werden Ereignisse und Ereignisfolgen in einer sinnfälligen Erzählstruktur verwoben, in der die Modi der Erzählung selbst eine der ordnenden Kraft von Theorie analoge Wirkung zukommt. Es wäre sicherlich keine ungehörige Anmaßung, die Vermutung zu äußern, Saul Friedländer habe mit diesem Werk auch die von Martin Broszat geäußerte Kollektivunterstellung widerlegen wollen, Juden seien nicht nur als direkte Opfer der Nazis außerstande, eine nüchterne Geschichte jenes Geschehens zu verfassen, sondern seien obendrein eines ihnen eigenen mythologischen Geschichtsverständnisses wegen grundsätzlich befangen. Indem Friedländer ständig und immer wieder die drei möglichen Perspektiven in der Wahrnehmung des Ereignisses – Opfer, Täter und Außenstehende – ineinanderblendet, gelingt ihm der einzig angemessene, die Geschichte rekonstruierende Blick auf das Geschehen, nämlich eine alle Facetten berücksichtigende Sicht auf der Grundlage einer ethisch begründeten Empathie mit den Opfern.

Das exemplarisch hervorgehobene vierte Kapitel spiegelt in einer unverwechselbaren Weise die von Friedländer gewählte Vorgehensweise. Neben der dichten Beschreibung der Zeugenschaft, dem erstarrten, mikroskopisch wie plastisch genauen Blick auf die Mordhandlungen werden hintergründig die großen internationalen Kontexte ebenso aufgezogen wie die schrittweise getroffenen Entscheidungen und von ihnen ausgehenden Handlungen der Nazis hin zur Tat akribisch nachvollzogen. Mikro und Makro verstreben sich gleichsam naturwüchsig ineinander. Tranche für Tranche werden die für den spezifischen Zeitabschnitt relevanten Vorgänge und Perspektiven präpariert. Dazu gehört der sich am Horizont abzeichnende Kriegseintritt der Vereinigten Staaten ebenso wie das genozidale Vorgehen der Einsatzgruppen in den von der Wehrmacht überwältigten sowjetischen Gebieten; die Beteiligung der jeweils ortsansässigen Bevölkerungen an den Massakern an ihren jüdischen Nachbarn wie die aus Schrecken und Unverständnis gefügten Reaktionen der erschlagenen, verbrannten, erschossenen und lebendig begrabenen Juden im gesamten Bereich der von den Nazis und ihren Helfern durchschrittenen Todeszone von der Ostsee bis zum Schwarzen Meer.

Soweit zum Verständnis des historischen Umfeldes nötig, greift Friedländer in weiter entfernte Vergangenheiten zurück – und dies ohne dabei der Gefahr einer falschen Breite zu erliegen. Auch und gerade der durch die scharfen Schnitte in der Beschreibung ermöglichte schnelle, gar abrupte Wechsel der Handlungen in unterschiedlichen Räumen zu ein und derselben Zeit – der Wechsel von Polen zu Frankreich, von den Niederlanden zu Ungarn, von Bulgarien zu Dänemark, von Serbien zu Litauen – vermag bei einer geradezu unendlichen Vielfalt der Umstände und Bedingungen des Geschehens doch so etwas wie eine Einheit dessen erkennen lassen, was erst Jahrzehnte danach in den emblematischen Begriff des Holocaust einmündet.

Diese in historisch überaus kurzer Zeit sich abspielenden Vorgänge in einer angemessenen Weise darzustellen, ist für den Historiker ein schier nicht zu schulterndes Unternehmen. Dabei wird jede falsche Teleologie vermieden. Etwa eine Fokussierung auf die allein im nationalsozialistischen Deutschland sich abspielenden Vorgänge in den Zentren der Entscheidung. Angesichts eines sich europaweit ausdehnenden und sich dabei radikalisierenden Unternehmens einer ultimativen Vernichtung wäre eine finale Sicht auf die Dinge gänzlich unzureichend. Eine solche Sichtweise würde an der Komplexität des Geschehens und seiner vielfältigen Ingredienzien vorbeizielen.

Wie komplex und verworren sich die zu einer synthetisierenden Darstellung gebrachten Umstände letztlich gestalten, wird man etwa anhand des scheinbar paradoxen Umstandes gewahr, dass die militärische Bewegungsrichtung der deutschen Expansion räumlich zwar von West nach Ost verläuft – der Holocaust als solcher indessen von Ost nach West vorrückt. Dies galt auch, wenn seine Vorstufen in Form der Diskriminierung, Ausgrenzung und Austreibung im Reichsgebiet ihren Ausgang nahmen, sich mit dem Überfall auf Polen zu einer Gettoisierung der Juden im Generalgouvernement steigerten und dann – mit der Invasion der Sowjetunion – in flächendeckende und zunehmend systematischen Charakter annehmende Massentötungen einmündeten. Dieser in Vernichtungshandlungen übergehende Quantensprung des Geschehens trat mit dem Wüten der Einsatzgruppen im Gefolge der weiter nach Osten vorrückenden Wehrmacht ein. Erst mit der »Aktion Reinhard« werden 1942 die weit westlich der Front gelegenen gettoisierten Juden des Generalgouvernements erfasst. Und erst später treten die Juden Westeuropas – aber auch die eher fernab liegender Länder wie etwa Griechenland – in den Sog der Vernichtungsmaschinerie. Der Ort des universellen Vollzugs –, die Verschränkung aller Räume und Ereigniszeiten des Geschehens ist Auschwitz.

Die scheinbare Paradoxie der West-Ost-Bewegung deutscher militärischer Expansion und der sich in Ost-West-Richtung bewegende Holocaust gilt es in der Darstellung des Gesamtgeschehens angemessen Rechnung zu tragen. Dies kann der Verflechtung der Ereignisse wegen, genauer: der Verschmelzung aller Vorgänge zu einem einzigen Geschehen, nicht länderweise erfolgen. Es bedarf eben jener komplexen Verknüpfung aller die Todesmaschinerie bewegender Umstände. Und dennoch wird es sich nicht umgehen lassen, die jeweils konkreten Umstände in den Blick zu nehmen. Diese Umstände sind sowohl den jeweils speziellen Lagen am Ort geschuldet, wie sie auch in die Zeit des Holocaust hineinreichende Vorgeschichten in Anspruch nehmen.

Die Topografie des Holocaust legt Differenzierungen nahe. Und diese Differenzierungen sind in erster Linie weniger Ergebnis des jeweiligen Grads angetroffenen Antisemitismus, sondern der am spezifischen Ort vorhandenen politischen Konstellation. So ist auffällig, dass Juden, die sich in solchen Ländern aufhielten, die mit dem nationalsozialistischen Deutschland im Bunde waren, sich länger dem deutschen Zugriff zu entziehen vermochten als solche, die etwa in Polen lebten, das direkt unter nazistische Besatzung geriet. Diese von verschiedenen Vorgängen gespeiste Unterscheidung wird schon bei der Behandlung von Juden im Reich und im angeschlossenen Österreich 1938 sichtbar. Während nämlich im Reich bis zum November 1938 Juden bei aller Diskriminierung von nazistischen Gewaltmaßnahmen durch die Präsenz einer konservativen Bürokratie und einer noch unvollkommenen Gleichschaltung als halbwegs geschützt gelten konnten, waren sie nach dem März in Österreich als einem »angeschlossenen« und damit in gewisser Hinsicht auch besetztem Land direkt den NS-Stellen unterworfen.

In Ungarn, einem Bündnispartner Hitler-Deutschlands, waren die Juden bei aller Diskriminierung und vom Regime zu verantwortenden Verfolgungsmaßnahmen so lange der Vernichtung entzogen gewesen, bis die Deutschen zur Besetzung des Landes im März 1944 schritten. Dänemark war zwar 1940 besetzt worden, indes erfolgte die Besetzung nicht unter kriegerischen Umständen. Die dänische Verwaltung blieb weitestgehend intakt, und der König war nicht außer Landes gegangen. Diese Konstellation erlaubte den Dänen, ihren Juden einen relativen Schutz angedeihen zu lassen – bis hin zu ihrer resistenten Evakuierung durch Dänen über den Sund nach Schweden. Dass im Westen gerade in den Niederlanden die Deportation und Vernichtung der Juden des Landes fast total war, während hingegen in Belgien eine größere Anzahl von Juden sich dem Zugriff der Nazis haben entziehen können, dürfte wesentlich daran gelegen haben, dass das niederländische Königshaus nebst Regierung ins britische Exil gegangen war, während in Belgien der König unter deutscher Besatzung ausharrte. In den Niederlanden war die nazi-deutsche Herrschaft unmittelbar, in Belgien durch belgische Instanzen ausgeübt und damit eher mittelbar.

Oder die Konstellation, die bei einer Achsenmacht wie Italien, oder die, die hinsichtlich des Vichy-Regimes zu beobachten ist. Beide nehmen in der »Judenfrage« eine ähnlich räumlich wie politisch gespaltene Position ein, obschon es sich hierbei um jeweils völlig verschiedene Lagen handelt: die räumliche Spaltung in Frankreich zwischen dem besetzten und bis zum Jahre 1942 und der alliierten Invasion in Nordafrika unbesetzten südlichen Teil unter Vichy-Herrschaft; in Italien ab Juli 1943 mit der Absetzung Mussolinis und dem Austritt aus der Achse zwischen dem nördlichen, von den Deutschen nunmehr besetzten Teil, und dem des befreiten und sich befreienden Südens. Auch die bulgarischen und rumänischen Sonderlagen – im Übrigen jeweils gänzlich voneinander verschieden – erlauben durch die ihnen im Kontext des doch neben dem großen Antagonismus zwischen Hitler-Deutschland und den Alliierten aus vielen Einzelkriegen zusammengesetzten Zweiten Weltkrieg eigentümlichen Zwischenlagen Einblicke in die Komplexität eines Prozesses wie dem des Holocaust, der in seiner Umsetzung gradlinig zu verlaufen scheint, dabei zu teleologisch angeleiteten Schlüssen Anlass gibt – und sich dabei doch auch aus Myriaden verschiedener Komponenten zusammenfügt.

Das extremste Beispiel einer exzentrischen Komponente im Gesamtbild dürfte wohl das finnische gewesen sein, als sich bei der Belagerung von Leningrad als Teil des finnisch-sowjetischen Fortsetzungskrieges jüdische Soldaten des finnischen Heeres im Einsatz gegen die Sowjets befanden. Hinzu treten noch weiter peripher angesiedelte Perspektiven wie etwa die spanische, als Franco nach dem Sieg über die Republik jüdische Flüchtlinge ins Land ließ und damit auch die Durchreise nach Portugal ermöglichte. Port-Bou ist angesichts der Gesamtgeschichte des Holocaust schon ein paradoxer *lieux*. Walter Benjamin nahm sich schließlich auf französischer Seite der Grenze das Leben, weil er befürchtete, nicht auf die spanische gelangen zu können.

Grundsätzlich lässt sich aus dem Gesagten folgende Erkenntnis gewinnen: Je direkter der Zugriff der Nazis auf die Juden der jeweiligen Länder gewesen war, desto fataler war ihr Schicksal. Je mehr die Nazis gehalten waren, sich mit ihnen nahestehenden oder gar verbündeten Staaten und deren Regierungen über das Schicksal von deren Juden ins Benehmen zu setzen, desto schwieriger sollte sich deren Deportation gestalten. War die deutsche Besatzung gar unter kriegerischen Umständen erfolgt – wie etwa in Polen mit seiner zahlenmäßig vergleichsweise bedeutenden jüdischen Bevölkerung –, gestalteten sich die Kämpfe zudem schwierig beziehungsweise galten sie gar einem ideologischen Feind wie in der von Anfang an mit einem Vernichtungskrieg überzogenen Sowjetunion, so war der mörderische Zugriff auf die dortigen Juden unmittelbar, tödlich und total. Das Verhalten der eingesessenen nichtjüdischen Bevölkerung war in all jenen Konstellationen nicht unerheblich, aber angesichts der jeweils besonderen Umstände nicht von der entscheidenden Wichtigkeit, die ihr so manche Geschichtsschreiber zuweisen. Ob die Bevölkerung traditionell als antisemitisch zu gelten hatte oder auch nicht, dürfte sich also nicht derart entscheidend auf das Verhalten den Juden gegenüber ausgewirkt haben. Bei weitem wichtiger waren die politischen Konstellationen am Ort: die Unterscheidung zwischen kriegerischer oder nicht-kriegerischer Besatzung, der direkte oder indirekte Zugriff etc.

Die Geschichtsschreibung des Holocaust steht angesichts

einer Vielfalt sich einstellender Lagen vor erheblichen Herausforderungen der Komposition. Wird das Geschehen von der Tatsache des vollzogenen Holocaust her erzählt, wird man nicht umhinkönnen, die jeweils besonderen Umstände hintanzustellen. Schließlich haben diese auch nicht wesentlich dazu beigetragen, ihn zu entschleunigen, ihn gar zu verhindern. Lässt man die Vielfalt der Umstände gelten, und dies auch dann, wenn sie nicht wesentlich zur Behinderung des Projektes der Vernichtung beigetragen haben, rückt man sie gar in den Vordergrund, dann dürfte das große Ganze und damit auch der Gegenstand als solcher verfehlt werden. So hat der zu beschreitende angemessene Grat der Erzählung sich moderierend zwischen der Skylla einer notwendig ordnenden Teleologie und der Charybdis einer ungeordneten Mannigfaltigkeit von Wirklichkeiten zu bewegen, in die der Historiker mittels einer und durch zeitliche Distanz geläuterten empathischen Nähe abwägend interveniert. Dies ist der Weg, den der Historiker Saul Friedländer in seiner großen Erzählung über den Holocaust beschreitet. Dabei gelingt ihm durch eine Art kaleidoskopischen Schreibens dramaturgisch eine Inszenierung, in der unser Wissen um das Ende und damit die teleologische Führung durch das Geschehen hindurch sich mit den oftmals paradox gelegenen Einzelheiten zu einem komplexen Bild verstreben, indem das Geschehen als das, was es wirklich war, in seiner ganzen Wucht ebenso zur Wirkung gelangt und zugleich die sich von diesem glühenden Kern absetzenden Anteile zu ihrem narrativen Recht kommen.

Saul Friedländer kommt das Verdienst zu, die Vielfalt der sich einstellenden Konstellationen in das Gesamtnarrativ bedacht und sie in einer angemessenen Weise ineinander verflochten zu haben. Dies gilt im Übrigen auch für die Beachtung der aufgrund von Ungleichzeitigkeit und Vorgeschichte unterschiedlich geratenen Narrative der verschiedenen, dem Holocaust ausgesetzten Judenheiten Europas. So ist es in etwa evident, dass die Erzählung der deutschen Juden sich wesentlich auf die zwischen den Jahren 1933 und 1939 erfolgenden Diskriminierungen im Reich und das daraus sich ergebende Emigrationsgeschehen bezieht – und dies, obschon eine gewaltige Zahl deutscher Juden von 1941 an das Schicksal der Juden im östlichen Europa teilte. Wie die anderen gerieten auch sie in den Sog des Vernichtungsgeschehens im Osten. Hierfür sind Orte wie das Getto Lodz, das Fort von Kowno oder das Getto von Minsk emblematisch. Indes bricht dort ihre Geschichte als deutsche Juden in einer merkwürdigen Weise ab. Jedenfalls wird sie nicht mehr als solche erzählt. Stattdessen geht sie ein in die Gesamtgeschichte der Vernichtung des europäischen Judentums. Die Erzählung der Juden Polens indes ist vordergründig auf ihre in den Gettos erfahrene Leidensgeschichte fokussiert – bis sie in der industriell betriebenen Vernichtung endet. Dass ihre Erzählung wesentlich auf die Zeit der Gettoisierung abhebt, rührt aus dem Umstand, dass sich dort so viel an Dauer der Wahrnehmung des unmittelbaren Geschehens wie der zukünftigen Erwartung hat anhäufen und zum historischen Material für die Nach-Erzählung hat werden können. Davon zeugen Tagebücher und andere Niederschriften ebenso wie die Erzählungen von Überlebenden. Es stellt sich so etwas wie ein polnisch-jüdisches Masternarrativ der Shoah ein.

Nicht unähnlich – wenn auch ganz anders – entfaltet sich das angehäufte Schrifttum der deutsch-jüdischen Erfahrung, das als Exilliteratur ein eigenes Genre ausgebildet hat. Die Masse der mit diesem Genre verbundenen Verschriftlichungen wirkt sich dahingehend aus, dass durch die in diesem Schrifttum notwendig zentralen Beschreibungen der Exilerfahrung das Vernichtungsschicksal der deutschen Juden im Osten gleichsam verdeckt wird. So will es im Nachhinein scheinen, als habe es sich bei der Geschichte der deutschen Juden angesichts des Nazismus um ein zwar wenig angenehmes, indes recht unbeschädigtes Schicksal gehandelt. Dieser Eindruck mag dadurch verstärkt worden sein, dass deutsche Juden in der Zeit der frühen Entschädigungsmaßgaben nach dem Kriege in der einen oder anderen Weise restituiert worden waren, was die aus osteuropäisch-jüdischer Wahrnehmung eingenommene Perspektive verstärkte, bei den deutschen Juden handele es sich um privilegierte Opfer. Dass in diese Konstellation hinein auch weit ins 19. Jahrhundert zurückreichende Vorgeschichten eines konflikthaften Verhältnisses von Juden in Ost und West hineinwirkten, mag diese Perspektivenspannung noch verstärken.

Hinzu tritt eine weitere, eine dritte jüdische Erfahrung, die überhaupt davon Abstand zu nehmen scheint, den Holocaust als Holocaust zu evozieren. Hier ist von der Erzählung der sowjetischen Juden die Rede. Diese hatten ja wesentlichen Anteil an der sowjetischen Kriegsanstrengung und waren insofern auch in das sowjetische Erfolgsnarrativ des Sieges über den Hitlerfaschismus eingebunden. Obwohl sie sich damit nicht den vormaligen offiziellen sowjetischen Vorgaben unterwarfen, die den Holocaust als Holocaust an den Juden übergingen, um das mit diesem verbundene Geschehen in eine allgemeine sowjetische Opferschaft einzuschmelzen, trugen nicht unerhebliche Anteile ihrer ureigensten Erfahrungsgeschichte dazu bei, dem sich ausbildenden und von oben her dekretierten Geschichtsnarrativ der Geschichte des Kriegsgeschehens vor der des Holocaust Vorrang zu gewähren. Eine Überlagerung des Holocaust durch die Kriegsereignisse als solche war nicht allein der sowjetischen Konstruktion der Ereignisse vorbehalten. Es handelte sich im Großen und Ganzen durchaus um ein allgemeines Phänomen, das erst durch den öffentlichen Diskurs im Westen der späten 1970er und vor allem der 1980er und 1990er Jahre durchbrochen wurde. Erst aus dieser Wahrnehmungskonjunktur heraus tritt das sowjetische Sonderbewusstsein in seiner Eigentümlichkeit hervor. Historiografisch gesehen schließt das Werk von Saul Friedländer das sich damals öffnende Fenster der Wahrnehmung. Insofern ist es ein Gesamtwerk seiner Zeit. Es sucht eine schriftstellerische Antwort nicht nur auf die Frage des von ihm rekonstruierten Geschehens, sondern reagiert auch auf die an den Holocaust gerichteten Fragen von über drei Jahrzehnten.

Saul Friedländer will in seiner großen Geschichte der Vernichtung der europäischen Juden nicht nur beschreiben, nicht nur erzählen. Das Buch verbindet mithin das Unternehmen einer großen Erzählung mit dem einer historiografischen Bewandtnis. Dies gilt, zumal sein Werk angesichts der ihm vorausgegangenen Geschichtsschreibung zum Thema nicht für sich stehen kann, vielmehr steht es in einem stillen Diskurs zu anderen Werken und ihren Deutungen. In einer längeren Einführung unternimmt Friedländer so etwas wie eine Positionsbestimmung. Dort weist er bereitwillig seine Perspektive aus: Seine Perspektive auf das ungeheuerliche Geschehen stellt die Weltanschauung der Judenfeindschaft ins Zentrum, ohne dabei, wie Goldhagen, das jeweils konkrete Handeln der Täter zur Erhärtung seiner These auch im Einzelnen als durch antisemitische Motive veranlasst begründen zu müssen. Es besteht in der Tat ein Unterschied zwischen einem konkreten, handlungsanleitenden Antisemitismus und einer judenfeindlich imprägnierten Kultur, die es in bestimmten Konstellationen nahelegt, wie selbstverständlich Juden zu Tode zu bringen, nur weil sie Juden sind. Das über das ganze Geschehen des Holocaust schwebende Verständnis, dass die Juden als Verursacher aller nur möglichen Übel ganz zu Recht zu Tode gebracht werden müssen, durchdringt seine Voraussetzungen und ist in den feinsten Verästelungen seiner Umsetzung aufzuspüren. Dies will nicht heißen, dass der Konstellation, also den hierfür nötigen Umständen, ein erhebliches Quantum an Verursachungsenergie zuzubilligen ist. Aber ohne die antisemitische Imprägnierung, die gemeinhin nicht notwendig tödlich enden muss, sich aber in bestimmten Konstellationen zu einer todbringenden Motivation verdichten mag, ist der Holocaust als ultimativer Genozid an den europäischen Juden schlechterdings nicht vorstellbar. Dass diese Sicht auf die Dinge keineswegs selbstverständlich ist, mag angesichts ihrer Selbstverständlichkeit verwundern. Was sollte sonst zur Ermordung der Juden geführt haben, wenn nicht der Umstand, dass sie Juden waren?

Und doch ist diese Selbstverständlichkeit nicht selbstverständlich. In den letzten Jahren erfreuen sich gerade solche Bücher über den Holocaust der Gunst des Publikums und erreichen für das historische Genre gerade sensationelle Verkaufszahlen, die eher davon abzusehen trachten, in der Judenfeindschaft den zentralen Grund für die Ermordung, für die Vernichtung der europäischen Juden zu sehen. Dass die ermordeten Juden Juden waren, wird eher zu einer Nebensache erklärt, zu einer Art sekundärem Grund. Solche Begründungen sind beliebt, weil sie es vorziehen, auf das Materielle abzustellen, auf Raub und Plünderung, auf Habgier und ökonomisches Kalkül. Solche menschlichen Gebrechen sind jedermann einsichtig, beruhen sie doch auf so etwas wie auf einer nachvollziehbaren negativen Anthropologie der Alltagserfahrung. Sicher, die Dimension des Judenmords mag alle Maßstäbe vormals gemachter Erfahrung sprengen, aber letztlich soll es sich doch um einen Vorgang handeln, der unsere wohlerworbenen Einsichten in den Lauf der Welt weniger herausfordert, als dass es sich bei seiner Exekution um Gründe gehandelt haben sollte, die womöglich alle Vorstellung von bloßer Nützlichkeit transzendieren. Der dabei allenthalben empfundene Wunsch, sich einen Holocaust ohne Juden zu schaffen, ist jedenfalls nachhaltig.

Diesem Trend stellt sich Saul Friedländers Geschichte des Holocaust entgegen. Statt exzentrische und marginale Phänomene so zu exponieren, als handele es sich dabei um das wahre Ganze, konzentriert er sich auf die wesentlichen, auf die existenziellen und handlungsanleitenden Vorgänge. Und dabei rückt er die gemachte Erfahrung wieder ins Zentrum des Geschehens. Die von ihm bei allem Perspektivenpluralismus stärker in Anspruch genommene Wahrnehmung der Opfer gibt den Ereignissen jene Schärfe zurück, die sie durch die Verschiebungen des Fokus auf Abseitiges zunehmend verloren haben. Schließlich kommt es Friedländer allem Dafürhalten nach darauf an, das wieder sichtbar zu machen, was den Holocaust vor dem Hintergrund einer bei allen Dementis doch weiterhin gültigen Kultur der Aufklärung auszeichnet: die erratische Fassungslosigkeit.

Eigentum restituieren

Das Leben der Sache – Gefäße der Erinnerung – Erbschaft ohne Erben

Die Wahrung und Tradierung von Eigentumstiteln ist grundlegendes Prinzip einer zivilisierten Rechtsordnung. Kommt es durch den Bruch der Rechtsordnung zu einer groben Verletzung dieses kulturbegründenden Prinzips, stellt sich bei der Wiederherstellung gemeinhin ein Anspruch auf Heilung der vormaligen Eigentumsverhältnisse ein. So spiegelt die Beständigkeit von Eigentumsverhältnissen Stabilität, Kontinuität und Vertrauensgewissheit wider – allesamt Tugenden einer »guten Ordnung«. Damit ist indes die Bedeutung von Eigentumstiteln als Ausdruck einer besonderen, andere ausschließende Bindung zwischen Person und Ding nicht erschöpft.

Anthropologisch kommt dem Eigentumstitel an einer Sache freilich mehr zu, als über lange Dauer daraus Nutzen zu ziehen. Genau genommen reflektiert das Eigentum die Tugenden der Person des Eigentümers, es ist im materiellen wie im geistigen Sinne Ausdruck von Persönlichkeit. Mittels der ihm eingeschriebenen und als berechtigt anerkannten Verfügung über eine Sache bildet sich der Charakter des Eigentums, das Eigentümliche, aus: eine das Phänomen von Dauer versinnbildlichende Patina der Kontinuität.

Die Eigentumsgarantie der Rechtsordnung überträgt die Attribute einer biologisch begrenzten Lebensdauer der Einzelperson auf die Folge der Generationen. Insofern ist im Eigentum Zeit angehäuft. Es ist die Erbfolge, die legitime transgenerationelle Übertragung der Sache, die Kontinuität sichtbar macht. Die Umstände der Übertragung von Eigentum, die seiner Verletzung entspringenden Verwerfungen ebenso wie die Bedingungen seiner Wiederherstellung sind untrügliche materielle wie symbolische Insignien der Zeitläufte. Sie sind es als weit über das Ding der Sache selbst hinausreichender Fetisch, als Ausdruck bestätigten Seins oder als profane Zeichensprache der Nützlichkeit. Anhand der Rechtstitel von Eigentum und ihrer Semantiken lassen sich Charakter und Grad lebensweltlicher Einschnitte ablesen. Der Zweite Weltkrieg und der Holocaust als sein negativer Kern geben als Extremereignisse darüber eindringlich Aufschluss.[1]

Im Laufe des Jahres 1943 verdichteten sich die Nachrichten über das ungeheuerliche Geschehen in den Vernichtungsstätten in Europa derart, dass weitere Zweifel an den bislang nach Amerika gedrungenen Meldungen nicht mehr zu verantworten waren. Denen, die sich mit Fragen der Restitution jüdischen Eigentums befassten, wurde in dramatischer Weise klar, dass sie mit einem völlig neuen Phänomen konfrontiert waren: Sie erkannten, dass das, was von diesem Zeitpunkt an mit der Bezeichnung des Genozids verbunden wurde, neben der Ungeheuerlichkeit des Geschehens selbst auch die anthropologischen Voraussetzungen einer »guten Ordnung« und ihrer Begriffe fundamental beschädigt hatte. Eine solch grundlegende Beschädigung der Begriffe und Kategorien tradierter Ordnung verletzte durch die totale wie grundlose Vernichtung einer ganzen Bevölkerungsgruppe auch das Konzept des Eigentums und seiner legitimen Übertragung, und dies nicht nur wie ansonsten im Fall üblicher kriegerischer Gewaltmaßnahmen begleitet von Massakern, Brandschatzung, Raub und Plünderung, sondern – wie in ebenjenem eingetretenen Falle der Juden Europas geschehen – im Zusammenhang mit dem gänzlich neu erkannten Phänomen des Genozids.[2]

Was war an jenem ultimativen Genozid derart fundamental neu? Neu jedenfalls jenseits der Ungeheuerlichkeiten einer industriellen Fabrikation von Leichen in hierfür speziell für Menschen eingerichteten Schlachthäusern? Denjenigen, die sich auf jüdischer Seite schon seit 1939 – also noch bevor das anfing, was sich später als Genozid herausstellen sollte – mit Fragen der Restitution zu beschäftigen begonnen hatten, wurde schlagartig klar, dass mit dem Eintritt eines an Vollständigkeit grenzenden Genozids die gleichsam stoffliche Seite, die Begünstigten des bürgerlich-rechtlichen Anspruchs auf Restitution geraubten Eigentums, verschwunden waren.[3] Tatsächlich bringt es ein Genozid mit sich, dass der Anspruch auf Restitution, auf die Wiedereinsetzung in die Rechte an der entwendeten Sache nach zivilem Recht, nicht mehr erfolgen kann. Es gibt keine Erben mehr. Der Völkermord des später so denominierten Holocaust, der ultimative Genozid an den Juden, zieht das massenhafte, gleichsam absolute Phänomen und damit für das Ereignis signifikante Phänomen erbenlosen Vermögens nach sich.

Was hat mit einem solchen zivilrechtlich nicht mehr restituierbaren Vermögen zu geschehen? Sollte etwa hingenommen werden, dass dieses erbenlos gemachte Eigentum an jene fällt, in deren Besitz es übergegangen war – und dies nur deshalb, weil nach bürgerlicher Maßgabe keine rechtmäßigen Erben mehr ausfindig zu machen sind? Dies hinzunehmen wäre die schier unerträgliche Folge eines ohnehin unerträglichen Geschehens, und dies umso mehr, als die Dinge selbst die Male der Ermordeten, der vernichteten Eigentümer gleichsam in sich tragen. Die Sache wird zur eigentlichen Insignie des Geschehens.[4] Unausgesprochen stehen hinter den Dingen und Sachwerten die hingemordeten Menschen. Eine Rede über deren Wert, über den Wert des gemordeten Lebens ist undenkbar. Was könnte der Wert eines Kindes, einer Mutter oder eines Ehemannes sein? Er ist nicht quantifizierbar und insofern auch nicht verhandelbar. So kommt es, dass mit der Rede über Sachen die Rede über die ermordeten Menschen ersetzt wird. Sie wird diskursiv substituiert. So ist dem restituierten Ding der Schatten der einst über ihn verfügenden Menschen eingeschrieben.

Der Genozid zieht eine merkwürdige, eine kategoriale Transformation nach sich: die Transformation von individuell nicht mehr zu realisierenden privateigentümlichen Ansprüchen in den kollektiven Anspruch einer sich hierfür konstituierenden Körperschaft. Hier handelt es sich um die Körperschaft des »jüdischen Volkes«, das – als kollektive Rechtsnachfolge erbenlos gemachten individuellen Eigentums – Anspruch erhebt und darin von anderen, vor allem aber von den Beanspruchten, anerkannt wurde.

Das war in der Tat eine Neuerung: Mochten Juden aus traditionell-religiösen oder nationalen Gründen schon immer von einem »jüdischen Volk« gesprochen haben[5] – von einem »jüdischen Volk« als einem Kollektivsingular öffentlich-rechtlichen Charakters war bislang jedenfalls nicht die Rede gewesen. Daran hatten auch konjunkturell bedingte politische Ereignisse wie die 1917 kundgetane Balfour-Deklaration oder die in den Friedensverträgen von Paris 1919 eingelassenen Minderheitenrechte wenig geändert. Ein jüdisches Volk in einem Rechtssinne hatte es nicht gegeben. Es konstituierte sich – welches Paradoxon – über die Gewissheit des vollzogenen Genozids und fand seinen Ausdruck im notwendig konstruierten Kollektivanspruch auf das erbenlos gemachte Eigentum.[6]

Und so war es geschehen: Das durch den Charakter dieses Genozids individuell nicht mehr restituierbare Eigentum hatte sich aus ethischen Gründen – das Geraubte nicht einfach

Mördern und Räubern zu überlassen und somit die Aneignung durch Unterlassen womöglich noch zu rechtfertigen – notwendig in ein kollektives jüdisches Gut verwandelt. Es war dieses kollektive Gut, das für seine Restitution eines kollektiven Anspruchsberechtigten bedurfte. So wurde das Kollektiv des »jüdischen Volkes« Ausdruck einer Art von Transsubstitution des kollektiv verwandelten erbenlos gemachten jüdischen Eigentums.

Die Notwendigkeit der Konstitution eines Anspruchsberechtigten, damit geraubtes, vor allem aber durch den Genozid angeeignetes Eigentum restituiert beziehunsgweise pekuniärer Ersatz eingefordert werden konnte, zog die Gründung entsprechender kollektiver jüdischer Interessenvertretungen nach sich. Sie waren allein schon aus dem Grunde dringlich geworden, um mit der neu etablierten Bundesrepublik Deutschland als der Rechtsnachfolgerin des Deutschen Reiches überhaupt in Verhandlungen treten zu können. Die den jüdischen Anspruch – den Anspruch eines über das Phänomen erbenlosen Eigentums sich konstituierenden jüdischen Volkes – erhebende jüdische Interessenvertretung nahm einer notwendigen Kompatibilität wegen quasistaatlichen Charakter an.

Wer die Interessen dieses jüdischen Volkes in Gestalt erbenlosen Eigentums wahrnehmen sollte, darüber waren 1944 unterschiedliche Meinungen zu vernehmen. Von Seiten der Zionisten kam diese Rolle der Exekutive der Jewish Agency als zionistischer Weltorganisation zu. Ohnehin war man davon ausgegangen, dass der in Palästina zu begründende Staat, sollte er denn tatsächlich entstehen, als selbsterklärter Staat aller Juden der Welt in der Pflicht stünde, eben jenen kollektiven Anspruch zu erheben: In Analogie zu den Deliberationen auf den großen Friedenskonferenzen der Vergangenheit würden auch Fragen der Restitution verhandelt werden.[7]

Davon setzten sich Überlegungen eher diasporischen Charakters ab. Auch hier war von der Konstruktion eines jüdischen Volkes ausgegangen worden, dessen Vertretungsorgane für die in Kollektiveigentum verwandelten Rechte am Individualeigentum der vielen ermordeten Juden eintreten würden. Doch sprach man nicht von einer auf eine Staatsgründung in Palästina fokussierten Jewish Agency, sondern vielmehr von einer einzurichtenden, die gesamte Judenheit international vertretenden Organisation. Letzterer Vorstellung folgend, bildete sich 1951 die Conference on Jewish Material Claims Against Germany (JCC), die in Verbindung mit den Organisationen des inzwischen begründeten Staates Israel in Verhandlungen mit der Bundesrepublik Deutschland eintrat. 1952 wurden diese Deliberationen mit dem Luxemburger Abkommen zum Abschluss gebracht.[8]

Die Restitution begangenen nationalsozialistischen Unrechts erschöpfte sich jedoch nicht im Luxemburger Abkommen. So waren unmittelbar mit Kriegsende von den Alliierten Dekrete zur Wiedereinsetzung rechtmäßiger Eigentümer, die so genannten Rückerstattungsgesetze, erlassen worden. Hinzu kamen Mitte der 1950er Jahren das Bundesentschädigungsgesetz und seine sich über lange Dauer erstreckenden Novellierungen. Doch diese Entschädigungen, abgesehen von der Wiedereinsetzung jüdischen Gemeindeeigentums, bezogen sich auf restituierbares Privateigentum. Für erbenloses Vermögen und für solches, das nicht in die Grenzen der Bundesrepublik und West-Berlins gelangt war, galten diese Gesetze nicht.[9]

Einschneidende Veränderungen ereigneten sich 1989/90. Durch den Zusammenbruch des Kommunismus in Osteuropa stellten sich nach einer über vierzigjährigen Auszeit nicht nur die privateigentümlichen Verhältnisse, wie sie vor den kommunistischen Sozialisierungen und Nationalisierungen bestanden hatten, wieder her. Auch die ihnen zeitlich vorausgegangenen massiven nationalsozialistischen Eingriffe in die vorgefundene Eigentumsordnung, verbunden mit gewaltigen Massenverbrechen, kam nach 1989 aus einer politisch gefrorenen Zeit aufs Neue ans Tageslicht.

In der Tat ist im Europa der Jahre nach 1989/90 ein vornehmlich rechtsanthropologisch zu deutendes Phänomen zu beobachten: der Nexus zwischen der Wiederherstellung von Privateigentum in Osteuropa und einer von ebenjener Restitution hervorgerufenen Erinnerung an die vorvergangenen Gegebenheiten. Umgekehrt formuliert kann von einem geradezu erstaunlichen Phänomen der Restitution von Eigentum als Ergebnis wiedergewonnener historischer Erinnerung gesprochen werden.[10]

Der Zusammenhang von Gedächtnis und Restitution ist in der Tat evident, und er dürfte eine nachhaltige Erklärung dafür bieten, warum Zweitem Weltkrieg und Holocaust in der gemeinsamen Erinnerung der Europäer aller Wahrscheinlichkeit nach eine überaus lange Zukunft beschert sein wird.[11]

Um der Bedeutung der gleichsam anthropologischen Verknüpfung von Gedächtnis und Restitution gewahr zu werden, soll es genügen, einen Blick auf den entscheidenden Einschnitt der jüngeren deutschen Geschichte zu werfen – der Vereinigung beider deutschen Staaten im Jahre 1990. In erster Linie handelte sich dabei um eine Folge des Willens beider deutschen Parlamente, den deutschen Nationalstaat wiederherzustellen. Doch bei allem Einheitspathos gilt es nicht zu übersehen, dass die Wiederherstellung des Staates der Deutschen mit einem weit umfassenderen Vorgang einherging – eben jenem Zusammenbruch des Kommunismus und den damit verbundenen Rücknahmen beziehungsweise Aufhebungen der in den späten 1940er Jahren eingeleiteten Sozialisierungen beziehungsweise Nationalisierungen von Privateigentum in den so genannten »Volksdemokratien«.

Es ist das Privateigentum, das sich das materielle Gedächtnis anhaftet. Es hält das Gedächtnis an die Vergangenheit wach und konstituiert Kontinuität. Es war die Grundlage der deutschen Einigung. Bekanntlich unterzeichneten beide deutschen Staaten einen Vertrag über das Procedere des Zusammenschlusses, den so genannten Einigungsvertrag vom 31. August 1990. Eine seiner wichtigen Stipulationen, Artikel 41, legt fest, dass Eigentumsrechte aus der Zeit vor 1949 wiederherzustellen seien. Die Formel hieß kurz und bündig »Rückgabe vor Entschädigung«.[12]

Diese wenig dramatisch daherkommende Formulierung hat es in sich. Rechtsanthropologisch geht ihre Bedeutung dahin, dass mittels der Wiederherstellung von Privateigentum der in der Institution des Eigentums beschlossene, weit über die Lebensdauer des individuellen Eigentümers hinausreichende Anspruch auf eine Sache sich gleichsam ungebrochen und damit transgenerationell verlängert. Im Ergebnis beinhaltet das eine Re-Privatisierung von Eigentum. Re-Privatisierung bedeutet nicht nur die Wiedereinsetzung des vormaligen rechtmäßigen Eigentümers in seine Rechte. Sie bedeutet zudem, dass die in die Sache des Eigentums eingeschriebene Erinnerung sich zu offenbaren beginnt. Neben der Wiedereinsetzung der Eigentümer oder ihrer Erben handelt es sich bei der Re-Privatisierung vormals enteigneten Eigentums also auch um eine Wiedereinsetzung der mit diesem Eigentum verbundenen Erinnerungen. Damit erlöst das wiedereingestellte Eigentum die zuvor zum Schweigen verurteilten Gedächtnisse.

Nichts anderes als eine Welt des Schweigens zogen die im Gefolge des Krieges im politischen Osteuropa vorgenommenen Sozialisierungen und Nationalisierungen von Sachen und Vermögen nach sich. Die kommunistischen Enteignungen erwiesen sich von ihrer materiellen Seite, ihrer stofflichen Seite her als Neutralisierung von Erinnerung insofern, als sie einen Abbruch historischer Kontinuität, eine Annullierung der Patina vergangener Zeiten nach sich zogen. Dies könnte einer der Gründe dafür sein, dass – von der alles erstickenden nuklearen Bedrohung abgesehen – der Verlust von Eigentum das Gedächtnis an die Zeit davor in den Hades der Vergessenheit zog.

Nach 1989 löste die Wiederherstellung von Privateigentum im politischen Osteuropa so etwas wie einen Gedächtnisschub aus. Das konnte nicht anders sein. Die Restitution von Eigentum bewirkt eine merkwürdige Dynamik: Da Eigentum nicht ohne Eigentümer sein kann, begibt sich Ersteres, erst einmal zu privatem erklärt, auf die Suche nach Letzterem. Und diese Suche des Eigentums nach seinem Eigentümer hört erst dann auf, wenn dieser in letzter Erbfolge ausgemacht worden ist. In der Suchbewegung nach seinem eigentlichen Eigentümer überwindet das Eigentum Zeiten und Räume.

Diese Suchbewegung einer sich wiederherstellenden Gerechtigkeit wird – soweit es sich um Liegenschaften handelt – von der Institution des Katasters angeleitet. Das Kataster ist das Gedächtnis der unbeweglichen Sache. Seinem Auftrag nach wacht es über die Ordnung des Eigentums. Es ist gehalten, jede Veränderung an der Sache penibel auszuweisen – dient es doch als überzeitliches und untrügliches Arsenal der Erinnerung. Hat sich die wenig freiwillige Verfügung über das Eigentum indes nicht individuell verändert – was bei vielen »Arisierungen« der Fall ist –, sondern handelt es sich um kollektive, durch Gewaltanwendung flächendeckend vollzogene Eigentumsveränderungen, wie sie bei ethnischen Vertreibungen zu beobachten sind, dann dürfte das Handeln der Täter zuallererst darauf hinauslaufen, nicht erst das Kataster umzuschreiben, sondern dieses gänzlich zu vernichten. Die Zerstörung des Katasters gilt der Annullierung des Gedächtnisses. So verschränken sich Gedächtnis und Eigentum gleichsam symbiotisch.

Die mit dem Ende der kollektiven Eigentumsordnung verbundene Restitution von Eigentum oder seine Privatisierung haben im vormaligen Ostblock den Zugang zur Vergangenheit erleichtert. Dies galt nicht nur für die Rücknahme der im Zeichen des Kommunismus erfolgten Nationalisierung und Sozialisierung, sondern auch für die ihnen vorausgegangenen »Arisierungen«, also die von der nationalsozialistischen deutschen Herrschaft betriebenen Raubzüge und Plünderungen. Nicht zuletzt wurden durch die Wiederherstellung des Privateigentums die im Zuge des NS-Regimes vorgenommenen gewalttätigen und widerrechtlichen Eigentumsübertragungen offengelegt. Die Archäologie des Eigentums brachte sie an den Tag.[13]

Die sich einstellende Affinität zwischen Gedächtnis und Eigentum ist ebenso einleuchtend wie trivial. Einleuchtend wie trivial insofern, als erkennbar wird, wie in den 1990er Jahren in Europa die Frage der Restitution vormals sozialisierter oder nationalisierter Eigentumstitel, von den ehemaligen »Volksrepubliken« ausgehend, in einer Art universaler Suchbewegung auch auf westliche Staaten übergriff. Die vom absoluten Charakter des wiederhergestellten Privateigentums ausgehende Dynamik dehnte sich weltweit aus. Sie erfasste dahindämmernde Bankkonten in reputierlichen Geldinstituten und in Museen und anderen öffentlichen Orten der Erbauung ausgestellte Kunstwerke. Diese Suchbewegung war also von dem sich aufs Neue etablierenden Privateigentum ausgegangen. Sie zog auch und gerade Konsequenzen nach sich, wo sie auf Gemeinwesen stieß, die, wie die Schweiz, ihrer Neutralität wegen vom Weltkrieg wesentlich verschont geblieben waren und demzufolge durch die Verwerfungen des Jahrhunderts hindurch ein ungewöhnliches Maß an Kontinuität aufzuweisen vermochten. So kam es, dass gerade dort die Institutionen und Einrichtungen, weil sie von den europäischen Kriegen und Krisen unberührt geblieben waren, Rechtstitel bewahrten. Es lagerte in ihren Archiven und Tresoren mehr an Vergangenheit, als ihnen recht gewesen sein dürfte.

Nun klopfte die im Osten wiedererweckte alte Zeit an die Pforten und forderte Einblick in die Bücher und Kammern. Auch historisch verbürgte Vertrauensgewissheiten vermochten die Verplombungen des Schweigens nicht zu garantieren: Der von den Schüben der Restitution im Osten ausgehende, sich nach Westen fortzeugende Druck stieß die bislang verschlossen gehaltenen Türen und Tore zur Vergangenheit auf.[14]

Die Welle der nach 1989/90 sich einstellenden Restitutionen, die auch im Westen Fragen nach vermeintlich unbedenklichen Eigentumstiteln aufwarf – vor allem im Hinblick auf Kunstwerke –, dürfte neben der vom Osten ausgehenden Dynamik durch die sich gleichzeitig ereignenden globalen Veränderungen einen zusätzlichen Impuls erfahren haben. Bedingt durch den Niedergang des Wohlfahrtsstaates und des Rückzugs der waltenden Hände staatlicher Autoritäten, erfährt das Privateigentum im Kontext der allgemeinen Globalisierung eine Bedeutung, die ihm in Kontinentaleuropa bislang eher fremd war: Seine Sicherung wird zunehmend absoluter. Es unbesehen als Gemeineigentum in Anspruch zu nehmen – so, als sei Eigentum der privaten Hand ein geringer zu schützendes Gut *sui generis* dann, wenn es etwa öffentlichem Nutzen dient –, war mit dem Einbruch des neuen Denkens in Sachen Eigentum nicht mehr selbstverständlich. In Verbindung mit dem Wiederaufleben der Erinnerung an Weltkrieg und Holocaust verlor die bislang geltende Vermutung, öffentliches Gut sei über jeden Verdacht erhaben, an Geltung.

Es ist nur scheinbar paradox, dass diese Veränderung auch für jenes individuelle jüdische Eigentum gilt, das bei pauschaler Annahme seiner Erbenlosigkeit umstandslos in das Eigentum des mittels des Holocaust als Kollektiv begründeten jüdischen Volkes überging. Auch dieses Eigentum – so jedenfalls die zu beobachtende Tendenz – ist nunmehr aufgrund sich einstellender privateigentümlicher Ansprüche aus dem kollektiven Vorbehalt, dem es bislang unterlag, wieder auszulösen.

Das Phänomen der Restitution unrechtmäßig einbehaltenen geraubten Eigentums geht jedoch weit über das jüdische Exempel hinaus.[15] Das gilt auch für die mit der Wiederherstellung von Eigentumsrechten einhergehende Wiedergeltendmachung von Erinnerung. Auf dem europäischen Kontinent lässt sich, was Rechtsordnung und die Lebensgeschichte der Sachen betrifft, eine Linie von den nationalsozialistischen »Arisierungen« bis zu den Akten der Enteignung und Verstaatlichung unter den sozialistischen Regimen nach 1945 ziehen. Letzeren Enteignungen gingen demografische Vertreibungen voraus, nämlich die erzwungene Flucht von ethnisch Deutschen aus dem vormaligen Osten Deutschlands, dem Sudetenland und anderen Regionen Ost- und Südosteuropas. Zudem flossen in so manchem dieser Vorgänge Elemente der politisch motivierten Verstaatlichung und der ethnischen Nationalisierung zusammen. Dies gilt auch für Konflikte andernorts, die ebenfalls unmittelbare Folge der europäischen Katastrophe des Zweiten Weltkriegs waren und zu Bevölkerungsverschiebungen führten.[16]

Die diversen Restitutionsansprüche in Europa sind in erster Linie von Seiten des Staates zwischen den beteiligten Parteien zu regeln, und es haben sich entsprechende Regelungen gefunden. Dennoch ist es nicht ausgeschlossen, dass auf der Grundlage der wiederhergestellten privateigentümlichen Verhältnisse von Einzelpersonen – ganz jenseits staatlicher Abmachungen – Forderungen nach Restitution erhoben werden. Insbesondere gilt dies im Rahmen einer ohnehin das Individuum und damit auch das Einzelinteresse stärkenden europäischen Rechtsordnung. So könnte es sich zutragen, dass Prozesse angestoßen werden, die vormalig getroffene staatliche Abmachungen unterlaufen. Wer würde einen Juden oder Ukrainer in Polen davon abhalten, als abgegolten erachtete Forderungen einzuklagen? Oder einen ethnischen Deutschen aus den Sudeten, eine Ungarin in der Slowakei? Allein schon, dass die Erinnerung an den Zweiten Weltkrieg zu einer Art europäischem Imperativ geworden ist, weist in eine solche Richtung.

Das jüngste spanische Exempel hat diesen Trend deutlich werden lassen. In dem vom Bürgerkrieg der 1930er Jahre gebeutelten Land hat sich nach dem Tode Francos 1975 keine Stimme der Erinnerung erhoben. Erst nach etwa dreißig Jahren, nach einer ganzen Generation der Amnesie, ist in Spanien ein öffentlicher Diskurs über den Bürgerkrieg entbrannt. Ausgelöst wurde dieser Diskurs der Erinnerung von einem im spanischen Parlament eingebrachten Gesetz, das den Opfern des Bürgerkrieges und ihren Nachfahren Restitution zusprach. Mittels dieses Gesetzes stellte sich eine öffentliche Kontinuität der Erinnerung ein. Das Gesetz hatte das allenfalls im Privaten überdauernde Gedächtnis in den Raum der Öffentlichkeit entlassen.[17] Dass es zu einem solchen Gesetz gekommen war, ist nicht zuletzt dem aktuellen spanischen

Begehren geschuldet, nicht nur materiell zu Europa zu gehören, sondern auch an dem Gedächtnisdiskurs der Selbstverständigung in dem sich vereinigenden Kontinent teilzuhaben. Eine solche Teilnahme wird durch die Erinnerung an die europäischen Kriege und Genozide verbürgt.

Die in den letzten zwanzig Jahren verstärkt einsetzende Beschäftigung mit den Ereignissen des Zweiten Weltkriegs dürfte zu einer Erweiterung des Erinnerns führen. Der wesentlich die Erinnerung an den Zweiten Weltkrieg konturierende Holocaust imprägniert die verschiedenen europäischen Nationalgedächtnisse neu. Dies läuft nicht allein auf Einvernehmen hinaus. So sind durchaus auch in Zukunft Gedächtniskonflikte innerhalb und unterhalb der europäischen Nationen zu erwarten. Ein solcher Prozess des Abgleichens der europäischen Erinnerungen an den Zweiten Weltkriegs wird aufs Neue die jeweils unterschiedlich erfahrenen Geschichten dieses Krieges evozieren: die Geschichten von Nationen, die mit dem Deutschen Reich verbündet waren; von jenen, die kollaborierten; von anderen, die sich hinter vorgehaltener Neutralität duckten; und die Geschichten von Nationen, die unter jeweils unterschiedlich erfahrenen Bedingungen besetzt oder erobert wurden.

Die jeweils verschiedenen Erinnerungen an die Zeit des Weltkrieges werden ihren Teil zu einem gesamteuropäischen Selbstverständnis beitragen. Dass Deutschland dabei – gleichsam in Umkehrung wie in Verlängerung seiner vormaligen Rolle – zum Zentrum dieser negativen gemeinsamen europäischen Erinnerung wird, ist nicht zu übersehen. Die deutschen Unternehmungen in Sachen Denkmäler, Gedenkstätten und der so genannten Erinnerungskultur nehmen trotz aller Zwiespältigkeit in Präsentation und Ästhetik für das europäische Gedächtnis einen geradezu paradigmatischen

Charakter an. Berlin entwickelt sich zusehends zu einem deutschen wie zu einem europäischen Gedächtnisort.[18]

Im Anfang dieser Erinnerungen stand die Restitution. Das Gedächtnis der Sachen zog das Gedächtnis der Menschen nach sich – oder genauer: Der Prozess der Restitution rief die Erinnerung an das Geschehen des Genozids und seiner Begleitumstände auch dort wieder wach, wo sie des traumatischen Erlebens wegen und nicht zuletzt durch den Verlust von Privateigentum ad acta gelegt worden war – vorübergehend, wie man weiß.

Reden, Schweigen, Urteilen

Gleichzeitigkeiten – Ungleichzeitigkeiten – Post-postkoloniale Flaschenpost

»Nicht alle sind im selben Jetzt«, so eröffnet Ernst Bloch im Mai 1932 seine unter dem Titel »Ungleichzeitigkeit und die Pflicht zu ihrer Dialektik« entfalteten Überlegungen angesichts des anbrandenden Nationalsozialismus. Warum – so lautet die beständig kreisende Frage des Philosophen aus dem Geiste und in den Begriffen seiner Zeit –, warum handeln Menschen, arbeitende Menschen, Arbeiter, Proletarier sich selbst zuwider und folgen politischen Verführern ins Nichts? Mit der inzwischen emblematisch gewordenen Figur von der »Gleichzeitigkeit des Ungleichzeitigen« sucht Bloch in der Krise seiner Zeit die weit sich auftuende Schere zwischen dem Begriff der Klasse geschuldeten Erwartungen und dem davon sich absetzenden falschen Bewusstsein der Masse epistemisch zu schließen.

Eine trefflichere Denkfigur zum Verständnis gegenwärtiger Lagen als die von der Blochschen Dialektik imprägnierte »Gleichzeitigkeit des Ungleichzeitigen« dürfte sich kaum anbieten, vor allem dann nicht, wenn von jenen aktuellen Verwerfungen die Rede ist, die der schier unausweichlichen Begegnung gleichsam disparater, in sich kulturgebundener Zeiten in einem für alle verbindlichen Hier und Jetzt erwachsen: Zeiten profaner Weltdeutungen und Zeiten sakraler Einschreibungen; Zeiten sich aufspreizender Diesseitigkeit und Zeiten ehrfurchtgebietender Jenseitigkeit; Zeiten gesellschaftlicher Beschleunigung und Zeiten lebensweltlicher Entschleunigung; dies auch und gerade dann, wenn – wie im

Weiteren noch zu zeigen sein wird – ein dramatisches, die Urteilskraft, die historische Urteilskraft der Zeitgenossen herausforderndes Zusammentreffen von distinkten, ja von gegenläufigen Gedächtniskulturen diagnostiziert wird – ein die Fundamente moralischer Gewissheiten und politischer Übereinkünfte erschütterndes Aufeinandertreffen.

Für diese Tendenz steht die anschwellend erkennbar werdende Gegenläufigkeit zwischen der für Europa, aber auch für den weiteren Westen geltenden Erinnerung an den Zweiten Weltkrieg mit dem Holocaust als dessen Gedächtniskern einerseits und der zunehmend selbstbewusst sich artikulierenden Erinnerung der kolonialen Opfer überseeischer europäischer Expansion andererseits. Diese Kollision gegenläufiger Gedächtnisse ist ebenso unausweichlich wie in ihrer Konsequenz folgenschwer. So ist zu erwarten, dass eine auf Gleichheit und Gleichwertigkeit aller Opfergedächtnisse pochende, unterschiedslose Vermenschheitlichung von Leiderfahrung zu einem Schwund historischer Urteilskraft führen, gar eine Erosion von Grundbegriffen der Vernunft nach sich ziehen werde.

Angesichts des Phänomens überbordender Gleichzeitigkeit ungleichzeitiger Gedächtnisse einem Imperativ historischer Urteilskraft zu folgen, ist ein ebenso schwieriges wie herausforderndes Unterfangen. Es anhand solcher Konstellationen zu erproben, in denen kontinentale und koloniale Erinnerungen sich ineinander verschränken, liegt jedenfalls nahe. Sie laden ein, den Blick von hier aus nach Westen zu richten, nach Frankreich – dort, wo die gegenläufigen Erbschaften von Drittem Stand und Dritter Welt in einer für unseren Gegenstand – die gleichzeitige Ungleichzeitigkeit historischer Gedächtnisse – exemplarischen wie für Europa zukunftsträchtigen Weise konflikthaft auseinander treten.

Lassen Sie mich die Deutung einer Konstellation von miteinander über Kreuz liegender historischer Vergangenheiten kontinentaler und kolonialer Observanz ebenso wie den ihnen entspringenden und untereinander rivalisierenden Gedächtnissen mit der Beschreibung einer Begebenheit eröffnen, die sich vor ziemlich genau fünfzig Jahren in einer privaten Villa in Sèvres bei Paris zugetragen hat. Dort waren Ende Oktober 1956 Staatslenker aus England, Frankreich und Israel im Geheimen zusammengekommen, um sich anlässlich der Monate zuvor erfolgten Verstaatlichung des Suezkanals zum letzten aller Kolonialabenteuer, dem alsbald vom Zaune gebrochenen Suez-Krieg zum Sturze des ägyptischen Präsidenten Nasser, zu verschwören. Im Salon der Gastgeber, der Familie Bonnier de La Chapelle, war über dem Kamin ein in Öl gemaltes Bild des Sohnes Fernand zu sehen. Der zwanzigjährige Fernand war nach der Landung der Alliierten in Nordafrika im November 1942 von der Résistance mit dem Auftrag betraut worden, den in Algier residierenden Vichy-Admiral Darlan, den Dauphin des Maréchal Pétain, zu töten. Nach dem erfolgreich ausgeführten Anschlag am Weihnachtsabend wurde der junge Attentäter gestellt, in einem Schnellverfahren zum Tode verurteilt und umgehend hingerichtet. Ein Märtyrer der Résistance.

Bei der Zusammenkunft der Suez-Verschwörer in der Villa der Familie Bonnier de La Chapelle war den dort weilenden auswärtigen Anwesenden eine von der Entourage des damaligen sozialistischen französischen Ministerpräsidenten Guy Mollet ausgehende Aura von Vertrautheit und tief empfundenem Einvernehmen aufgefallen. Bei den in Sèvres anwesenden Franzosen handelte es sich nämlich um *anciennes combatants*, um vormalige Angehörige der Résistance. Für sie stand die Bereitschaft, Israel gegen den – wie sie betonten –

ägyptischen Diktator militärisch beizustehen, ganz in der Tradition einer von den Ereignissen der dreißiger Jahre geprägten politischen Erfahrung. Noch Jahre nach der Suez-Affäre wusste Guy Mollet zu berichten, sein politisches Trauma und das seiner sozialistischen Generationsangehörigen sei die Politik der Nichteinmischung der von Léon Blum geführten französischen Regierung der Volksfront im Spanischen Bürgerkrieg angesichts des Überlebenskampfes der dortigen Republik gewesen. Mit der Unterstützung des sich einer beständigen Bedrohung ausgesetzten Israel und des damals mit dem hebräischen Staat verbundenen sozialistischen Experiments glaubte man zwanzig Jahre später, jene historische Unterlassung korrigieren zu sollen.

Das den Erfahrungen der dreißiger Jahre verpflichtete sozialistische Gedächtnis verkehrte sich in der kolonialen Gegenwart der fünfziger Jahre gleichsam in sein Gegenteil, als die von der Regierung Mollet nach Suez beorderten französischen Truppen nach dem von den Amerikanern veranlassten Abbruch der Kampfhandlungen in die 1957 ihrem blutigen Höhepunkt zustrebende Schlacht um Algier geworfen wurden. Der legendären »Schlacht um Algier« hat der jüngst verstorbene, in seinen frühen Jahren der Führung der Resistenza gegen die deutschen Besatzer in der Region von Mailand zugehörige Gillo Pontecorvo 1966 ein unvergessliches filmisches Denkmal gesetzt.

Dort verdeutlicht er die Dramatik der Ungleichzeitigkeit von kontinentalen Gedächtnissen und kolonialen Situationen in einer eindrücklichen Szene, in deren Verlauf ein aus Paris nach Algier entsandter Journalist den mit der Unterdrückung der algerischen Aufständischen betrauten Obersten der Fallschirmjäger des Faschismus zeiht – und dies der systematischen, von der Armee angewandten Folter wegen. Der Militär weist die Beschuldigung mit der Bemerkung zurück, er und die seinen in Regierung und Armee hätten schließlich als vormalige Angehörige der Résistance in deutschen Konzentrationslagern wie Dachau, Mauthausen, Buchenwald und Sachsenhausen eingesessen.

Die dramatische Gegenläufigkeit kontinentaler und kolonialer Gedächtnisse droht die Erinnerung an den Zweiten Weltkrieg zu beeinträchtigen. Eine solche sich ankündigende Beeinträchtigung lässt sich anhand der Wirkung von unterschiedlich, im Extremfall aber auch gegenläufig aufgeladener Gedächtnis-Ikonen erahnen – so etwa der Ikone vom 8. Mai 1945. Nicht von den wohlbekannten divergierenden Erinnerungen von Siegern und Besiegten wird hier zu sprechen sein, sondern von jenen eigentümlichen Verkehrungen, die das vorgeblich einvernehmliche Gedächtnis vom Zweiten Weltkrieg von der kolonialen Peripherie her transformieren. Denn während am 8. Mai 1945 in Reims, einem *lieu de mémoire*, einem Erinnerungs- und Krönungsort der heiligen französischen Könige, das alliierte Oberkommando die bedingungslose Kapitulation der deutschen Streitkräfte an allen Fronten entgegennahm und das Ritual der Niederwerfung des nationalsozialistischen Deutschland später in Karlshorst aufs Neue ratifiziert wurde, verübten französische Sicherheitskräfte im nordalgerischen Département Constantine, vornehmlich in den muslimischen Ortschaften Sétif, Guelma und Kherrata, ein grausames Massaker.

Muslimische Algerier hatten sich anlässlich der allerorts veranstalteten Freudenbekundungen zum alliierten Sieg zusammengefunden und dabei ihre grün-weißen Fahnen gezeigt. Die Manifestationen richteten sich gegen das verhasste Kolonialstatut; zudem wurde die Forderung nach Unabhängigkeit erhoben. Nachdem die Organisatoren der Aufforderung der Behörden, die inkriminierten Banner zu entfernen, nicht nachgekommen waren, eröffneten französische Sicherheitskräfte das Feuer in die Menge.

Der sich von Sétif her auf das umliegende Land ausweitende Aufruhr wurde von Militär, Polizeikräften und Siedlermiliz mittels summarischer Erschießungen und unterschiedslosen Tötens im Blut erstickt und durch inszenierte Zeremonien der Unterwerfung in das Kollektivbewusstsein der eingeborenen Bevölkerung eingebrannt. Muslimische Algerier hatten sich in demonstrativer Demut vor aufgezogenen französischen Fahnen auf den Boden zu werfen. Die Leichen niedergemachter algerischer Zivilisten wurden in provisorisch ausgehobenen Massengräbern verscharrt oder vor aller Augen auf Scheiterhaufen verbrannt. Bis heute besteht kein Einvernehmen darüber, wie viele Menschen dem Blutbad zum Opfer gefallen waren. Die Quellen sprechen von 15 000 bis 45 000 Toten.

Angesichts der Massaker von Sétif und Umgebung wird die Ikone des bislang allein von Reims und Karlshorst in Anspruch genommenen 8. Mai 1945 zum Zeitzeichen gegenläufiger, unter Umständen konkurrierender Erinnerungen. Und zu einem Zeitzeichen konkurrierender Erinnerung eignet sich diese Ereignis-Ikone umso mehr, als die Gedächtnisse der Vergangenheit in der Gegenwart, also im Jetzt, in einer Epoche verstärkter Migration bei zunehmender kultureller Vielfalt gehalten sind, noch enger zusammenzurücken. Eine Kohabitation verschiedener, zum Teil divergierender Gedächtnisse ruft dabei auf, die Erinnerungen an die Verbrechen der Vergangenheit neu auszuhandeln. In merkwürdiger Eintracht scheinen sie bestrebt, das westlich imprägnierte Gedächtnis an den Holocaust zu revozieren.

Die aus der vormalig kolonialen Welt zu vernehmenden

Einwände gegen die Geltung des Holocaust im westlichen Gedächtnis lassen sich grob in zwei ihrer Intensität nach unterschiedlichen Ordnungen der Ungleichzeitigkeit einteilen. Die Ordnung geringerer Intensität führt jenen antikolonialen Diskurs der fünfziger und sechziger Jahre fort, dessen Ursprünge eigentlich westlich imprägniert waren – damals, als in Hegelscher Linie ein Kampf um Anerkennung als Gleiche ausgetragen wurde. Dieser vormalige Kampf um politische Anerkennung setzt sich heute fort in der Forderung nach einer Respektierung der Gleichheit aller Opferschaft und ihrer entsprechenden Gedächtnisse, wobei in der womöglich höherrangigen Geltung des Holocaust eine Fortzeugung der alten, kolonialen Ungleichheit erkannt zu werden scheint. Anders die Ordnung höchster Intensität von Ungleichzeitigkeit. Sie stellt den Holocaust sogar in Abrede. Allem Anschein nach findet sich die Vorstellung von einer sakral durchdrungenen Welt und damit der allgegenwärtigen Präsenz Gottes von jenem Ereignis gleichsam dementiert. So unerträglich ein solcher Negationismus ethisch auch anmuten mag – theologisch ist er als Herausforderung ernst zu nehmen.

Doch zuerst zum eher säkularen, vormals antikolonial, heute postkolonial sich gebenden Diskurs. Der ihm eigene Modus von der Gleichheit und Gleichwertigkeit der Opfergedächtnisse – und dies bei Hintanstellung aller durch historische Urteilskraft erkennbaren Differenz in der Leiderfahrung – erwächst nicht allein aus Gründen kultureller Dissonanz. Die Tilgung der an den Holocaust gebundenen Differenz wird paradoxerweise von einer praktischen Zeugenschaft solcher europäischer Erinnerungen vom Zweiten Weltkrieg vorbereitet, die nach dem Ende des Grauens auf dem Kontinent ihrerseits Gewalt und Unterdrückung in die Kolonien getragen haben.

Was hat es damit auf sich? Auch hier dient die historische algerisch-französische Tragödie als Prüfstein. In der Sache kreist ihr Diskurs um die emblematische Bedeutung der Folter – und dies in zweifacher Hinsicht: im Erleiden der Folter ebenso wie in ihrer Anwendung. Erlitten wird die Folter von den französischen Résistants im Kampf gegen die nazideutschen Besatzer; und erlitten wird die Folter von den algerischen Aufständischen aus der Hand ihrer französischen Unterdrücker.

Diese in der Kolonie eintretende Verkehrung bleibt für die Gerechtigkeit der vormaligen kontinentalen Sache nicht folgenlos. Für den Kolonisierten zumal schieben sich die Bilder der nach 1945 an ihm verübten Grausamkeiten vor die Zeitzeichen der europäischen Gedächtnisse. Die Folgen sind absehbar: Die denkbare Differenz zwischen den von den Nazis verübten Untaten im besetzten Europa und den Grausamkeiten ihrer vormaligen Opfer in der malträtierten Kolonie verfällt. Mehr noch: In der Perspektive der damals Kolonisierten verliert die auch für eine nachmalige Beurteilung der historischen Ereignisse auf dem Kontinent gültige Parteilichkeit an moralischer Trennschärfe. In weiterer Konsequenz droht eine sich ausbreitende Agnostik in der Unterscheidung auf das Gesamtbild vom Zweiten Weltkrieg überzugreifen.

Die zu erwartende Amnesie hat frühe Wurzeln. Ihre Keime lassen sich in den Modi einer Geschichtserzählung vom Zweiten Weltkrieg ausmachen, die ihre Vorherrschaft etwa zeitgleich mit dem Wüten der nach 1945 ausgeübten kolonialen Gewalt antrat. So ist bedenkenswert, dass die späten vierziger, die fünfziger und die sechziger Jahre wesentlich von den Narrativen politischer Opfergruppen, vornehmlich denen der französischen Résistance, geprägt waren. Diese Narrative hatten all jene der Erinnerung verwiesen, die nicht aufgrund eines geleisteten Widerstands gemartert, sondern allein ihrer Herkunft wegen in den Vernichtungstod deportiert worden waren. So konnte jenes Geschehen, das später unter dem Signum des Holocaust ins öffentliche Gedächtnis Eingang hielt, bis zur Unkenntlichkeit überblendet werden. Ganz in jener Tradition des politischen Widerstands berief sich Guy Mollet in seiner Apologie des Suez-Krieges '56 auf die Vorgänge des Spanischen Bürgerkrieges als Ikone des Antifaschismus; und nicht umsonst lässt Gillo Pontecorvo in seinem Filmepos »Schlacht um Algier« den Obersten der französischen Paras und vormaligen Résistant Buchenwald, Sachsenhausen und Mauthausen aufrufen – nicht aber Treblinka, Sobibor und Auschwitz. Indem das Gedächtnis der Résistance jenes der Vernichtung mit Stillschweigen überging und es sich so einverleibte, färbt seine spätere Beschädigung in der Kolonie nicht zuletzt auf die Erinnerung der Vernichtung ab.

Die Emblematik der Folter verdeckt die Wahrnehmung der Extermination. Dabei vermag gerade die Folter jene substanzielle Differenz zwischen einer Opferschaft aus Gründen politischen Widerstands und einer Vernichtung allein aus Gründen der Herkunft wegen markieren. Schließlich setzt die Anwendung der Folter einen zu brechenden politischen Willen voraus. Und gerade in der Absicht, Willen zu brechen, kommt Anerkennung zur Geltung. Ganz anders die Lage jener, die zur Vernichtung ausersehen waren. Weder haben sie dem Willen der Besatzer zuwidergehandelt, noch sind sie ihrer Gesinnung wegen aufgefallen. Allein ihrer wie immer auch fiktiv bestimmten Zugehörigkeit, ganz ohne Ansehen der Person, gleichsam grundlos, sind sie jenseits allen politischen Konflikts zur Ausrottung bestimmt. Diese Regelhaftigkeit war in der Vernichtung der Juden Europas absolut. Sie galt allen und allerorts.

Den Holocaust von anderen Ungeheuerlichkeiten des Jahrhunderts zu unterscheiden, setzt historische Urteilskraft voraus – eben jene Tugend des Denkens, die in der aufschäumenden Konjunktur der Angleichung der Opfergedächtnisse verlustig zu gehen droht. Die Denkbewegung der historischen Urteilskraft wiederum ist aus der Tradition der Aufklärung erwachsen. Diese setzt ein anthropozentrisches, von Säkularisierungen und Profanierungen durchdrungenes Weltbild voraus. Allein vor diesem Hintergrund vermag die Bedeutung des Holocaust als Durchbrechung aller Stufen von Vernunft und Selbsterhaltung gewahr werden. So gesehen ist der Holocaust als das praktisch gewordene Dementi der Aufklärung zu verstehen. Dies zu erkennen setzt wiederum die Geltung der Aufklärung und ihrer Begriffswelten voraus. Ein sakrales, ein im Kern theozentrisches Weltbild hingegen wird aus eben jenen Gründen dazu neigen, den Holocaust in Abrede zu stellen. Wie ist ein solcher Schluss zu verstehen?

Seine Herleitung ist nicht selbstverständlich. Sie führt über eine komplexe Dialektik aufeinanderfolgender Negationen. So reicht für den tiefgläubigen Menschen einer sakral durchdrungenen Kultur wie der islamischen – aber nicht nur für sie – die hohe und höchste Bedeutung des Holocaust für den säkularen westlichen Menschen an ein Sakrileg heran, weil dieses Ereignis der ihm zugesprochenen Absolutheit wegen aus Sicht der Tiefgläubigen gleichsam an die Stelle Gottes tritt. So wie die Aufklärung an die Stelle Gottes getreten war, so hat nunmehr deren Negation diesen höchsten aller Ränge eingenommen. Dies ist der logische, wenn auch intuitiv getroffene Schluss, der dem theozentrischen Weltverständnis unerträglich ist. Um die göttliche Instanz als das Höchste zu preisen, ist ihr anthropozentrisches Substitut in Gestalt der Aufklärung ebenso wie ihre Negation als Holocaust zu leugnen.

Was will all dies für eine Welt zunehmend ins Bewusstsein rückender gleichzeitiger Ungleichzeitigkeiten heißen? Bedeutet dies, dass eines menschheitlichen Imperativs der Gleichheit und Gleichwertigkeit aller Gedächtnisse wegen – der profanen wie der sakralen Gedächtnisse – das den besten Traditionen der Aufklärung geschuldete Skandalon der Urteilskraft auf dem Altar eines versöhnlichen Abgleichens aller Erinnerungen untereinander zu opfern sei? Der dafür zu entrichtende Preis dürfte allem Dafürhalten nach zu hoch sein. Auf die Geltung kritischer Urteilskraft zu verzichten, zöge notwendig einen Verzicht auf die Grundannahmen der Vernunft nach sich. Dies kann nicht sein dürfen!

Der den Holocaust leugnende sakrale Diskurs gehört seiner Intensität nach zu den Ungleichzeitigkeiten erster Ordnung. Mit ihnen zu argumentieren, wird müßig sein. Die als Ausdruck von Ungleichzeitigkeiten geringerer Intensität qualifizierten Diskurse sind bei aller Friktion kultureller Dissonanz der gemeinsam geteilten anthropozentrischen Grundannahmen von Weltdeutung wegen des Geltungshorizonts kritischer Urteilskraft und mithin den Maßgaben der Aufklärung verpflichtet. Das Gespräch mit ihnen zu führen kommt jenem Auftrag nahe, den Ernst Bloch unter dem eindrücklichen Titel von der »Ungleichzeitigkeit und die Pflicht zu ihrer Dialektik« in der Zeit der europäischen Dämmerung beschlossen hat. Wie erinnerlich, eröffnet der Text mit jenem als Aufforderung zum Verstehen zu lesenden Satz, nicht alle seien im selben Jetzt.

Fast ein halbes Jahrhundert nach Beendigung des wohl erbittertsten und blutigsten aller Kolonialkriege regt sich in Algerien die Erinnerung an Albert Camus. Ein solches Erinnern ist kein offizielles Unternehmen, kein Projekt öffentlichen

Gedenkens. Nach einer jahrzehntelangen Dauer verhängter Distanzierung ist ein verborgenes Raunen zu vernehmen. Eine osmotisch sich ausbreitende zaghafte Nachfrage nach dem Algerien zugehörigen indigenen Fremden. Der Frage ist so etwas wie ein Anflug von Wandel eingeschrieben. Er kündet von einer zeitgeistigen Wende, von sich weitenden Rissen im erratischen Block einer sich stets gewiss gebenden postkolonialen Staatsraison. Man erahnt die Tendenz der sich ankündigenden Verwandlung: Die Erinnerung an die erlittene koloniale Gewalt öffnet sich spaltbreit für die Komplexität eines post-postkolonialen Gedächtnisses. Für diese Orientierung steht die Erinnerungsikone Albert Camus.

Das späte Erwachen der Erinnerung an Camus ist ohne Zweifel der Ernüchterung postkolonialer Wirklichkeit geschuldet. Diese Stimmung gilt für das vornehmlich in den neunziger Jahren von einem inneralgerischen Bürgerkrieg gebeutelte Land. Sie ist aber auch in anderen, sich blutig des kolonialistischen Jochs entledigt habenden Gemeinwesen zu verspüren. Dies sind keine Anzeichen der Sehnsucht nach einer falschen Vergangenheit, allenfalls Ausdruck der Enttäuschung über die seither anhaltende Gegenwart. Der Blick schweift zurück und hält nostalgisch Ausschau nach Wegen, die damals nicht beschritten worden waren. Für diese fragende Suchbewegung steht Camus – ein untrügliches Zeichen von Veränderung.

In der hohen Zeit des Algerienkrieges bot sich Albert Camus nicht gerade als Kultfigur des Protestes gegen den »schmutzigen Krieg« in Nordafrika an. Er war jedenfalls kein Jean-Paul Sartre, der sich ohne Wenn und Aber der algerischen Unabhängigkeit verschrieben hatte und dabei jede Kritik an dem Vorgehen der algerischen Aufständischen unterließ. Eher war Camus Sartres Widerpart. Und sein Widerpart war er nicht nur in der Frage Algeriens gewesen. Bereits an der Frage der Haltung zur Sowjetunion und der Stellung zur Realität des Gulags hatten sie sich überworfen. Letzteres überhaupt zu thematisieren, hatte der Meisterdenker Sartre sich aus Gründen eingestandener Parteilichkeit lange verweigert.

Camus war längst zuvor aus der Kommunistischen Partei in Algerien ausgeschlossen worden. Das war im Jahre 1937 gewesen, zur Zeit der Volksfront – und dies schien nur paradox gerade seiner unerschütterlich antikolonialen Haltung in der algerischen Frage wegen. Als in der zweiten Hälfte der 1950er Jahre der Algerienkrieg seinem Höhepunkt zusteuerte, geriet Camus mit der Art der in seinem intellektuellen Milieu vorherrschenden antikolonialen Stimmung in Konflikt. Was war geschehen?

Die Zuspitzung des Algerienkrieges, der für eine koloniale Situation charakteristische, schier unüberwindliche binäre, von unversöhnlicher Gewalt geprägte Gegensatz zwischen Kolonisator und Kolonisierten schloss eine vermittelnde Haltung gleichsam aus. In dieser Konstellation wurde Camus von einem schier unauflöslichen Widerspruch eingeholt: dem Widerspruch des antikolonial empfindenden Colon. Der in Algerien geborene und aufgewachsene Camus war nicht nur eine weit über Frankreich hinaus wirkende literarische, politische und moralische Autorität, sondern auch ein *pied-noir* – ein aus den armen und ärmsten Schichten des Siedlermilieus Hervorgegangener. In seinem autobiografisch gehaltenen, nur als Torso hinterlassenen Roman »Der erste Mensch« beschreibt er den familialen Kult um das einzige Paar Schuhe, das er als Kind besessen hatte. Sie vor Abnutzung zu bewahren, kam dem symbolischen Bemühen gleich, ihn vor dem Abstieg in die schmutzige Barfüßigkeit zu behüten. Die eingefressene Armut der armen *pied-noirs* wird in Erinnerung und Werk Camus' von seiner des Lesens und Schreibens unkundigen, sich als Wäscherin verdingenden Mutter katalanischer Herkunft repräsentiert. Ihr Schicksal steht für die armen Colons, um deren Zukunft sich Camus bei aller Einsicht in die Gerechtigkeit des antikolonialen Kampfes der arabisch-muslimischen Algerier verzehrte. Ein Dasein ohne Algerien, ohne sein Algerien, war für Camus nicht vorstellbar. Um die Zeit der Verleihung des Nobelpreises 1957 sprach er jenen für seine Person wie für die ihn umfassende aporetische Konstellation so bezeichnenden Satz, vor die Wahl zwischen dem Leben seiner Mutter und der Gerechtigkeit gestellt, entschiede er sich für das Leben seiner Mutter.

Camus' Algerien war eine Utopie, genauer: eine Phantasie. Und die Algerier – welcher Religion, Sprache und Herkunft auch immer – eine imaginierte Gemeinschaft. In den 1930er Jahren konstruierte Albert Camus eine Orient und Okzident überwindende mediterrane Kultur. Diese Phantasie blieb nicht ohne Echo. Bis in die Gegenwart hinein bietet sie eine Folie für eine vornehmlich französische, aber nicht nur französische Nostalgie einer erweiterten Levante mit Algier, der »weißen Stadt« als Zentrum.

Ist diese Phantasie allein und ausschließlich kolonial – kolonial des sie in der Vergangenheit begleitenden hierarchischen Gewaltverhältnisses und der imaginierten Illusion wegen? Jacques Derrida, der 1949 Algerien in Richtung Frankreich verließ, sprach zeit seines Lebens von seinen algerischen Wurzeln – und von jener ihn ständig ergreifenden *»nostalgérie«*, wie er sich auszudrücken pflegte. Noch 1962, als mit dem französisch-algerischen Abkommen von Evian jener schmutzige Kolonialkrieg beendet wurde und die *pied-noirs* sich anschickten, Algerien zu verlassen, beschwor Derrida seine Eltern, doch zu bleiben. Seiner Selbstauskunft nach hegte er ähnliche Vorstellungen über die Zukunft eines Algerien der verschiedenen Bevölkerungen und Kulturen wie Camus. Und wie Camus sollte ihn seine Herkunft als indigenen Fremden weiter umtreiben.

In Derridas Werk hat das Nachdenken über Herkunft und Sprache tiefe Spuren hinterlassen. In »Von der Gastfreundschaft« reflektiert er das Recht der Vertriebenen, Entwurzelten, Ortlosen. In seinem »Die Einsprachigkeit des Anderen« bedenkt er die sprachliche Mehrfachzugehörigkeit bei gleichzeitiger Nichtzugehörigkeit. Dort beschreibt sich Derrida als »Franco-Maghrébien«, eine Person kalaidoskopischer Herkunft – und dies alles vor dem Hintergrund jener sich tief einschreibenden Urerfahrung der algerischen Juden im Jahre 1940, als die französischen Vichy-Behörden ihnen die im letzten Drittel des 19. Jahrhunderts erteilte französische Staatsangehörigkeit entzogen. Dass der arabischen Bevölkerung mit Ausnahme von wenigen Einzelnen indes die Gleichheit gänzlich verwehrt blieb, versetzte die Juden als staatsbürgerlich Gleiche unter Vorbehalt in jener dramatischen kolonialen Situation in eine untragbare Zwischenlage. Derrida erinnert sich, am Rande des arabischen Viertels gelebt zu haben, an jener unsichtbaren Grenze, die ganz plötzlich und unerwartet ihre Sichtbarkeit zu demonstrieren vermochte – segregierend, undurchdringbar, effektiv und subtil.

Camus' algerisches Grundmotiv war die Konstellation des fremden Eingeborenen. Als solcher beanspruchte er eine Art von Geburtsrecht. Dieses Geburtsrecht sollte dem des eingeborenen Eingeborenen indes nicht nachstehen. Und dennoch war dieses Recht nicht einfach natürlich. Es musste erworben werden, und erworben werden konnte es allein durch die aktive Beteiligung an der Aufhebung der kolonialen Ungleichheit. Unter den Bedingungen des schier unauflöslichen und antagonistischen Gegensatzes zwischen Kolonisator und Kolonisierten war dies eine schier unmögliche dritte Haltung. Es war die Haltung einer imaginierten, einer erst in Zukunft zu realisierenden Gleichheit. Mittels dieser Gleichheit fände sich der Unterschied zwischen Gast und Gastgeber – beides im Französischen *l'hôte* – aufgelöst.

Die auf dem Geburtsrecht im Lande sich gründende Zugehörigkeit erlaubt einen Neuanfang. »Der erste Mensch« ist der algerische Adam – der Mensch ohne Vorgeschichte und ohne Erinnerung. Der Mensch, der sich durch die Bearbeitung des Bodens in die Landschaft eingräbt, sich aus seiner Bearbeitung ernährt und daraus die Legitimität des Da-Seins zieht. Doch die Amnesie des ersten Menschen trägt nicht lange. Aus seiner Erinnerung tritt die Vorgeschichte hervor. Denn dieser Adam ist gleichzeitig auch Kain (dies sollte der Titel des *l'hôte* ursprünglich sein). Und dieser erschlägt seinen Bruder Abel – jene Konstellation der Ur-Szene, die in der kolonialen Situation als vorpolitische ihre beständige Wiederholung erfährt.

Der politische Camus hatte durchaus in diesem Sinne gehandelt. In einem offenen Brief an einen algerischen Freund und Sozialisten in der Zeitschrift *Communauté algérienne* ruft er im Jahre 1955 auf zu einer »wirklichen freien Gemeinschaft« in einem Lande, das *zu beiden* gehört. Ohne den jeweils anderen ist ihm dieses Land nicht vorstellbar, und es ist diese Gemeinsamkeit im Lande, die eine ihnen gemeinsame Kultur hervorbringe. Diese ist weder französisch noch arabisch. Es ist eine die Herkunft neutralisierende Kultur des Landes. Das Algerien des politischen Camus ist also utopisch.

Der literarische Camus hingegen ist tragisch. In der literarischen Figur des Algerienfranzosen Daru, des Protagonisten der auf dem Höhepunkt der Schlacht von Algier 1957 erschienenen Kurzgeschichte »Der Gast« (*l'hôte* – Gast/Gastgeber) – Derrida bescheinigt Camus dieser im *l'hôte* angelegten Ununterscheidbarkeit Genie –, spiegelt dieser den durch keinerlei Amnesie gelinderten Geburtsschmerz des von ihm entworfenen algerischen Adam, des »ersten Menschen«. Daru findet sich in eine absurde Lage geworfen. Indem er sich durch menschenfreundliches Verhalten einem Araber gegenüber der kolonialen Situation verweigert, wird er durch ihre vorherrschende Wirklichkeit aufs Neue in sie verstrickt. Ihre Wiederholung setzt sich durch hinter seinem Rücken. Das ist schier unabänderlich. In der Absicht, in der ersten Person Singular zu sprechen, wird er von den Lauten des kollektiven Wir eingeholt.

Das ist die als ausweglos empfundene Lage Camus'. Seine beständigen Versuche, sich den jeweiligen Zuschreibungen zu entziehen, scheitern. Für die arabisch-muslimischen Algerier ist er des sich an seine Zugehörigkeit heftenden Privilegs wegen ein Feind; für die Algerienfranzosen ist er ein Verräter. So blieb ihm allein jenes selbst auferlegte Schweigen.

Inzwischen bricht es aus Camus heraus. Mit der Verspätung einer Flaschenpost erreicht seine Nachricht die Küsten des Mittelmeeres. Und sie trifft auf eine jahrzehntelang historisch durchaus notwendig gewesene, indes heute des postkolonialen Diskurses überdrüssig gewordene Wirklichkeit. Die binäre Konstellation zwischen Kolonialismus und Antikolonialismus ist nicht mehr. Umso interessanter wird die durch Camus repräsentierte Mehrfachzugehörigkeit, jene auf eine unwirkliche Zukunft des Geburtsrechts fußende dritte Instanz, die damals durch die Gluthitze des Kampfes zum Schweigen verurteilt war. Heute vermag sie umso lauter zu den Nachgeborenen sprechen.

Camus' Haltung in der Algerienfrage war damals in der Tat wenig realistisch. Aber dass sie gedacht worden ist, verbürgt ihr eine Zukunft: nicht eine Wiederherstellung des alten Zustandes mit neuem Ausweg, aber doch ein neuer Blick auf eben jene tragische Vergangenheit. Und es ist dieser neue, dieser post-postkoloniale Blick, der eben jene Vergangenheit wenn schon nicht zur Gänze, so doch in den zu bewahrenden Teilen in einem neuen Licht erscheinen lassen mag.

Mitte der 1990er Jahre erklärte der inzwischen verstorbene Mohammed Dib, Camus sei ein algerischer Schriftsteller gewesen. Nun mag Dib als algerischer Romancier vornehmlich französischer Sprache nicht gerade repräsentativ für jene empfundene Kehre zurück zu Camus sein. Indes weist eben jene diagnostizierte, sich osmotisch ausbreitende Stimmung darauf hin, dass mit der Erinnerung an den für sich Geburtsrecht einfordernden algerischen Schriftsteller zu rechnen sein wird. Dies muss sich nicht in jener Pose erschöpfen, in der sich der französische Präsident im November letzten Jahres im Élyséepalast erging, als Sarkozy bei einem Festbankett in Anwesenheit der Witwe Camus' und dessen Sohn und Tochter anlässlich der fünfzigsten Wiederkehr der Verleihung des Literatur-Nobelpreises an den Schriftsteller jenen paradoxen Ausspruch tat, er verdanke Camus bei seinen Besuchen in Algerien ein Gefühl der Nostalgie, nicht in Algerien geboren worden zu sein.

Hannah Arendts Hauptwerk »Elemente und Ursprünge totaler Herrschaft« ist ein in jeder Hinsicht ungewöhnliches Buch. Das fängt schon damit an, dass man es kaum einem einzigen Genre zuschlagen kann: Weder ist es ein Werk der Geschichtsschreibung im eigentlichen Sinne noch eines traditioneller politischer Theorie oder gar akademischen Philosophierens. Hält man sich an die Hinweise, die Stil und Sprache auf Textgattung geben, so fällt zuallererst ein rhetorischer, geradezu polemischer Tonfall auf. Mit ihrem Urteil hält die Autorin jedenfalls nicht zurück.

Insofern ein Genre von seinen sprachlichen und rhetorischen Elementen her generiert wird, könnte man daraus schließen, dass die »Ursprünge« recht eigentlich ein Buch über historisches Urteilen sind. Nicht die distanzierte, die nüchterne Beschreibung vergangener Vorgänge sind der Autorin Sache, sondern das wertende historische Argument. Geschichte wird weniger den chronischen Modi der Narration entlang erzählt, denn vom dramatisierten Gegenstand her argumentiert. Ein solcher Zugang führt zu politischen Unterscheidungen, ethisch begründeten Urteilen und moralisch aufgestellten Normen: Politisches Unterscheidungsvermögen, ethisches Handeln und moralisches Werturteilen greifen ineinander. So gelingt es Hannah Arendt, dem wesentlichen Kern ihres Gegenstandes ins Auge zu sehen: den Verwerfungen und Katastrophen des 20. Jahrhunderts. Die dem vergangenen Saeculum signifikanten Massenverbrechen fordern einen derartigen Zugang gleichsam vegetativ heraus. Dem nachdenkend zu folgen ist ihr Verdienst.

Arendts Zugang in »Elemente und Ursprünge« ist wesentlich erratisch. Eigentlich besteht das gewaltige Konvolut aus drei Büchern in sich geschlossener Themen. Dabei ist den ersten beiden Teilen – »Antisemitismus« und »Imperialismus« – ein propädeutischer Charakter eigen. Sie bereiten den dritten und letzten Teil vor – den über »Totale Herrschaft«. »Antisemitismus« und »Imperialismus« und die mit ihnen verbundenen Zeiten des 19. Jahrhunderts nehmen für die negative Kernzeit des 20. Jahrhunderts einen zwar voraussetzenden, nicht aber einen kausalen Charakter ein. Nicht von ungefähr hat Hannah Arendt ihr Werk mit dem Hinweis kommentierend begleitet, ihr liege die kausalisierende Vorgehensweise der

Historiker fern. Ihr geht es weit mehr um Kontingenz und um Bruch.

Im Folgenden gilt es zwei eher verborgene Elemente des Arendtschen Werkes über die »Elemente und Ursprünge« herauszustellen: zum einen die gleichsam literarische Methode der Überschreibung des historisch imprägnierten Textes; zum anderen das dem Werk eigene biografische Motiv. Mit dem Terminus der Überschreibung wird jene im Text auffällige Vorgehensweise verstanden, emblematische Ereignisse des 19. Jahrhunderts mit solchen des 20. Jahrhunderts zu durchdringen. Das vorgetragene historische Argument wird von ereignisgeschichtlich weit auseinanderliegenden Zeiten getragen. So wird etwa die Frankreich um die Jahrhundertwende erschütternde Dreyfus-Affäre als Lehrstück für die später praktizierte antijüdische Politik der Nazis und ihrer Vorläufer in Deutschland herangezogen oder umgekehrt: Anhand der Dreyfus-Affäre wird die später in Deutschland eintretende Zeit reflektiert. Nicht die historischen Vorgänge um den jüdischen Hauptmann Dreyfus sind hierbei vordergründig, sondern die politische und moralische Konsequenz, die aus Vorgängen französischer Provenienz zum Verständnis der deutschen Verhältnisse zu ziehen sind.

Überhaupt sind Geschichte und politische Kultur Frankreichs im 19. Jahrhundert zum Verständnis des letztlich im Zentrum des Buches stehenden katastrophischen deutschen 20. Jahrhunderts paradigmatisch. Dies mag nicht zuletzt mit den marxisierenden Einfärbungen des damaligen Arendtschen Geschichtsdiskurses in Verbindung stehen. Schließlich schöpft dieser aus dem Arsenal der Sprache der Klassenkämpfe und lässt die französischen Zustände idealtypisch für das aufscheinen, was als »bürgerliche Gesellschaft« nebst ihrer Pathologien firmiert. Obschon eine im liberalen Sinne konservative

Denkerin, beschreibt sie die mit der Geschichte Frankreichs verbundenen Vorgänge des 19. Jahrhunderts aus der Perspektive der für jene Epoche signifikanten revolutionären Verwerfungen ebenso wie ihrer reaktionären Gegenbewegungen in der ihr angemessenen Sprache des Sozialen. Es ist die Emblematik der Klasse, die den Duktus des Politischen einfärbt; und es wird der Niedergang der auf Klassen beruhenden Ordnung sein, die jenem Phänomen zum Durchbruch verhelfen soll, das als Masse das Totalitäre gleichsam aus sich hinaustreibt.

Ebenso marxisierend wie die argumentativ gehaltene Beschreibung des bürgerlichen 19. Jahrhunderts in seiner voraussetzenden Bedeutung für das ihm nachfolgende katastrophische Saeculum ist Arendts an der Kategorie des Kapitals orientierte Diagnose des Imperialismus. Die auf direkte Anwendung von Gewalt beruhende Akkumulation von Kapital an der kolonialen Peripherie wird von ihr als eine Voraussetzung sich rassisch begründender Dominanz angesehen. Das war in der Tat eine Erkenntnis befördernde Neuerung, die auch zum Verständnis totaler kontinentaler Herrschaft beitragen sollte. Doch diese Erklärung blieb wesentlich phänomenologisch – und dies bei aller von der Autorin in Anschlag gebrachter kategorialer Apparatur. Weniger das empirisch belegte Argument denn die Karl Marx und Rosa Luxemburg entlehnte rhetorische Verve zeichnet den Charakter jener Teile des Werkes aus, die sich der eingehenden Macht der Bilder der politisch-ökonomischen Sprache hingeben.

Auch die den Text durchziehende Figur vom Niedergang der Nationalstaaten bleibt bei Hannah Arendt unbestimmt. Nicht die Nationalstaaten sind – wie sie meint – im ausgehenden 19. Jahrhundert in einem Prozess des Niedergangs begriffen, sondern die kontinentalen Nationalitätenstaaten vornehmlich vormodernen imperialen Charakters. Zwar ist die Arendtsche Beobachtung schlagend, mit der überseeischen Expansion im Zeitalter des Imperialismus werden die demokratischen Institutionen, vornehmlich die Souveränität der Parlamente unterlaufen und unter Umständen bleibend beschädigt, als die Macht der Exekutive sich gerade dort auswächst, wo sie sich der Kontrolle der Legislativen entzieht – nämlich an der kolonialen Peripherie. Dass die an der Peripherie sich ausbildende koloniale und mithin unterschiedslose Gewaltanwendung auf die Metropolen zurückwirkt und somit zur Konstitution faschistischer Gewalt beiträgt, ist theoretisch überaus einsichtig, empirisch aber nur anhand einzelner und wenig eingängiger Einzelfälle zu belegen.

Umso überzeugender sind jene Teile in »Elemente und Ursprünge«, die sich mit dem Niedergang der imperialen Monarchien und dem Aufkommen der Nationalitätenfragen befassen. Hier nimmt Hannah Arendt jene auffällig biografische Perspektive ein, von der eingangs die Rede war. Als staatenlose deutsche Jüdin in Frankreich in den 1930er Jahren schärft sich ihr Blick für Fragen von Minderheit und Minderheitenschutz. Vor allem in der beständigen Produktion immer neuer Minderheiten durch den sich ethnisch homogenisierenden Nationalstaat sieht die politische Philosophin ein dramatisches Auseinandertreten von national gestützter Staatsangehörigkeit und der universellen Geltung der Menschenrechte angelegt. Die wenigen Seiten über die »Aporien der Menschenrechte«, die auffälligerweise im Teil über »Imperialismus« und nicht, wie von der Sache her eher begründet gewesen wäre, in dem über »Antisemitismus« situiert worden sind, gehören mit zum Besten, was »Elemente und Ursprünge« anzubieten hat. Dort macht sie in Anlehnung an den englischen Konservativen Edmund Burke, der angesichts der Erklärung der Menschen- und Bürgerrechte durch die französischen Revolutionäre spottete, ihm seien die Rechte eines Engländers wohl bekannt, die universellen Menschrechte jedoch nicht geläufig, deutlich, dass ohne partikularen staatlichen Schutz Universalien nicht zu garantieren sind. Hinter dieser Dichotomie wird ihr eigenes Schicksal als das einer staatenlosen Jüdin in einer Zeit der Dämmerung erkennbar.

Die »Aporien der Menschenrechte« sind der theoretische und polemische Kernbestand dieser als verdeckt biografisch charakterisierten Schrift. In einer eigentümlichen Weise persönlich gehalten, sind die »Elemente und Ursprünge« vor allem, weil der Text sich bei genauerem Hinsehen als eine grundlegende Schrift zu den Verwerfungen der jüdischen Existenz in der Moderne herausstellt. Bei dem Buch handelt es sich demnach um eine durch Überlagerungen und exkursive Ausschweifungen verborgen gehaltene post-assimilatorische Geschichte der Juden in der ersten Hälfte des 20. Jahrhunderts mit der Zwischenkriegszeit und der Zeit des Zweiten Weltkrieges als den in das 19. Jahrhundert hinein rückstrahlenden Erfahrungskern. Der Subtext der »Elemente und Ursprünge« ist eine jeder partikularen Enge enthobene Geschichte der Juden mit ihrer negativen Apotheose in Gestalt der industriellen Massenvernichtung.

Genau besehen handelt es sich um einen »marranischen« Text insofern, als Hannah Arendts Interesse vornehmlich dem jüdischen Schicksal gilt, dieses aber mittels universaler Fragestellungen abgedeckt wird. Dies lässt sich an unterschiedlichen Markierungen feststellen, etwa an dem Umstand, dass die wohl dichtesten Textteile sich mit der Schutzlosigkeit der Juden in einer Welt der Nationalstaaten befassen. Von der Komposition her handelt es sich um eine Kompilation von Beiträgen, die vornehmlich in jüdischen Organen während des Krieges erschienen waren und von dort ihren Weg in die »Elemente und Ursprünge« fanden. Arendts Vorgehen, universell zu argumentieren und dabei vor einem solchen Hintergrund die Grenzen des Universalismus aufzuzeigen, hat einen ausgesprochen protozionistischen Charakter insofern, als sie die pessimistische Haltung der zionistischen Lageeinschätzung der Juden im postassimilatorischen Zeitalter teilt, ohne dabei der zionistischen Lösung eines jüdischen Staates folgen zu wollen. Auch ihr Einsatz für eine jüdische Armee und die dabei offenkundig werdende Politisierung des Judentums geht von einem sich ethnisierenden Volksverständnis der Juden aus. Ihre Kritik an der universellen Begründung der Menschenrechte ohne partikularen staatlichen Schutz führt zurück auf den Kernbestand des Herzlschen Pessimismus hinsichtlich der Emanzipationsversprechen, wie sie von der Französischen Revolution tradiert worden waren. Im Zweifel an der Realisierung des zionistischen Projekts wiederum stellt sie die amerikanische Revolution vor und über die Französische. Auch hier ist ein verdeckt »marranisches« Motiv zu erkennen, denn im Unterschied zu dem totalitäre Elemente – sozial wie national – in sich bergenden Jakobinismus der Französischen Revolution prunkt ihr amerikanischer Widerpart mit der Idee des Pluralismus gepaart mit dem der Freiheit. In der »nationalen Frage« heißt dies, dass die amerikanischen Verfahren die Differenz a priori anerkennen, während das kontinentale französische Modell offen oder verdeckt den zweifelhaften Idealen der Homogenität folgt. Für die Juden, denen die bürgerliche Emanzipation in Europa janusköpfig gegenübertrat, da sie ihnen die Gleichheit allein unter Bedingungen der Angleichung anbot, bedeutete das amerikanische Modell des religiösen, später auch des ethnischen Pluralismus auf der Grundlage der individuellen Freiheit die optimale Wahrung ihrer Differenz, aber auch die anderer Denominationen wie ethnisch verfasster Gruppen.

Aus der von Hannah Arendt eingenommenen jüdischen Perspektive angesichts der Verwerfungen der Zwischenkriegszeit, in der sich die Pathologien der bürgerlichen Gesellschaft gegen ihre Versprechungen insofern richteten, als die Sicherheiten der Emanzipation in Gestalt von Anerkennungs- und Partizipationsgarantien sich aufgrund der jüdischen Differenz in ihr Gegenteil verkehrten, erscheinen die Vereinigten Staaten von Amerika und ihre von der Herkunft absehende Verfassung als die der jüdischen Existenz jenseits eines eigenen Nationalstaates angemessene Existenzform. Ihr Zögern, ihren eigenen post-assimilatorischen, zionistischen Argumenten in eine ungewisse wiewohl ethnisch eingefärbte zionistische Praxis zu folgen, konnte bei Wahrung von Mindestanteilen jüdischen Selbstverständnisses nur die Perspektive der Vereinigten Staaten als einem der Vorstellung von der Menschheit am nächsten kommenden Gemeinwesen einer Nation der Nationen nach sich ziehen.

Was die »marranischen« Anteile der Schrift angeht, also die ins Universelle ausgreifenden Verdeckungen und Überschreibungen der Geschichte der Juden in der ersten Hälfte des 20. Jahrhunderts, so gilt dies auch und vor allem für den letzten und eigentlichen Teil der »Elemente und Ursprünge« – dem Buch über totale Herrschaft. Dort wird die Lagerwelt Hitlers und Stalins zu ein und demselben Phänomen des Totalitären. Auch die hierfür entwickelten Begriffswelten arbeiten auf eine Universalisierung des Geschehens hin. Dabei geht Hannah Arendt in ihrem Urteil von den frühen nationalsozialistischen Konzentrationslagern aus, wie sie vornehmlich für politische Häftlinge vorgesehen waren. Auch die Analogisierung der Kirow- mit der Röhm-Affäre ist auf Gleichsetzungen hin justiert denn auf eine durchaus sinnvolle und auf den Unterschied zielende Methode des Regimevergleichs. Damit rückt der signifikante Unterschied im Kernbereich beider Systeme, der Unterschied von Massentötungen einerseits und Massenvernichtung anderseits, aus dem Blick. Auch finden sich durch die Klammer des Begriffs von der totalen Herrschaft die hohen Zustimmungsanteile zum nationalsozialistischen Regime in Deutschland überblendet. Total war die Herrschaft eher im Sowjetreich denn die in Nazi-Deutschland. Es sind vor allem die Erkenntnis befördernden Anteile des Gedächtnisses, die diesen Unterschied feststellen. Denn während die Naziverbrechen vornehmlich an anderen vollzogen worden waren und deshalb das kollektive Gedächtnis der Deutschen transgenerationell kontaminieren, wurden die Verbrechen Stalins vornehmlich gegen die eigene Bevölkerung begangen. Damit wird die das Urteilen erleichternde Unterscheidung zwischen Täterschaft und Opferschaft durchbrochen. Das Gedächtnis der Verbrechen findet für die Bewahrung der Erinnerung kein angemessenes Gefäß.

Gedächtnis und Erinnerung des Einbruchs der Massenvernichtung in die ohnehin der Vergessenheit eines Traditionsbruchs ausgesetzten Welt offenbaren bei Arendt »marranische« Elemente insofern, als sie trotz ihrer mittels des Begriffs vom Totalitären in Richtung universalisierender Verallgemeinerung strebenden Sichtweise eine jüdische Sonderlage ausmacht. Dies scheint insofern paradox, als sie sowohl in »Elemente und Ursprünge« als auch in anderen thematisch verwandten Schriften öffentlichen wie privaten Charakters systematisch wie polemisch Besonderheiten in Abrede stellt. Solche Einrede tritt in reiner Form dort auf, wo sie auf die Genesis der Tathandlung verweist und diese mit einem Anflug von negativer Anthropologie ausstattet – der Vorstellung nämlich, dass das, was geschehen war, überall und von jedermann verbrochen werden könne. Sobald sie von der historisch vollbrachten Tat ausgeht und die davon betroffenen Opfer in den Blick nimmt, treten die Fragen des Partikularen und damit Fragen der Faktizität in den Blick. Dann geht es nicht mehr um problematische menschheitliche Verallgemeinerungen, sondern um die Spezifizität des besonderen Schicksals, das Juden als Juden zu erleiden hatten. Der Bruch wird nicht abstrakt diagnostiziert, sondern bildet sich ab anhand des geschundenen Gedächtniskollektivs.

Hannah Arendts Werk über die »Elemente und Ursprünge totaler Herrschaft« ist trotz aller Einwände eine Schlüsselschrift des 20. Jahrhunderts. Sie ist emblematisch und von bleibender Wirkung. Gerade im nachideologischen Zeitalter findet sich ihre Bedeutung gesteigert. Dies ist wesentlich darauf zurückzuführen, dass sie nicht als ein Geschichtsbuch gelesen werden soll, sondern in ihrer universellen Bedeutung als ein Werk praktisch gewordener historischer Urteilskraft zu würdigen ist.

Anmerkungen

Kriegsraison und Kriegsmanier

1 Robert Kolb, Ius in Bello. Le droit International des conflits armés. Genf, München u.a. 2003; ders., Sur l'origine du couple terminologique ius ad bellum/ius in bello, in: Revue internationale de la Croix-Rouge (RICR) 79 (1997), S. 593–602; Frédéric von Mülinen, Das Ius in bello verstehen und voll ausschöpfen, in: Knut Ipsen (Hrsg.), Wehrrecht und Friedenssicherung: Festschrift für Klaus Dau zum 65. Geburtstag. Neuwied 1999, S. 163–174; Ignaz Seidl-Hohenveldern, Der Gedanke der Gleichheit im Jus in Bello, in: Dieter Blumenwitz und Albrecht Randelzhofer (Hrsg.), Festschrift für Friedrich Berber zum 75. Geburtstag. München 1973, S. 489–496.

2 Dan Diner, Internationaler Terrorismus, in: Anno 1986 (1986); Walter Laqueur, Die globale Bedrohung. Neue Gefahren des Terrorismus. Berlin 1998.

3 Josef L. Kunz, Kriegsrecht im Allgemeinen, in: Karl Strupp, Hans-Jürgen Schlochauer (Hrsg.), Wörterbuch des Völkerrechts, Zweiter Band. Berlin 1961, S. 354–359; Joachim Hinz (Hrsg.), Kriegsvölkerrecht. Völkerrechtliche Verträge über die Kriegführung, die Kriegsmittel und den Schutz der Verwundeten, Kriegsgefangenen und Zivilpersonen im Kriege. Köln, Berlin 1984; Adam Roberts und Richard Guelff, Documents on the Law of War. Oxford 2000; Thomas Nagel, War and Massacre, in: Philosophy and Public Affairs 1,2 (1972), S. 123–144; Elizabeth Anscombe, War and Murder, in: dies., Collected Philosophical Papers, Bd. 3, Ethics, Religion and Politics. Minneapolis 1981, S. 51–61; Martin van Creveld, Die Zukunft des Krieges, München 1998. S. 102–146.

4 Carl Schmitt, Der Nomos der Erde im Völkerrecht des Jus Publicum Europaeum. Berlin 1997 (zuerst 1954), S. 96–100, 112–115. Zur neutralisierenden Funktion des Staates siehe auch: Carl Schmitt, Das Zeitalter der Neutralisierung und Entpolitisierungen, in: ibid., Der Begriff des Politischen (1932; Berlin: Duncker & Humblot, 1987), S. 79–95.

5 Thomas Hobbes, Leviathan [1651], Kapitel 26; Carl Schmitt, Der Leviathan in der Staatslehre des Thomas Hobbes. Sinn und Fehlschlag eines politischen Symbols. Stuttgart 1982 (zuerst: Hamburg 1938); Carl Schmitt, Die Diktatur. Von den Anfängen des modernen Souveränitätsgedankens bis zum proletarischen Klassenkampf. Berlin 1989 (zuerst 1921), S. 1–42; Walter Euchner, Thomas Hobbes, in: Iring Fetscher und Herfried Münkler (Hrsg.), Pipers Handbuch der politischen Ideen, Band 3. München 1985; Herfried Münkler, Im Namen des Staates. Die Begründung der Staatsräson in der Frühen Neuzeit. Frankfurt am Main 1987; Volker Neumann, Der Staat im Bürgerkrieg: Kontinuität und Wandlung des Staatsbegriffs in der politischen Theorie Carl Schmitts. Frankfurt am Main u.a. 1980.

6 So heißt es etwa bei Carl Schmitt, Politische Theologie. Vier Kapitel zur Lehre von der Souveränität. Berlin 1985 (zuerst 1922), S. 49: »Alle prägnanten Begriffe der modernen Staatslehre sind säkularisierte theologische Begriffe.« Siehe hierzu auch: Jacob Taubes, Statt einer Einleitung: Leviathan als sterblicher Gott, in: ders. (Hrsg.), Der Fürst dieser Welt. Carl Schmitt und die Folgen. Paderborn u.a. 1983, S. 9–15; Ernst-Wolfgang Böckenförde, Politische Theorie und politische Theologie, in: ebd., S. 16–25.

7 Reinhard Schulze, Säkularismus und Religion in westlichen und islamischen Gesellschaften, in: Institut für internationale Politik (Hrsg.), Die Wahrnehmung des Islam in Europa und Nordamerika. Berlin 1993; ders., Geschichte der islamischen Welt im 20. Jahrhundert. München 2002; Bernard Lewis, Die politische Sprache des Islam. Berlin 1991; Dan Diner, Universelle Rechtsform und partikulare Differenz. Islam und Völkerrecht, in: ders., Weltordnungen. Über Geschichte und Wirkung von Recht und Macht. Frankfurt am Main 1993, S. 165–195; Hans Kruse, Islamische Völkerrechtslehre. Bochum 1979.

8 Schmitt, Der Nomos der Erde, S. 138; ders., Clausewitz als politischer Denker. Bemerkungen und Hinweise, in: Der Staat 6 (1967), S. 479–502.

9 Schmitt, Der Nomos der Erde, S. 43f., 114–115, 121–123, 137–138; Patricia Schneider, Frieden durch Recht. Von der Einhegung des Krieges zur gewaltfreien Konfliktbeilegung, in: Vierteljahresschrift für Sicherheit und Frieden 1 (2000), S. 54–66; Herfried Münkler,

Dialektik des Militarismus oder Hegung des Krieges. Krieg und Frieden bei Clausewitz, Engels und Carl Schmitt, in: ders., Über den Krieg. Stationen der Kriegsgeschichte im Spiegel ihrer theoretischen Reflexion. Weilerwist 2002, S. 116 – 148. Außerdem: Otto Kimminich, Die Entstehung des neuzeitlichen Völkerrechts, in: Fetscher, Münkler (Hrsg.), Pipers Handbuch der politischen Ideen, Bd. 3, S. 73 – 100.

10 Carl Schmitt, Theorie des Partisanen. Zwischenbemerkungen zum Begriff des Politischen. Berlin 1995 (zuerst 1963); Gerhard Schulz (Hrsg.), Partisanen und Volkskrieg. Zur Revolutionierung des Krieges im 20. Jahrhundert. Göttingen 1985; Herfried Münkler, Die neuen Kriege. Reinbek bei Hamburg 2003; ders., Die Gestalt des Partisanen. Herkunft und Zukunft, in: ders., Über den Krieg, S. 173 – 198; Rolf Schroers, Der Partisan. Ein Beitrag zur politischen Anthropologie. Köln, Berlin 1961.

11 Martin van Creveld, Aufstieg und Untergang des Staates. München 1999, insbes. S. 373 – 456; Richard Rosecrance, Das globale Dorf. New Economy und das Ende des Nationalstaats. Darmstadt 2001; Martin Albrow, Abschied vom Nationalstaat. Staat und Gesellschaft im Globalen Zeitalter. Frankfurt am Main 1998; Michael Zürn, Regieren jenseits des Nationalstaates. Globalisierung und Denationalisierung als Chance. Frankfurt am Main 1998.

12 Lorenz von Stein, Gesellschaft, Staat, Recht, hrsg. und eingeleitet von Ernst Forsthoff. Berlin 1972; Roman Schnur (Hrsg.), Staat und Gesellschaft – Studien über Lorenz von Stein. Berlin 1978; Schmitt, Der Leviathan in der Staatslehre des Thomas Hobbes, S. 99 – 118; Niklas Luhmann, Die Unterscheidung von Staat und Gesellschaft, in: ders., Soziologische Aufklärung 4. Opladen 1987, S. 67 – 73; Ernst-Wolfgang Böckenförde (Hrsg.), Staat und Gesellschaft. Darmstadt 1976.

13 Bruce Hoffmann, Terrorismus – der unerklärte Krieg. Neue Gefahren politischer Gewalt. Frankfurt am Main 1999; Peter Waldmann, Terrorismus. Provokation der Macht. München 1998; Walter Laqueur, Krieg dem Westen. Terrorismus im 21. Jahrhundert. Berlin 2004.

14 Jochen Hippler, Nation-Building. Ein Schlüsselkonzept für friedliche Konfliktbearbeitung?. Bonn 2004; Cynthia Watson, Nation-

building. A Reference Handbook. Oxford 2004; Mir A. Ferdowsi, Volker Matthies (Hrsg.), Den Frieden gewinnen. Zur Konsolidierung von Friedensprozessen in Nachkriegsgesellschaften. Bonn 2003; Tobias Debiel (Hrsg.), Der zerbrechliche Frieden. Krisenregionen zwischen Staatsversagen und Entwicklung. Bonn 2002.

15 Christoph Reuter, Mein Leben ist eine Waffe. Selbstmordattentäter – Psychogramm eines Phänomens. München 2002; Joseph Croitoru, Der Märtyrer als Waffe. Die historischen Wurzeln des Selbstmordattentats. München, Wien 2003; Wolfgang Schmidbauer, Der Mensch als Bombe. Eine Psychologie des neuen Terrorismus. Reinbek bei Hamburg 2003.

16 Richard Norman, Ethics, Killing and War. Cambridge 1995; Terry Nardin (Hrsg.), The Ethnics of War and Peace. Religious and Secular Perspectives. Princeton 1993; Robert L. Holmes, On War and Morality. Princeton 1989; Michael Ignatieff, Die Ehre des Krieges, in: ders., Die Zivilisierung des Krieges. Ethnische Konflikte, Menschenrechte, Medien. Hamburg 2000; Michael Walzer, Ethik der Kriegsführung I, II, in: ders., Erklärte Kriege – Kriegserklärung. Hamburg 2003.

17 Laqueur, Krieg dem Westen, S. 106–146; Yoram Schweitzer, Suicide Terrorism. Developement and Main Characteristics, in: International Policy Institute for Counter-Terrorism, Countering Suicide Terrorism. Herzliya 2002; Suzanna Goldenberg, A Mission to Murder. Inside the Minds of the Suicide Bombers, in: The Guardian, 11. und 12. Juni 2002; Kristina Bergmann, Der Selbstmordanschlag als Heldentod, in: Neue Zürcher Zeitung, 14. September 2003.

18 Niklas Luhmann, Gibt es in unserer Gesellschaft noch unverzichtbare Normen? (Heidelberger Universitätsreden Bd. 4). Heidelberg 1993; Thomas Scharff, Eine unsichere und gefährliche Sache, in: Frankfurter Allgemeine Zeitung, 22. Juni 2004; Ulrich Raulff, Die Wahrheit der Folter, in: Süddeutsche Zeitung, 18. Mai 2004; Dieter Grimm, Es geht ums Prinzip. Läßt sich die Folter rechtfertigen, in: Süddeutsche Zeitung, 26. Mai 2004.

19 Fredrik Roggan (Hrsg.), Sicherheit vor Freiheit?: Terrorismusbekämpfung und die Sorge um den freiheitlichen Rechtsstaat, Konferenz der Friedrich-Ebert-Stiftung. Berlin 2003; Wolfgang Heinz, Internationale Terrorismusbekämpfung und Menschenrechte.

Berlin 2004; Berthold Meyer, Die innere Gefährdung des demokratischen Friedens. Staatliche Terrorismusabwehr als Balanceakt zwischen Sicherheit und Freiheit, in: Hessische Stiftung Friedens- und Konfliktforschung. Standpunkte: Beiträge zum demokratischen Frieden 1 (2002), S. 1–12.

20 Richard Rorty, Feind im Visier. Im Kampf gegen den Terror gefährden westliche Demokratien die Grundlagen ihrer Freiheit, in: Die Zeit 13 (2004); Otto Kallscheuer, Die Fragen nach dem Bösen. Wie kann sich die westliche Moderne mit dem Islam auseinandersetzen?, in: Die Zeit 47 (2002).

Eigentum restituieren

1 Vgl. Hannes Siegrist und David Sugerman (Hrsg.), Eigentum im internationalen Vergleich (18.–20. Jahrhundert). Göttingen 1999; Hannes Siegrist, Die Propertisierung von Gesellschaft und Kultur. Konstruktion und Institutionalisierung des Eigentums der Moderne, in: Comparativ 16 (2006), S. 9–52.

2 Vgl. Raphael Lemkin, Axis Rule in Occupied Europe: Laws of Occupation – Analysis of Government – Proposals for Redress. Washington, D.C., 1944; Dan Diner und Gotthart Wunberg (Hrsg.), Restitution and Memory. Material Restitution in Europe. New York, Oxford 2007; Nahum Goldmann, Staatsmann ohne Staat. Autobiographie. Köln 1970.

3 Vgl. Shalom Adler-Rudel, Aus der Vorzeit der kollektiven Wiedergutmachung, in: Hans Tramer (Hrsg.), Siegfried Moses zum fünfundsiebzigsten Geburtstag. Tel Aviv 1962, S. 200–203.

4 Vgl. Sigrid Weigel, Conversion, Exchange and Replacement. Reflecting Cultural Legacies of Indemnity, in: Diner und Wunberg (Hrsg.), Restitution and Memory, S. 65–83.

5 Von einem »jüdischen Volk« sprach man tatsächlich in diesem Zusammenhang auch dann noch, als der Rahmen vormoderner kollektiver Zugehörigkeit durch Spätabsolutismus, Französische Revolution und Emanzipation aufgelöst worden war.

6 Vgl. Nehemia Robinson, Indemnification and Reparations. New York 1944. Die Restitution betraf auch die geraubten jüdischen Kultur- und Kultusgüter, vor allem Bibliotheken und Büchersammlungen. Vgl. Markus Kirchhoff, Looted Texts. Restituting

Jewish Libraries, in: Diner und Wunberg (Hrsg.), Restitution and Memory, S. 161–188, sowie die Forschung von Elisabeth Gallas, Gedächtnisspuren. Restitution jüdischer Kulturgüter nach 1945 und ihre Wirkungsgeschichte am Beispiel des Offenbach Archival Depot, in: Bulletin des Simon-Dubnow-Instituts (VIII) 2006, S. 74–85.

7 Siegfried Moses, Die jüdischen Nachkriegsforderungen. Tel Aviv 1944.

8 Vgl. Hans Günter Hockerts, Wiedergutmachung in Deutschland. Eine historische Bilanz 1945–2000, in: Vierteljahrshefte für Zeitgeschichte 49 (2001), S. 167–214; Ronald W. Zweig, German Reparations and the Jewish World. A History of the Claims Conference. London 2001; Norbert Frei, Die deutsche Wiedergutmachungspolitik gegenüber Israel im Urteil der öffentlichen Meinung der USA, in: Ludolf Herbst und Constantin Goschler (Hrsg.), Wiedergutmachung in der Bundesrepublik Deutschland. München 1989, S. 215–230.

9 Vgl. Jürgen Lillteicher, Raub, Recht und Restitution. Die Rückerstattung jüdischen Eigentums in der frühen Bundesrepublik. Göttingen 2007.

10 Vgl. Martin Dean, The Plundering of Jewish Property in Europe. Five Recent Publications Documenting Property Seizure and Restitution in Germany, Belgium, Norway and Belarus, in: Holocaust and Genocide Studies 15 (2001), S. 86–97; Marilyn Henry, The Restitution of Jewish Property in Central and Eastern Europe. New York 1997.

11 Franziska Becker, Gewalt und Gedächtnis. Erinnerungen an die nationalsozialistische Verfolgung einer jüdischen Landgemeinde. Göttingen 1994. Zur ersten und zweiten Phase der Restitution vgl. Constantin Goschler und Jürgen Lillteicher (Hrsg.), »Arisierung« und Restitution. Die Rückerstattung jüdischen Eigentums in Deutschland und Österreich nach 1945 und 1989. Göttingen 2002.

12 Bundesgesetzblatt 1990, II, 885. Vgl. Einigungsvertrag mit amtlichen Erläuterungen, 4. Aufl. Baden-Baden 1992, S. 33; John Torpey, »Making Whole What Has Been Smashed«. Reflections on Reparations, in: Journal of Modern History 73, 2 (2001). S. 333–358. Zur

Diskussion um die Bedeutung des Eigentums vgl. Hannes Siegrist und David Sugarman, Geschichte als historisch-vergleichende Eigentumswissenschaft, in: dies. (Hrsg.), Eigentum im internationalen Vergleich, S. 9–30. Zur historischen Dimension der Eigentumsfrage vgl. André Gain, La restauration et les biens des emigrés. La législation concernant les biens nationaux de seconde origine et son application dans l'Est de la France: 1814–1832. Nancy 1928.

13 Peter Burke, Geschichte als soziales Gedächtnis, in: Aleida Assmann und Dietrich Harth (Hrsg.), Mnemosyne. Formen und Funktionen der kulturellen Erinnerung. Frankfurt am Main 1991, S. 289–304.

14 Schließlich handelt es sich beim Zweiten Weltkrieg und den Ereignissen seiner unmittelbaren Nachgeschichte um die wohl gewaltigsten von der europäischen Eigentumsordnung jemals hingenommenen Eingriffe. Eine Ausnahme bilden möglicherweise die Säkularisierungen von Kirchengütern in der Folge der Französischen Revolution.

15 Vgl. Elazar Barkan, Völker klagen an. Eine neue internationale Moral. Düsseldorf 2002.

16 Vgl. Joseph B. Schechtman, Postwar Population Transfers in Europe 1945–1955. Philadelphia 1962; Jan Gross, War as Revolution, in: Leonid Gibianskii und Norman M. Naimark (Hrsg.), The Establishment of Communist Regimes in Eastern Europe, 1944–1949. Oxford 1997, S. 17–42; Helga Schulz, Bevölkerungstransfer und Systemwandel. Ostmitteleuropäische Grenzen nach dem Zweiten Weltkrieg. Berlin 1998.

17 Vgl. Walther L. Bernecker und Sören Brinkmann, Kampf der Erinnerung: Der Spanische Bürgerkrieg in Politik und Gesellschaft 1936–2006. Nettersheim 2006.

18 Vgl. Constantin Goschler und Philipp Ther (Hrsg.), Raub und Restitution – »Arisierung« und Rückerstattung des jüdischen Eigentums in Europa. Frankfurt am Main 2003.

Personenregister

Sachregister

Drucknachweise

Moderne erkennen

Auszug aus: *Aufklärungen. Über Varianten der Moderne* (= Schriftenreihe der Vontobel-Stiftung, Nr. 1850), Zürich 2008.

Sakrales verstehen

- *Krisen im Orient* – Unveröffentlichter Vortrag, gehalten im Rahmen der Siemens-Stiftung, 20. Juni 2005.
- *Islam und Judentum* – Vortrag, gehalten unter dem Titel »Muslimische Fragen – Jüdische Antworten?« im Rahmen der Konferenz »Islam through Jewish Eyes – Judaism through Muslim Eyes« auf Schloss Elmau, 25. Juni 2007. Veröffentlich als: »Die Moschee muss sich unterordnen«, in: *Die Welt*, 30. Juli 2007.

Konflikte begreifen

- *Israel in Palästina* – Veröffentlicht als: »Zwischen den Zeiten«, in: *Neue Zürcher Zeitung*, 10. Mai 2008.
- *Siebte Tage* – Veröffentlicht als: »Warten auf den Siebten Tag«, in: *Neue Zürcher Zeitung*, 2. Juni 2007.
- *Politisch-theologische Momente* – Veröffentlich als: »Die unheimliche Macht des Heiligen«, in: *Der Spiegel*/Geschichte, Nr. 3 (2009), 116–118.

Risse im Sarkophag

Veröffentlicht als: Der Sarkophag zeigt Risse. Über Israel, Palästina und die Frage des »neuen Antisemitismus«, in: Doron Rabinovic/Ulrich Speck/Natan Sznaider (Hrsg.), *Neuer Antisemitismus. Eine globale Debatte*, Frankfurt a.M. 2004, 310–329.

Kriegsraison und Kriegsmanier

Veröffentlicht als: »Steht das Jus Bello in Frage?«, in: Erich Reiter (Hrsg.), *Jahrbuch für internationale Sicherheitspolitik*, Wien 2004, 59–71.

Amerika erschließen

Veröffentlicht als: »Das Prinzip Amerika«, in: Ulrich Speck/Natan Sznaider (Hrsg.), *Empire Amerika. Perspektiven einer neuen Weltordnung*, München 2003, 256–274.

Paradigmenwechsel

Vortrag, gehalten auf dem Internationalen Kolloquium zur Förderinitiative der Volkswagen-Stiftung »Einheit in der Vielfalt? Grundlagen und Voraussetzungen eines erweiterten Europas« in Leipzig, 22. Januar 2004. Veröffentlicht als: »Von Gesellschaft zu Gedächtnis. Überlegungen zu einem Paradigmenwechsel«, in: Detlev Claussen/Oskar Negt/Michael Werz (Hrsg.), *Veränderte Weltbilder*, Hannoversche Schriften Bd. 6, Frankfurt a.M. 2005, 152–166.

Narrative der Vernichtung

- *Ultimative Katastrophen* – Rede, gehalten am 27. Januar 2006 im Sächsischen Landtag zu Dresden. Veröffentlicht als: »Dresden '45 – Tod ist nicht gleich Tod«, in: *Die Welt*, 4. Februar 2006.
- *Historische Unterscheidungen* – Deutsche Fassung des im Rahmen des Workshops »La otra muerte. Perceptions of the Holocaust in Modern Spanish Culture« am Simon-Dubnow-Institut für jüdische Geschichte und Kultur an der Universität Leipzig gehaltenen Vortrages »Icons of European Memory Juxtaposed: The Spanish Civil War an the Holocaust«, 18. September 2008. Englische Fassung veröffentlicht als: »Icons of European Memory Juxtaposed: The Spanish Civil War and the Holocaust«, in: Antonio Gómez López-Quiñones/Susanne Zepp (Hrsg.), *The Holocaust in Spanish Memory. Historical Perceptions and Cultural Discourse* (= Leipziger Beiträge zur jüdischen Geschichte und Kultur, Bd. VII [2009]), Leipzig 2010, 31–36.
- *Kaleidoskopisches Erzählen* – Deutsche Fassung des auf Englisch veröffentlichten Textes: »Kaleidoscopic Writing: On Saul Friedländer's ›The Years of Extermination: Nazi Germany and the Jews, 1939–1945‹«, in: Christian Wiese/Paul Betts (Hrsg.), *Years of Persecution, Years of Extermination. Saul Friedländer and the Future of Holocaust Studies*, London/New York 2010.

Eigentum restituieren

Veröffentlicht als: »Restitution. Über die Suche des Eigentums nach seinem Eigentümer«, in: Inka Bertz/Michael Dorrmann (Hrsg.), *Raub und Restitution – Kulturgut aus jüdischem Besitz von 1933 bis heute*, Katalog zur gleichnamigen Ausstellung im Jüdischen Museum Berlin, Göttingen 2008, 16–29.

Reden, Schweigen, Urteilen

- *Ungleichzeitigkeiten* – Rede zur Verleihung des Ernst-Bloch-Preises. Veröffentlicht als: »Gedächtnis hier, Gedächtnis dort«, in: *Die Welt*, 30. September 2006.
- *Post-postkoloniale Flaschenpost* – Veröffentlicht als: »Zwischen allen Fronten«, in: *Die Welt*, 19. Juli 2008.
- *Urteilen* – Veröffentlicht als: »Marranische Einschreibungen. Erwägungen zu verborgenen Traditionen bei Hannah Arendt«, in: *Babylon*, Nr. 22 (2007), 62–71.